I0470518

PINCELADAS DE INJUSTICIA

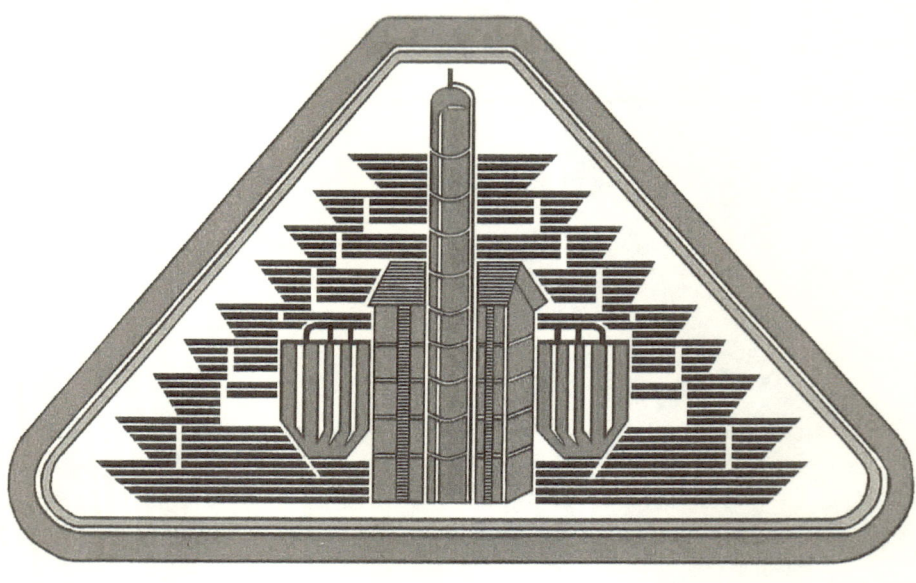

OBRA PICTORICA
"PIRAMIDE RUINA DEL TAJIN"
CON REGISTRO 152216 DEL INSTITUTO
NACIONAL DEL DERECHO DE AUTOR
LA CUAL ES UTILIZADA COMO IMAGEN
COMERCIAL E INDUSTRIAL POR PETROQUÌMICA
ESCOLIN DESDE 1986

PINCELADAS DE INJUSTICIA

Jose Guadalupe Arellano Martínez

Número de Control de la Biblioteca del Congreso:		2011933633
ISBN:	Tapa Dura	978-1-4633-0317-4
	Tapa Blanda	978-1-4633-0315-0
	Libro Electrónico	978-1-4633-0316-7

Esta es una historia real, en donde cada uno de los hechos fueron vividos y experimentados por el Autor.

Este Libro fue impreso en los Estados Unidos de América.

Para ordenar copias adicionales de este libro, contactar:
Palibrio
1-877-407-5847
www.Palibrio.com
ordenes@palibrio.com
347000

ÍNDICE

A mi adorada Esposa Blanquis, quien le da sentido a mi vida, me apoya y despierta en mí, la sensibilidad adormecida, A mis Amados Hijos Ricky, Carlín, Alex e Ito, por quienes he aprendido gracias a Dios, a ser Padre, a la vez, me enseñaron a conocer la ternura.

Hijos míos, siempre busquen la luz de su verdad; defiéndanla y sean grandes Hombres, Honestos y Justos como mi Padre.

"No puedo pintar lo que a mi sensibilidad no inspira, lo que mi corazón no siente, mas he podido escribir algo relacionado con la inconsciencia y prepotencia de esta gente."

A mis amigos, Oscar Vicencio V, y Héctor Cruz R.

AMANECIÓ EL DÍA y con él todos los ecos que acompañan el despertar de la ciudad con sus habitantes, Mario se preparaba para recibir con sus compañeros Javier, Fernando y Claudia el conocimiento de sus estudios como lo hacía en ese tiempo, la mañana fría dejaba sentir su aire helado que después de un tiempo partía los labios, tomando café y comentando con sus compañeros de las diferencias que había que enfrentar con respecto a la materia de diseño y pintura que ese día les tocaba acreditar, el profesor de esta materia era de ese tipo de enseñantes oscuros que no podían permitir que el alumno los superara. Después de preparar sus estuches y artículos necesarios de pintura, se despidieron de Juanita, la dueña de la pensión que asistía en todo a sus inquilinos, siempre con sus sabios consejos y sus atenciones las cuales hacían que ellos recordaran siempre a sus madres, con un beso en la mejilla despidió a los estudiantes, quienes después de esto, salieron a la calle. Esa avenida tan natural que a Mario siempre le pareció tan amplia y a la vez desperdiciada pues las casas de esa área siempre estaban solas y muy poca gente circulaba por ella, algunas construcciones con influencia extranjera, otras con cualidades propias de la época de la colonia, el cielo nublado, con su tono grisáceo apenas dejaba asomar algunos rayos de sol, aprisionándolos, negándoles la salida, dejando notar que esa pared de nubes era casi impenetrable, por ella se asomaban pequeños matices de color que por accidente se forman por la restricción del paso de la luz. Mario esa mañana había recibido un mensaje urgente de su casa y estaba inquieto ya que se trataba de un problema que había surgido en relación con el trabajo de su padre el cual dejaba en riesgo el apoyo económico que recibía para poder seguir con sus estudios, sabía que de una u otra forma se las tendría que ingeniar para que esa situación no echara a pique sus planes educativos; sin embargo, se preocupaba mas por su familia, como estarían ellos, su hermano menor quien realizaba sus estudios preparatorios a la universidad, quizás tendría que declinar, pero sólo podría decidirlo al saber la realidad de las cosas estando cerca de ellas y en el momento necesario debería de estar presente en su casa.

Resultaba un poco molesto esperar el transporte, el trolebús con su lentitud hacía más desesperante la llegada a la esquina donde transbordarían para llegar a la academia pero era el único medio por el cual podían desplazarse ya que era el más económico, los estudios con su onerosidad no daban para más, así tenían que aguantar la dureza de los asientos y el ajetreo de lo rústico del medio de transporte. Javier compañero de estudios al cual le apodaban "el cepillo" con quien siempre se identificó mas, definía que el hombre nunca debería permitir que su pelo creciera más de una pulgada, eso solo se lo aprobaba a las mujeres, era su disculpa ya que su pelo lacio y muy grueso no se prestaba para traerlo largo, por esa razón el apodo, mostraba cierta inquietud hacia los negocios ya que su padre era un empresario muy brillante, pero sabía muy bien que tendría que abrirse paso en la vida por sí mismo, se distinguía en él la autosuficiencia que caracteriza al preámbulo de la madurez, siempre con sus ropas muy pulcras, era la bujía del grupo; los profesores estaban encantados con la gracia que lo distinguía, siempre con sus bromas en los momentos más difíciles cuando la clase se viciaba con hechos discordantes era quien siempre con alguna ocurrencia y se suavizaban las cosas, estaba siempre en desacuerdo con el mobiliario del aula de aprendizaje, rayaba las paredes, expresaba que con gusto cambiaría la academia por la casa donde vivían ya que en ella se respiraba el misticismo de lo que el tiempo se lleva y lo ubica en algún punto a través de la distancia con mucha nostalgia y que en ese escenario inspiraría a cualquier artista. La casa donde vivían era uno de esos caserones construidos en la época de Don Porfirio, toda de madera muy fina y muy bien construida y tendría por lo menos unos 100 años, contaba con aplicaciones de tallados con temas de la revolución, se constituía con dos plantas, sus escaleras eran todas de madera y era imposible subirlas sin que no emitieran ruido, rechinaban a cada paso que ellos daban, en el centro del patio había un pozo de brocal grande de tres metros de radio con sus soportes muy bien terminados con ladrillo, al lado de éste una higuera que todo el tiempo les regalaba sus frutos, esos higos grandes y muy dulces que doña Juanita impregnaba de miel y se los daba de postre después de cada comida; contaba con una mano para guisar los platillos mexicanos más exquisitos que hubieran probado en todo el Distrito federal, que momentos aquellos, tan llenos de nostalgia, tan hermosos, que el tiempo se llevó y que jamás en esta vida regresarán. El buqui, un gran perro tan noble, cada vez que se acercaba les lamía las manos, les daba una lavada de cara con esa lengua tan grande y babosa que los hacía terminar en el baño, era imposible quedarse así con la cara toda llena de la baba del animal, pero al fin animal, muy cariñoso siempre al lado de ellos, al pie de sus camas cuando dormían, decía el cepillo,—¡no se molesten!, "son caricias babosas", el espacio donde estaban alojados era muy grande y suficiente

JOSE GUADALUPE ARELLANO MARTÍNEZ

para tener todos sus caballetes, pinceleras y utensilios de trabajo ahí mismo, contaba con un ventanal grande por el cual se filtraba la luz del sol todas las mañanas, era tan bonito despertarse, abrir las cortinas y dejar pasar esa luz con su calor que les llenaba de energía y así empezar el día.

Cuando los gastos minaban la mensualidad que su padre le enviaba a Mario, desarrollaba algunos trabajos de escenografía, retratos artísticos de señoras que buscaban tener un óleo en sus casas, algo muy diferente a la fotografía tradicional, algo original, llegó a hacer un trato con sus compañeros, les hacía algunas tareas de trazos y esbozos de estudios que les eran encargados en la academia y le pagaban estos trabajos, así se sostuvo un tiempo.

Transcurría la semana y llegaba el sábado, cuando de las muchas veces que ya no tenían dinero, compraban una bolsa de tortillas y se iban de aventón al mercado de Xochimilco, entraban por un pasillo muy largo en el cual los gritos de los vendedores con su modo muy peculiar al hablar, exhibían la variedad de carnes preparadas de distintos modos y pasaban con las tortillas en la mano; los vendedores les daban probaditas de las carnes que ofrecían a la gente, ya casi para terminar de recorrer ese pasillo llegaban bien satisfechos eructando, por ahí no faltaba quien les diera alguna fruta y después se sentaban a fumar cigarrillos, pasaban a las trajineras a remar ayudando a los señores encargados de este trabajo y así acontecía el día, todo era muy agradable. Cuando llegaba el momento en que había que cambiar de zapatos ya que el desgaste de tanto caminar era notorio, se iban a las zapaterías del centro y en algunas ocasiones alcanzaron a dejar los zapatos usados en los exhibidores, cambiándolos por los nuevos, nadie notaba eso, no les daba pena comentarlo con sus compañeros pues era para poder tener los efectos personales necesarios y poder seguir estudiando, simplemente porque no tenían los medios económicos suficientes y de alguna forma o de otra habría que subsistir, nunca robaron por robar, realmente ese es el calificativo de sus acciones pero de eso nunca pasaron a más.

Todavía por el año de 1974 se dejaron sentir los estertores inconclusos del movimiento estudiantil de Tlatelolco en 1968; era tan palpable esta situación, aun después de haber pasado 6 años, por las calles de la ciudad se notaba la presencia de los militares y en ese ambiente eran mirados como sospechosos, solo por el hecho de llevar en sus manos algunos libros o enseres de estudio, recordaban siempre en especial un domingo de esos típicos de la ciudad, estaban frente al palacio de Bellas Artes realizando un estudio arquitectónico de esa extraordinaria obra, por ahí se dejaban escuchar en la alameda los avisos por un altavoz de la represión del gobierno hacia los estudiantes por parte de un grupo de activistas, los sonidos melodiosos de un cilindrero quien era un señor de edad ya avanzada, se notaba muy cansado, su rostro reflejaba la crueldad de las carencias, del tiempo mal vivido y del frío; las arrugas de su cara, esa barba llena de canas, el bullicio de la gente apostada en los jardines engullendo algunas golosinas, cuando de pronto todo ese ruido fue desapareciendo hasta quedar en silencio, parecía que el tiempo se había detenido, se empezó a escuchar a lo lejos el sonido de un tambor marcando el paso uno por uno y con él una columna de soldados, todos ellos con el máuser al frente y en la punta de éste la bayoneta calada, acercándose lentamente hacia todos los que estaban en ese lugar, sus compañeros y Mario se miraron entre sí sorprendidos sin saber qué hacer; por ahí se escucharon los gritos de la gente que con el miedo en reflejado en su rostro emprendieron la huida despavoridos, cuando los militares estaban ya más cerca quisieron levantar sus cosas de estudio pero eso no fue posible porque los militares empezaron a golpear a la gente y corriendo atrás de los que huían, se desató una revuelta, al ver esto no les quedó más que correr para evitar ser golpeados, recuerda Mario que en esa ocasión habían corrido por toda la avenida hidalgo hasta san cosme, casi desfalleciente, tocó la puerta de una casa, una señora se asomó por la mirilla y de manera presurosa le abrió la puerta y expresó—¡ entre joven; escóndase que lo van a lastimar!, se están escuchando disparos. Transcurrió el día, la señora quien le brindó protección a Mario, lo invitó a sentarse en su mesa y compartió con él sus alimentos, la carrera le había abierto el apetito, la señora tenía un hijo quien en todo momento estuvo vigilando hacia la calle, oteando desde una ventana hasta que se acercó el crepúsculo, después de percatarse de que ya no había peligro, agradeciendo a la señora por todo salió a la calle, tomó un taxi el cual lo llevó hasta la colonia Guerrero en donde estaba la pensión donde vivían, al llegar salieron sus compañeros a recibirlo, apurando sus pasos entraron a la casa, después de platicar los acontecimientos vividos y agradecieron a Dios que estuvieran todos bien, el Cepillo comentó que se regresaría a su casa en la primer oportunidad; Fernando estuvo de acuerdo con él; Claudia con lagrimas en los ojos solo se abrazó a ellos, al día siguiente se despidieron, no sin antes prometerse estar en comunicación desde sus casas con la ilusión de volverse a ver en otro tiempo para continuar estudiando.

El Padre de Mario, quien al enterarse de la situación en la que se encontraba éste, optó por ir en busca de su él para hacerlo regresar a casa, marcando y haciéndole ver de la gravedad de la situación, no le quedó más que regresar ya que sus compañeros se habían ido, habría que esperar a que la

JOSE GUADALUPE ARELLANO MARTÍNEZ

situación cambiara, ya que no podían vivir estudiando, bajo el temor de ser presas de los militares o de algún grupo de choque, un receso era más sano que cualquier situación que pudiera poner en peligro la vida de cualesquiera de ellos, así que, regresó a su casa. Ya que sus estudios se vieron afectados por cuestiones políticas, falta de soporte económico y notando que la situación económica de su casa se estaba yendo a pique; optó por pedirle a su padre una recomendación en la empresa donde desarrollaba sus labores y así poder ayudar a la economía familiar, además de poder ahorrar el suficiente dinero para continuar con sus estudios de artes plásticas, en un principio su Padre se negó pero después de que Mario le hizo ver la necesidad de que así fuera, lo convenció de que esto sería de manera temporal y fue entonces que después de las gestiones realizadas por su Padre; ingresó a Petróleos Mexicanos al Complejo Petroquímico Escolín en la planta de producción de polietileno de baja densidad en la ciudad de Poza Rica Veracruz. Al empezar con sus labores como obrero general en trabajos diversos se encontró con un mundo totalmente diferente al que estaba acostumbrado, la gente que ahí realizaba su trabajo, señores ya grandes con mucha más edad, siempre quisieron abusar en sus órdenes hacia él, le encomendaban tareas que no le correspondían y así empezó a entender que debería prepararse para lograr una superación dentro de ese trabajo, así sucedió y después de pasados algunos meses para ganar más dinero tuvo que empezar en otro horario en el turno de noche, en los primeros días se quedaba dormido casi parado como a eso de las 2 de la mañana, pasaba el supervisor y le daba una palmada en la cabeza diciéndole —¡hey chavo!, no te duermas, agarra una franela y ponte a limpiar el tablero de operación de este equipo, así se te quitará el sueño, entonces le daba mucho coraje pues lo que quería era una cama donde dormir ya que con sus 17 años, era imposible acostumbrarse de momento a esa rutina de trabajo, terminaba su jornada y su Padre pasaba por él, cuando llegaban a su casa ya iba dormido en el coche; su Padre no lo despertaba, ahí se dormía hasta entrada la tarde cuando el sol con su calor lo despertaba, así fueron pasando los meses, en algunas ocasiones buscó la obscuridad de un cine para poder dormir; ya que era muy difícil acostumbrarse a dormir con la luz del día, recordaba en especial un detalle, en un tiempo cuando entró al cine habló con el vigilante y le pidió de favor que le hablara a las 10 de la noche y quedaron de acuerdo, el señor ya sabía que Mario iba al cine a dormir y que no era la primera vez que lo hacía, no tardó mucho en conciliar el sueño, cuando despertó; una rata le estaba mordiendo los zapatos y ya eran las 3 de la mañana, el vigilante se olvidó de hablarle, se quedó dormido hasta esa hora, se puso de pie y empezó a caminar entre la opacidad, casi se perdió en la inmensidad del edificio, gritándole al vigilante quien apareció con una lámpara sorprendido y apenado por haberse olvidado, que le tenía que hablar, este fue uno de los muchos pormenores por los que tuvo que pasar para poderse acostumbrar al trabajo del turno de noche, hubo ocasiones en las cuales hasta sedantes tomó; para poder dormir en el día, es muy difícil engañar al cuerpo y a su reloj biológico. Todo esto era llevadero y se le olvidaban esas particularidades, al llegar el día de pago, cuando recibió su primer sueldo, ilusionado llegó a su casa, le dio a su Madre la mitad de lo que había ganado, con lagrimas en los ojos su Mamá agradecida le comentó que siguiera estudiando, que cuidara su dinero, que abriera una cuenta de ahorro en algún banco, optó por este último consejo, el día en que consideró tener ahorros suficientes para seguir estudiando y a la vez, que la economía de su hogar presentaba ya una mejoría muy notoria, de común acuerdo con su Padre acudió emocionado a comprar su boleto para trasladarse a la Ciudad de México y reingresar a la academia que tantas veces echó de menos, a sus compañeros, a sus profesores pero sobre todo al aprendizaje dentro de la plástica, para él la pintura era su realización como ser humano, su trascendencia espiritual hacia lo material; el lenguaje que los sentimientos mudos plasman en un lienzo, a través de una percepción, expresar sus emociones y dejar una huella de sus pasos como ser original en esta vida, reclamar su espacio; con el despertar de sus valores dormidos quienes esperan impetuosos la sensibilidad, el pincel y la pintura para poderse asomar y dar a conocer todos esos rincones que la gente oculta, esos espacios callados, fríos y oscuros donde las almas se pierden con sus gritos silenciosos, casi inhabilitados.

Regresó al Distrito Federal a respirar ese aire frío; buscando por esas calles tan grandes y transitadas, hasta encontrar nuevamente las rúas por las que antes caminaba, llegó a instalarse en la pensión de doña Juanita quien lo recibió con mucho cariño y nostalgia, ahora, ya mas agotada por los años pasados, quien empezó a platicarle que sus compañeros ya no iban a regresar, que la academia había cerrado sus puertas; y que solo quedaba un museo, fue algo muy traumático sobre todo por el hecho de pensar, en que sería difícil recuperar sus documentos personales y la certificación de sus estudios, se puso al tanto de la situación y descubrió que ya no podría estudiar en esa academia. Retornó a su casa, desilusionado; y en espera de que algún día reabrieran esa institución, después se enteró que había surgido otra academia de la misma línea que había llevado; pero tendría que empezar nuevamente. Continuó trabajando un tiempo en Petróleos Mexicanos y optó por regresar a tomar cursos por tiempos determinados y de manera informal, esto, tratando de no interrumpir el perfil que ya empezaba a trazarse en

JOSE GUADALUPE ARELLANO MARTÍNEZ

relación con su trabajo, así fueron pasando algunos años y en 1979 gracias a la constancia y a los derechos laborales de su Padre, la empresa le otorgó un contrato definitivo, esto lo llenó de mucha alegría y a la vez de tristeza ya que de este modo sus esperanzas de continuar estudiando de manera escolarizada se esfumaban, en tanto, su única opción era hacerlo solo por cursos, obtuvo conocimientos en diferentes academias, llegado el momento en que por causa de tener mayores responsabilidades en su trabajo le fue imposible ya continuar estudiando para lograr una certificación dentro de la plástica. Empezó a dedicarle más estudio a su trabajo para poder superarse, la planta donde se desarrollaba como trabajador implicaba muchos riesgos por su alta peligrosidad, sus altas presiones, las que se necesitan para producir el polietileno de baja densidad en reactores en los cuales; que cuando se pierde el control de la reacción química se producen unas explosiones controladas arriba de 1950 kg/cm2 y que en el momento en que estas se presentan pareciera que se va uno a morir; pues son tan estruendosas las detonaciones y es de considerar, que hasta el más valiente ha de querer huir, como sucedía con algunos trabajadores e ingenieros que estaban laborando en su turno y que como profesionistas dejaban mucho que desear, había que andarles cuidando las manitas porque en casi todo lo que intervenían era para ponerse a temblar; cayendo en situaciones de mucho peligro, Mario pensaba ¿cómo es posible?, ¿en qué universidad estudiaron estos incomparables?, esto es de experiencia y de sentido común, pero ellos carecían de ello, era indignante darse cuenta, pero la realidad era esa, recordaba las palabras de su Padre, con toda su experiencia quien siempre le decía—¡no te preocupes! " Dios protege a sus animalitos", estos señores están casados con los manuales de la planta, en la universidad no aprendieron lo que nosotros aquí, y no pueden reconocer la experiencia que a nosotros nos sobra, así como ese detalle existían otros; quizás más graves los cuales Mario fue notando, la empresa, era un botín de una muy mala administración, gente incompetente; que por el solo hecho de tener alguna relación familiar o de compadrazgo cometían errores que eran muy costosos para la empresa y eran protegidos, lavaban sus ineptitudes cambiándolos de puestos y de ciudad, cuanto paternalismo, cuanta camaradería y a la hora que a los jefes les pedían cuentas de los errores cometidos; mentían, encubrían para salvar sus puestos y seguir gozando de todas las concesiones que la empresa les brindaba, la verdad era otra, y nadie, realmente nadie, se preocupaba por investigar a fondo y fincarle responsabilidades a quien las tuviera, se olvidaban que estaban administrando los bienes de la nación los cuales eran patrimonio de todos los mexicanos, utilizando argumentos pueriles, las mafias organizadas dentro de la misma empresa; se protegían unos con otros y siempre resultaba afectado obviamente, el que menos responsabilidad tuviera, o simplemente, el que no les siguiera el juego prestándose a los intereses de los mismos jefes, el derroche era muy grande y aun así la empresa era y seguiría siendo muy fuerte económicamente, ¿Por cuánto tiempo?, la longevidad de esta, lo determinaría un hombre que realmente se preocupara por sacarla adelante, que estuviera pendiente de todo el equipo de trabajo administrativo que estructurara, con gente realmente competente, incentivando con estricto apego a los objetivos y logros obtenidos por la empresa, no hay para refacciones, pero si hay para coches sofisticados, casas, viajes, y un sinnúmero de concesiones. Vino a su mente otro de tantos detalles constados, la planta donde laboraba contaba con un sistema de vapor, había tantas fugas de ese energético; que por negligencia de los jefes, no se eliminaban o por la mala administración por parte de los equipos de mantenimiento, en una ocasión en que el mismo director de la empresa haría una visita; el jefe de la planta ordenó bloquear la entrada de vapor a la planta; para que las fugas, no fueran notadas por el directivo, total solo serían unos cuantos minutos de esa visita y en ese lapso de tiempo, no ponían en riesgo la operación y producción de la misma, los "mentirosos", después de éste como de muchos otros detalles, eran premiados y enviados a vacacionar a los mejores centros turísticos de nuestro querido México; o solo se aparecían presumiendo un nuevo automóvil, nuevo préstamo, o una nueva casa y a los honestos, a los que realmente desarrollaban su trabajo de manera responsable, a esos no había quien les hiciera notar que eran muy importantes.

Muchos compañeros de trabajo de Mario, al darse cuenta de sus habilidades con los lápices y pinceles; le decían que regresara a estudiar, que no tendría futuro dentro de la empresa, y que lo que más podría lograr en ella, era llegar a ser supervisor técnico; que sus trabajos de diseño y plástica valían mucho, que se dedicara mejor a pintar de manera profesional, eso era para él muy doloroso, a veces se sentía como en otro tiempo, en otro mundo muy desconocido, lo único que debería de hacer era dejar pasar el tiempo, el es sabio, el se encarga de ubicar a cada quien junto con Dios donde le corresponde, ni antes, ni después. Logró llegar a la máxima categoría dentro de su trabajo a la edad de 30 años, el primer problema que tuvo fue; que por ser más joven, muchos trabajadores a los cuales superó y que contaban con más edad, no podían entender que una persona más joven que ellos les diera órdenes, pero con capacidad trabajo y empeño; los comentarios fueron cambiando positivamente. Así transcurrieron algunos años y en septiembre

JOSE GUADALUPE ARELLANO MARTÍNEZ

de 1985 la empresa lanzó una convocatoria informal a los trabajadores para desarrollar un diseño representativo de ella, cuando Mario se enteró de esto, se dio a la tarea de investigar el porqué del nombre "Escolín", realizó un estudio, se trasladó a la ciudad de Papantla, Veracruz, llegó a platicar con algunos indígenas totonacas, quienes en todo momento, mostraban cierto recelo al platicar sobre sus costumbres cuando empezó a preguntar, después de 2 días de entrevistas, consiguió la información fundamental de lo que le concernía, fue un reto, mezclar algo prehispánico con algo moderno, traer hacia lo contemporáneo; lo que el tiempo se había llevado y dejaba solamente los rastros de lo que fue una cultura tan importante en nuestro País en el norte del estado de Veracruz " El Tajín".

Con apoyo en los conocimientos adquiridos, habilidades de diseño artístico y artes plásticas Mario maduró la idea de cómo conceptualizarla y plasmarla en un logotipo; a partir de la palabra "Escolín", la que en el dialecto totonaca significa "Árbol Grande", el diseño que pudiera servir a la empresa; donde desarrollaba sus labores como supervisor técnico, siendo que por su ubicación geográfica el Complejo Petroquímico Escolín, se encuentra plantado dentro de la región donde un día se fundó esta importante cultura prehispánica, asentada en el norte del estado de Veracruz. Encontrándose su apoyo principal, en la ciudad arqueológica de el Tajín, siendo uno de los centros culturales más reveladores en el nordeste de Mesoamérica después del desplome de Teotihuacán y mucho antes de Zempoala, su influencia cultural se muestra; a lo extenso de la costa del Golfo de México hasta alcanzar el sur de la zona Maya.

En "el Tajín" se encuentra su edificio primordial; que es la célebre pirámide de los nichos, que en este caso, lo inspiró para lograr su creación pictórica, cuenta con 365 nichos, con un disparo prehispánico de 14 metros de fondo que baja de la parte superior de la plataforma, hasta la segunda cámara. Está constituida por 7 cuerpos consignados y tiene una elevación de 22 metros. La degeneración de la peculiaridad y perfección arquitectónicas del Tajín; se manifiesta en esta pirámide. En cuanto a su simbolismo, la misma concentra la erudición de una cultura y su paralelismo, el cual pretendió relacionar con una de las actividades más representativas e importantes de la vida nacional, la Petroquímica. En cuanto a los 365 nichos, estos representan a los 365 días del año, los cuales se encuentran distribuidos en los 7 cuerpos en que se encuentra estructurada; estos 7 cuerpos implican un número simbólico; el 7, consagrado por los totonacos a los muertos, y siendo estos, rectángulos, los cuales representan su concepción rectangular del universo.

La Pirámide de los nichos se alza majestuosa como retando al tiempo y a la adversidad, fue construida por nuestros antepasados, con otros métodos, dejando a la posteridad prueba de su alto sentido estético, de su depurada técnica constructiva; así como de su cosmovisión, como se mencionó antes, ciertamente, representó un desafío conjugar los elementos antes manifestados con los relativos de una actividad industrial moderna; no menos querida por los mexicanos, que conjuga el empeño y esfuerzo por el engrandecimiento de la nación, el procesamiento de la riqueza de su subsuelo. La torre destiladora de la planta de Etileno del entonces Complejo Petroquímico Escolín, se construyó y se levantó con tecnología de punta y se alza majestuosa con sus 75 metros de altura, coronando los esfuerzos, los sacrificios y el riesgo; de una de las industrias de mayor peligro, de alta siniestralidad en el ramo. Este es el elemento de mayor tamaño que estructura a su diseño; dado que el Complejo Petroquímico Escolín está formado principalmente con 3 plantas. La planta de polietileno de Baja Densidad; y en esta, se encuentra el área de mezclas y formulaciones, la cual tiene una torre protegiendo a los silos, en los cuales se almacena polietileno, la que pasa a ocupar el primer plano del diseño atrás de la torre de Etileno, esto es, por ser la primer planta que se construyó en el Complejo. También está, la planta de polietileno de Alta Densidad y sus silos de embasamiento están expuestos; nos los cubre ninguna torre, los silos de forma cónica, estos pasan a equilibrar las partes laterales del diseño, de esta manera simplificó y estilizó los que es el Complejo petroquímico Escolín, atrás, de manera subliminal la pirámide de los 365 nichos; lo que significa la jornada productiva del Complejo Petroquímico Escolín, por la razón de que trabaja los 365 días del año. Las 3 principales plantas que conforman el Complejo, encerradas en un perfil de forma piramidal, con los colores verde, blanco y rojo, los cuales representan al simbolismo patrio; porque fue construida por mexicanos y es operada por mexicanos, el color naranja es para equilibrar los otros colores y su perfil verde; porque se cuida el entorno ecológico. Llegó el día en que después de tantos trazos y Esbozos, pudo definir el diseño, lo presentó ante la superintendencia del Complejo petroquímico Escolín de Petróleos Mexicanos, se recibieron aproximadamente 16 diseños; y desde el momento en que presentó su obra, recibió elogios hacia ella.

Los días y los meses fueron pasando, se iba aplazando la elección del diseño que serviría a la empresa, todo esto, por los cambios de personal administrativo que se suelen dar en Petróleos Mexicanos, llegó el año de 1986 y el secretario general de la sección 30 de la agrupación a la que los

JOSE GUADALUPE ARELLANO MARTÍNEZ

petroleros pertenecen, lo mandó llamar; para que formara parte como miembro, del comité de las Fiestas Petroleras, como diseñador, constructor de la escenografía y los carros alegóricos para las fiestas del 18 de marzo, que se celebran; para festejar la Expropiación Petrolera, de entrada, le dio mucho gusto por esta invitación; ya que iba a poder desarrollar sus habilidades para darlas a conocer, recordaba que fue un trabajo arduo, necesitaba aplicarse al cien por ciento; para poder crear y montar lo que el sindicato le pedía, eran jornadas de trabajo de 12 o 14 horas diarias, pero para él, eso no importaba; ya que estaba haciendo lo que lo realizaba como ser humano, era tan importante, darse cuenta como se trabaja en un equipo que está a cargo de un evento tan grande e importante para esas celebraciones, a su vez, casi frustrante, al enterarse de algunas situaciones, que denigran la vida de quienes tienen la necesidad de buscar apoyo económico, notó como llegaba gente a ofrecerse de manera abierta; para conseguir un préstamo, una casa o trabajo, inclusive, se dio cuenta que había trabajadores que les rendían pleitesía a los funcionarios y poniéndose a las ordenes de ellos; para lo que consideraran pertinente a cambio de conseguir algo, también pudo enterarse de otras cosas, como el hecho de querer meter notas de gastos a comprobar, por parte de algunos funcionarios del mismo comité de las fiestas que ya habían sido cobradas, esto era el cuerno de la abundancia, todos querían sacar provecho de la situación, siempre se negó a seguirles el juego a los funcionarios que le pedían les autorizara notas de gastos fantasmas, ese fue uno de los hechos que lo hicieron renunciar, no seguiría trabajando para el sindicato, el Secretario General le pidió; que continuara con ellos, pero la educación y honradez que recibió de sus padres; era más fuerte, que prestarse a hacer algo sucio, que denigrara su imagen como creador, pintor y escenógrafo. Casi para terminar su comisión; a principios del mes de Marzo de 1986, fue notificado que su diseño, el que había presentado en el Complejo Escolín había resultado ganador; y que era necesaria su presencia ante el directivo, una tarde se presentó ante la superintendencia y el ingeniero López; quien estaba a cargo, le preguntó, sobre que le gustaría recibir de obsequio; por haber sido el ganador del concurso, haciéndole la promesa, de regalarle un equipo de dibujo ya que "no tenían dinero" para pagarle el diseño, además de que en la convocatoria, no se estipuló premio alguno y que le sería entregado en una ceremonia de reconocimiento en el auditorio por el ingeniero fong peña gerente de zona de petróleos mexicanos.

Se sintió muy orgulloso; por haber logrado ser el ganador del concurso, se presentó en el auditorio algo nervioso por la emoción, los conocimientos adquiridos en sus estudios y su habilidad, estaban rindiendo frutos, era increíble darse cuenta, de cómo puede hacer uno las cosas cuando se lo propone, lograr objetivos tan importantes, de eso no quedaba duda. Estaban presentes algunos funcionarios del sindicato petrolero y jefes de Pemex, fue precisamente el gerente de zona ingeniero Fong Peña, quien le entregó el "obsequio", dirigiéndole unas palabras de elogio y dándole las mas efusivas "gracias" a nombre de Petróleos Mexicanos.

Realmente Mario, fue presa del desconocimiento a que tenía derecho de recibir; por ser el autor de la obra, siempre había gente que le decía; que por esto le tenían que pagar, ya que estaban utilizando algo que le pertenecía, esto llegó a comentarlo con algunos jefes y ellos argumentaban que no sabían nada al respecto. Así pasaron 10 largos años en los cuales su camino fue ascendente gracias a la dedicación y estudio que puso en su trabajo, consiguió llegar al puesto máximo; que era el de Supervisor Técnico de Elaboración, perteneció también, a una brigada industrial de rescate, y obtuvo muchas felicitaciones por parte de sus compañeros; ya que a partir de los 31 años, siendo aún joven, ya había alcanzado llegar a ese puesto, no a todos les gustó este hecho, pero demostrando capacidad, las diferencias fueron desapareciendo.

Cada día que pasaba, sentía la inquietud de buscar protección para su obra, esa, de solicitar el registro, en cada momento se acrecentaba, pero por cuestiones de trabajo, se le dificultaba trasladarse a la ciudad de México, una opción sería en vacaciones; pero en estas, tomaba cursos en alguna academia y eso se lo impedía, además de dar cursos de escenografía y pintura para maestros catedráticos en algunas instituciones, desarrolló trabajos de carros alegóricos; y casi siempre ocuparon los primeros lugares, impartió un curso de pintura a una escuela, que era sede de un concurso regional de pintura y 3 de sus 14 alumnos ocuparon 2 primeros lugares, continuaron participando sus alumnos en el concurso estatal y uno de ellos logró ganar el primer lugar.

El 16 de julio de 1992, apareció publicado en el diario oficial de la federación la ley orgánica de Petróleos Mexicanos y organismos subsidiarios; en donde el referido "Complejo Petroquímico Escolín", pasaba a ser controlado como filial de Pemex Petroquímica, ante este hecho, apareció mucha inquietud en los trabajadores, que ahí laboraban; ya que se manejaba información, de que el Complejo, pasaría a manos de capital privado y que ese era el primer movimiento que hacían; para poder llegar a independizarla, la verdad, es que a ciencia cierta nadie podía dar mayor información al respecto, o quizás, la callaban para no aumentar la incertidumbre en los trabajadores. Se empezaban a dar modificaciones en cuanto al área administrativa; ya que se firmaron nuevos contratos definitivos por parte de los trabajadores sindicalizados, se implantaron nuevos procedimientos para el trabajo, todo esto, era para lograr llegar a obtener la certificación de calidad, bajo la norma I.S.O. 9002, lográndose esto unos años después. La carga de trabajo aumentó; ya que fue necesario participar en la estructuración de procedimientos operativos, para unificar criterios en la forma de trabajar, esto, para muchos trabajadores fue algo traumático y difícil de superar; ya que estaban acostumbrados a desarrollar su trabajo, de manera superficial, y al llegar a la certificación de calidad, deberían de aplicarse a los procedimientos estipulados por dicho organismo. El 30 de enero de 1997 el Complejo Petroquímico Escolín, se constituyó legalmente; como empresa de participación estatal mayoritaria, denominándose Petroquímica Escolín S.A. de C.V.

Fue hasta el año de 1997, en el mes de agosto, en el que Mario logró al fin, solicitar el registro respectivo de su diseño, ante el Instituto Nacional del Derecho de Autor, buscando protección para su obra pictórica. Esto fue, a través de un amigo que se encontraba estudiando en el Distrito Federal, y dicho registro, le fue otorgado el 4 de septiembre de 1997, a finales del mismo mes, transcurría el turno matutino en su trabajo, el cual se desarrolló siempre en la operación, de la planta de Polietileno de Baja Densidad, cuando fue informado, por el ingeniero Vargas; quien estaba a cargo del departamento de calidad, que el ahora director de Petroquímica Escolín, ingeniero López; quería hablar con él, en relación a su diseño. Hubo algunos comentarios de varios compañeros, expresándole que ahora si, ya le iban a pagar por el uso de su diseño, ya que estaba siendo utilizado como imagen comercial e industrial, desde 1986. Cuando se presentó con el director, éste, le comentó, que querían hacer ya oficial su diseño, que si ya lo tenía registrado, ya que ese era su derecho y esto era urgente pero que "no tenían" dinero, para pagarle, que lo que podían hacer, era jubilarlo en las mejores condiciones económicas, a cambio de cederles el uso de su diseño, tenía 23 años de servicio a esa fecha, a lo que Mario respondió que sí sería así, pues que le quedaba, si era en las mejores condiciones económicas estaba bien. Lo canalizaron con el ingeniero Camarillo, quien estaba encargado del área de finanzas; y en todo momento se mostró muy amable, fueron 8 días de estarse presentando con él, le hacía preguntas, lo invitaba a comer, a cenar, hablaban sobre su trabajo y siempre le recibía con una sonrisa, inclusive, le otorgó un préstamo administrativo en una hora, dichos préstamos, se tardan hasta 5 meses en llegar, después de realizar las gestiones ante el sindicato petrolero, de ahí lo pasaron con el licenciado Morales, el cual era gerente de Recursos Humanos; quien le comentó que lo iban a jubilar muy bien, que no se preocupara por eso,—¡que bien amigo, se va usted jubilado, y joven, ya quisiera estar en su lugar, ahora se podrá dedicar a hacer, lo que le gusta!. El licenciado se encargaría, de que así fuera, y le explicó, que del modo en que esto sucediera, no se le fuera a echar para atrás, pues quedaría mal con sus jefes,—les consigue uno su jubilación, y después no se quieren ir, por ser jóvenes.

JOSE GUADALUPE ARELLANO MARTÍNEZ

INSTITUTO NACIONAL
DEL
DERECHO DE AUTOR

REGISTRO PUBLICO DEL DERECHO DE AUTOR

C E R T I F I C A D O

Para los efectos de los artículos 13 fracción V, 14 fracción
II, 162, 163 fracción I, 164 fracción I, 168, 169, 209
fracción III y demás relativos de la Ley Federal del Derecho
de Autor, se hace constar que la obra cuyas especificaciones
aparecen a continuación, ha quedado inscrita en el Registro
Público del Derecho de Autor, con los siguientes datos:

AUTOR(ES): ARELLANO MARTINEZ JOSE GUADALUPE

TITULO: PIRAMIDE RUINA DEL TAJIN

RAMA: DIBUJO

TITULAR: ARELLANO MARTINEZ JOSE GUADALUPE

NUMERO DE REGISTRO: 152216

MEXICO D.F. 4 DE SEPTIEMBRE DE 1997

SUFRAGIO EFECTIVO. NO REELECCION.
EL ENCARGADO DE LA SUBDIRECCION DE REGISTRO

MARIO GARCIA QUINTANILLA

CERTIFICADO DE REGISTRO DE LA OBRA

Llegó entonces, a la oficina de la licenciada Dora Alicia, representante del jurídico del Complejo Petroquímico, una señorita, de aproximadamente, unos 38 años de edad, de mirada dura, fría, quien con voz ruda, y de manera déspota, le expresó,—¡bueno señor Arellano!, lo vamos a jubilar, y de sus derechos de autor, ¿Qué es lo que le vamos a dar?, Mario le comentó, que les había pedido una computadora, dinero; y que el director le dijo, que no tenían dinero, pero a cambio, lo iban a jubilar en las mejores condiciones económicas, a lo que ella respondió, que si se ponía exigente, iba a investigar hasta sus últimas consecuencias, si en realidad él, era el autor del diseño, molesto por ese comentario, le enseñó el registro de su obra diciéndole que si ella podía tener otras opciones para que lo molestaban,—¡mire licenciada!, este registro me lo otorgó el Instituto Nacional del Derecho de Autor de nuestro País, porque soy el Autor y creador del diseño que usted porta en su camisa, y que han venido explotando desde 1986, si esto no le parece, pues no vemos, a lo que ella, ya en otro tono de voz más tranquilizada, le dijo,—¡no se moleste señor Arellano!, solo quería estar segura de que usted es el autor, vamos a continuar dándole trámite a su jubilación, y en breve nos pondremos en contacto para firmar un convenio de cesión de derechos del uso de su diseño, por lo pronto eso es todo, se despidieron.

Abordó su auto; y recorrió la avenida que durante 23 años, lo llevó de regreso a su casa, sintió como que algo se estaba quedando atrás, era una parte de su vida, una etapa muy bella, que le había dejado muchas satisfacciones, el espacio de un libro que se estaba cerrando, esa avenida que siempre estaba saturada, el tráfico vehicular en horas pico, siempre se ponía pesado, encendió la radio y buscó esa estación, en la cual, se escuchaba siempre, música de los años 70s, era muy atrayente escuchar esa música; porque le hacía recordar sus años de estudio, sus experiencias, pero sobre todo, la línea que ya tenía trazada, dentro de la plástica; y que ahora, con la propuesta de jubilarse, con mejoras económicas a cambio de ceder los derechos del uso de su "Obra Pictórica" a la empresa donde había laborado 23 años de su vida, podría retomar sus pinceles y dedicarse por completo a ella, se emocionó al pensar, que estaba a un grado de poder logra su sueño, se imaginaba, que ahora podría ir a esos lugares típicos, sentarse a observar, y plasmarlos en sus lienzos. Sus pensamientos, se vieron interrumpidos; pues un taxista, omitió la indicación del semáforo de hacer alto, tuvo que virar, y frenar su auto de manera brusca, el conductor del taxi, se le quedó mirando a manera de disculpa y le sonrió, Mario empezó a gritarle,—¡animal!, fíjate como conduces, ¡que inconsciencia!, se movió el taxista; y continuó su marcha, recordándole a la autora de sus días con el claxon, siempre se le hacía difícil entender, el porqué, de este tipo de recordatorios, porque la gente insulta así, a su vez, pensó que no había visitado a su Madre en esos últimos días, y le dio las gracias al taxista, por el recordatorio.

Pasaron algunos días, en los cuales Mario estaba bajo licencia médica; ya que sufrió una contractura muscular en la cintura, era algo dolorosa y limitaba sus movimientos, estuvo recibiendo rehabilitación y solo así fue cediendo el dolor, poco a poco, hasta desaparecer por completo. La licenciada Dora Alicia, se comunicó unos días después, esto fue en el mes de octubre; para decirle, que lo esperaban en el despacho de un reconocido notario, al presentarse ante éste, les comentó que necesitaba unos días para estudiar todo lo relativo al convenio; ya que carecía de la información necesaria para elaborarlo, se despidieron, no sin antes comentar, que se comunicarían a la brevedad posible, al día siguiente, le volvió a llamar la licenciada; para decirle que lo esperaban con otro notario a las 6 de la tarde. Cuando llegaron ante el nuevo personaje, el convenio, ya estaba elaborado, éste, le comentó a la licenciada, que lo había elaborado por 99 años, como lo habían acordado, y que a contraprestación, le otorgaban al autor, el beneficio de la jubilación anticipada; ya que no tenía la edad para este hecho, la licenciada comentó,—está bien, el señor se va jubilado; y ya no lo va a necesitar. Mario, desconocía totalmente sobre sus derechos como autor. Procedieron a firmarlo, además, de que el acuerdo verbal, fue que sería en las mejores condiciones económicas, después le pidió a la licenciada, que le diera una copia del convenio, a lo que ella, de muy buen modo, le comentó que a la brevedad, le haría llegar una copia; y que ya habían solicitado su registro de marca, ante el Instituto Mexicano de la Propiedad Industrial. Mario, se quedó esperando dicha copia, pues nunca le fue enviada. En el mes de noviembre; el licenciado Morales, gerente de recursos humanos de la empresa, se comunicó por teléfono con él; para informarle, que pasara a cobrar, los honorarios de sus vacaciones pre jubilatorias; las cuales disfrutó por 10 días, emocionado se presentó, y recibió en efectivo, el pago de ese derecho, optó por disfrutarse unos días en una playa solitaria al sur del País, al término de estas, se presentó nuevamente ante el gerente de recursos humanos; quien en todo momento, se condujo con mucho nerviosismo, comentando,—¡ya se va jubilado!, que suerte la suya, tan joven, ¿Gusta un cafecito?, ¿Una galletita?, alcanza usted un buen billete, pero dejemos de hablar, aquí están sus papeles para que los firme, se acercó con unos papeles, y un lapicero, ¡ándele amigo!, firme de una vez, Mario empezó a firmar los papeles, y al llegar a la última hoja, ésta, era un memorando, en el cual, se estipulaba; que gracias a las gestiones realizadas en su favor, por el comité ejecutivo de la sección 30, del sindicato petrolero, se le otorgaba la jubilación, con una pensión del 72%, de manera frenética, le dijo al gerente,—¡óigame licenciado!, éste no fue el trato en el cual quedamos de acuerdo, ustedes me prometieron una jubilación en las mejores condiciones económicas; a cambio de que les cediera el uso de mi diseño, me están otorgando de pensión jubilatoria, lo que de acuerdo a la ley con mi antigüedad, me corresponde, ¿donde están esos beneficios económicos que me prometieron?, sin dejarles nada, de acuerdo a la ley con mis 23 años de antigüedad, me corresponde el 72%, y de mi Obra Pictórica, no estoy recibiendo absolutamente nada, ahora ¿qué puedo hacer si ya desde el mes pasado, firmamos el convenio?,—¡ya me timaron!,—¡Mire señor Arellano!, quedamos en que no se nos iba a echar para atrás, yo hice todo lo que estuvo dentro de mis posibilidades y eso fue lo que pude conseguir, no se diga mas de esta situación, ya no hay más, que decir, por favor retírese que tengo mucho trabajo. Mario muy indignado comentó,—¡licenciado, ustedes ya sabían lo que me iban a hacer, lo tenían muy bien tramado, ahora entiendo, que todo fue orquestado de manera furtiva para despojarme de mi obra,—le repito señor Arellano, tengo mucho trabajo.

Por algunos cambios que se dieron en su vida privada; y otros asuntos que lo mantuvieron ocupado durante un buen tiempo, esperó para investigar, sobre sus derechos como trabajador, y todo lo referente a las transmisiones de derechos de autor. Se presentó a solicitar asesoría legal, ante el Instituto Nacional del Derecho de Autor; quienes le recomendaron, buscar un buen licenciado en derecho, que pudiera intervenir legalmente, ya que el convenio de cesión que había celebrado, había violado sus Derechos de Autor, derechos Laborales, la ley de Adquisiciones y Obras Públicas que rige a las paraestatales; e inclusive, Tratados Internacionales en esta materia, de los que México es parte.

Pasó algunos meses buscando, hasta que encontró al profesionista idóneo, gracias a los consejos de un amigo, quien le recomendó al Abogado que tomaría su caso, quien ya en entrevista, le hizo ver de la gravedad de las anomalías, con las que se habían conducido, todos los funcionarios que intervinieron desde la estructuración de convencimiento para que firmara ese convenio, el cual estaba viciado de nulidad absoluta, y de nulidad absoluta de pleno derecho, ahora ya entendía, fue presa de la carroña, del dolo, de la prepotencia; ya que todo fue manejado, desde el primer encuentro, hasta el final, eso ahora le quedaba muy claro.

En la actualidad, resulta para su persona y sus seres queridos, motivo de gran honra y satisfacción, el saber que el diseño de su creación, su Obra de Arte, se constituye, como la Marca Industrial y comercial, el emblema

JOSE GUADALUPE ARELLANO MARTÍNEZ

simbólico que representa al centro de trabajo, al cual le dedicó 23 años de su vida, y es muy relevante; por su importancia y reconocimiento regional, nacional e internacional, ya que en todos los productos que la empresa produce, y exporta, aparece su diseño, y en la red de internet.

Así empezaron, Mario y su Abogado, a preparar la demanda, a conseguir y recopilar toda la información necesaria, la cual, les llevó casi 9 meses, contrató los servicios del licenciado Brindis; experto en finanzas, quien es perito en avalúos de activos intangibles y derechos de autor, el cual, al enterarse de este negocio y notar de las violaciones, hacia sus derechos de autor, quiso que Mario, le diera la oportunidad de trabajar para él, nunca se imaginó que presentar una demanda, implicaba tantos gastos, llegaron a utilizar cerca de 270 mil copias fotostáticas para formar los paquetes, ya que la demanda, se hizo extensiva a 5 entidades que estaban involucradas en esta situación tan penosa y triste para él, el saber, que habían violado sus derechos de autor y demás derechos, después de enterarse del valor de su diseño como marca y el monto de los daños y perjuicios, por el pago de sus regalías por los 99 años en que se pactó el convenio; y de los que por omisión, había sido presa, se quedó sorprendido por la cantidad que había arrojado el avalúo técnico y legal, el cual ascendía a varios millones de pesos.

Los meses fustigantes, siguieron su curso, hasta que por fin, llegó el día esperado, después del arduo trabajo, la demanda estaba lista, su Abogado comentó,—Mario, quiero que le dé una leída, ya la he revisado; y a mi juicio no le falta nada, todo está bien equilibrado legalmente y basado en los hechos históricos, fírmela por favor, acudiremos a solicitar juegos de copias fotostáticas; y de una buena vez, vámonos a presentarla. La sede del juzgado 7° civil, estaba en la Ciudad de Tuxpan Veracruz, como a 45 kilómetros de distancia, era necesario apresurarse. Después de librar el tráfico, salieron de Poza Rica, la autopista aún con su mala construcción, facilitaba el traslado, llegaron a ese juzgado después de pasados 30 minutos, la demanda sería presentada, y en ese juzgado, se determinaría a cuál de los juzgados se canalizaría, ya que eran 2 y pertenecían al 7° circuito, estacionaron el auto del Abogado lo más cerca posible del edificio, ya que el volumen de los papeles de la demanda, abarcaba 4 cajas grandes de copias, bajaron del auto, y empezaron a cargar las cajas, una de ellas se zafó de las manos del autor y cayó sobre los pies del abogado, quien al sentir el golpe, empezó a brincar y expresando,—¡hijo de . . .,—¡perdón, señor Arellano!, es que me aplastó los callos, la cara roja de coraje y dolor que mostró el Abogado, hicieron que Mario, soltara una estruendosa carcajada, después de un rato en que el abogado terminó de sobarse, ponerse el calcetín, y el zapato, entraron al juzgado, la licenciada secretaria encargada de recibir documentos, se sorprendió al notar tantos papeles, intuyó que se trataba de algo grande, después de hacer un recuento de los papeles que estaba recibiendo, empezó a redactar el oficio de inventario para que lo firmara el demandante, salieron del juzgado y su apoderado le comentó,—¡ya está listo!, ya entró la demanda, ahora solo falta esperar y estar pendientes hacia qué juzgado se encausará, no se preocupe, después de unos días, sabremos cómo y en qué condiciones, se habrá de llevar nuestra demanda. Llegaron a un restaurante, y pidieron unas copas de vino, era necesario relajarse, fueron varios meses de arduo trabajo; y esos tragos, realmente los tenían ganados.

Después de pasados escasos 8 días, el abogado tuvo conocimiento, de que la demanda, había sido aceptada oficialmente, y que había sido de la competencia del juzgado 8° del mismo circuito al cual, la enviaron, ahora empezaba la batalla, era necesario estar muy pendientes, ya habían surgido comentarios de algunas personas con respecto a la posibilidad de que se presentara esa demanda, y cuando al fin llegó, las advertencias no se hicieron esperar.

Mario se despertó, con el aviso del reloj a las 7 de la mañana, cruzó sus brazos y estiró las piernas, retiró de su cuerpo la tibieza de sus sábanas, buscó el control de mando de la televisión y la encendió, se puso de pie y se metió a tomar su riego, era tan agradable sentir, como el agua retiraba la pereza que queda en el cuerpo, después de dormir casi 8 horas, salió del baño, tomó su rasuradora; y de manera tranquila empezó a pasarla por su cara, para desaparecer el nacimiento del pelo en su barba, no tardó más de 5 minutos, por fin terminó con el ritual de cada mañana, después de vestirse, tomó las llaves de su auto y se dispuso a salir. El día empezaba, la intranquilidad inundaba sus sentidos, la molestia de saberse víctima lo fue arrastrando, y a su vez, confiaba en que había hecho una buena elección, al contratar los servicios de ese Abogado, después de andar visitando licenciados de esa ciudad, a los cuales, el asunto les parecía algo desconocido, y descabellado, optaron por darle largas, después de meditar, descubrió algo importante, tendría que ser un licenciado con mucha experiencia en la materia, que no tuviera relación ni compromisos, con el cuerpo de la mafia que imperaba en esa zona, sobre todo, tendría que mostrar honradez, y la primera visión que tuvo de su Abogado, fue de confianza, el auto realizó su recorrido; hasta llegar al domicilio del despacho de su Abogado, bajó de su auto, y toco el llamador, la puerta se abrió y apareció, quien siempre sonriente lo recibía diciéndole,—¡adelante!, en un momento estoy listo para irnos, solo debo terminar mi desayuno, permítame unos minutos señor Arellano.

JOSE GUADALUPE ARELLANO MARTÍNEZ

La casa del Abogado, era una de esas casas modernas, con aplicaciones de estilo inglés, era de dos plantas y arreglada con mobiliario de muy buen gusto, contaba con un jardín en la parte posterior, a Mario, esa mezcla de construcciones, siempre le habían llamado la atención, y esperaba un día, llegar a construir algo semejante, una suave música se dejaba escuchar, la verdad, el Abogado tenía muy buen gusto por ella, era algo que a Mario le agradaba, sus pensamientos fueron interrumpidos por una voz firme,—¡ya estoy listo! Señor Arellano,—¿Nos vamos?. Abordaron su coche, y se dirigieron a la entrevista que tenían con el periódico más importante de la zona norte, a Mario le llamaba mucho la atención y estaba agradecido con el director del periódico, a pesar de que algunos personajes no estaban de acuerdo con las noticias que ahí se imprimían, y que de algún modo los comprometían, los encasillaban como un diario de represión, amarillista, pero la realidad era, que las noticias decían la verdad y ésta siempre molesta a quienes se sienten exhibidos, ese era el pensamiento de Mario; quien para poder complementar parte de los hechos de su demanda, tuvo que recurrir en busca de información, a algunas instituciones; y con tristeza, se dio cuenta que ni en la misma dirigencia de la ciudad, se contaba con hemeroteca, solo existía en ese diario y enhorabuena, pensó que después de ese hecho, merecía hacerle un reconocimiento al director de ese diario. Al llegar a las oficinas, fueron recibidos por un reportero, quien era una persona muy joven pero se conducía con mucha viveza, demostraba su madurez y profesionalismo, era un tipo de mediana estatura, bien vestido, y presto con su libreta de apuntes, su lapicero y la grabadora, el reportero mencionó, que las entrevistas debían ser de manera rápida y eficaz, después de hacer unas preguntas, empezaron a brotar las respuestas de Mario, con mucha hilaridad, el Abogado mostró algo de enojo, pues se había enterado de algunos comentarios, que la licenciada Dora Alicia, representante legal de la empresa demandada había hecho, decía que estaban locos, que al señor Arellano no le correspondía reclamar nada, y con esto, continuaba mostrando su prepotencia, esto era clásico en algunos trabajadores que se desempeñaban en puestos importantes en tal empresa, para Mario no era extraño este hecho y se lo hizo ver a su Abogado.

La representante legal del jurídico de Petroquímica Escolín Dora Alicia, salió de su casa temprano, muy pensativa y con un semblante por los suelos, había sido notificada sobre la demanda del señor Arellano días antes, el término para presentar su contestación, se estaba venciendo, y solo tenía 24 horas para hacerlo, el día anterior y casi toda la noche, se la pasó estudiando el libro concerniente a esa ley, subestimando un derecho y un trabajo por lo menos 8 meses de sus contrarios. Tratando de mostrar en su semblante, una tranquilidad que estaba lejos de sentir, había realizado comentarios con respecto al señor Arellano, unas noches antes en una reunión, ahora con mas ecuanimidad, con más conciencia, empezaba a preocuparse, realmente tenía un problema y muy serio, confiaba en que sus amigos le ayudarían a resolverlo, ella siempre muy bien arreglada con ropas finas, confeccionadas en las mejores tiendas de ropa, subió a su camioneta último modelo, aun con permiso para circular, encendió el motor, encendió también el reproductor de discos compactos y se dirigió a su trabajo, en el transcurso de su camino, iba casi concretando, lo que según pondría fin a la contestación de esa demanda, que había sido entablada en contra de la empresa, la cual ella representaba, al llegar a su trabajo, se dirigió a su oficina, sacó de su portafolio unos escritos, después de haber consultado con algunos licenciados particulares; y echarle un vistazo a la ley del Derecho de Autor de manera rápida, maquinó lo que a su juicio, serviría para que esa demanda no prosperara, empezó a hacer la impresión en su computadora de la contestación a la demanda, por su mente pasaban un sin número de cosas, que de alguna manera la tenían muy pensativa, una de ellas era, que había sido llamada por la contraloría; para que respondiera a unas investigaciones de las que el intérprete principal era ella, había incurrido en serias violaciones a la ley y a la administración pública, consiguió que el director le autorizara 2 niveles más de salario, esos niveles no le correspondían, sin embargo, sus dirigentes, al darse cuenta de que la abogada también por su lado, había descubierto una serie de anomalías realizadas por el director de la empresa; quiso sacar partido de lo que había descubierto, más pensó, que no sería tan exigente, y que 2 niveles eran compensatorios, a parte de conseguir algunas otras concesiones, tales como préstamos administrativos de cantidades muy fuertes de dinero para adquirir vehículos nuevos, y otros bienes, siempre se preocupaba por conseguir lo que fuera en beneficio de ella y eso le importaba más que realizar su trabajo de manera profesional, en realidad, se caracterizaba en ella, la incompetencia y la prepotencia. La empresa ya tenía varias demandas perdidas por la ineficiencia de ella y eso era muy comentado, el reloj la sorprendió, eran casi a las 13:00 horas y tenía hasta las 14:30 horas para llegar al juzgado 8° a presentar su contestación de demanda, adecuó sus argumentos de la manera que pudo entender, y terminó la impresión de sus escritos, total, se trataba de algo sin trascendencia, algo que para ella, carecía de importancia, salió de su oficina y se dirigió a la ciudad de Tuxpan a presentar la contestación de demanda, se hizo acompañar de su asistente la licenciada Castillo, quien llegó contratada para auxiliarla, ahora se había convertido en su gran amiga; ya que todos los fines de semana se reunían en diferentes convivios

JOSE GUADALUPE ARELLANO MARTÍNEZ

saboreando selectos vinos, era una gran amiga, no había duda, llegaron al juzgado 7º, eran las 2 de la tarde con 45 minutos, las puertas del juzgado ya habían sido cerradas, el pavor se empezó a apoderar de la licenciada Castillo, empezó a interrogar al guardia de seguridad, quien le proporcionó la dirección del domicilio en el cual se encontraba un secretario de guardia que se encargaba de recibir los documentos después del horario de oficina, buscaron, y después de unos minutos, localizaron el domicilio, en donde les fueron recibidos los documentos, de contestación de demanda. El sol, la brisa de la costa, invitaban a refrescarse, se dirigieron hacia la playa, y se estacionaron frente a un restaurante de aquel lugar, en el cual comieron y bebieron hasta entrada la noche, el día siguiente era inhábil, y ese detalle fue contemplado por ellas para desahogar todas las tensiones vividas en las últimas semanas, además de que todos los viáticos, corrían por cuenta de la economía de la empresa. Ya con el valor que surge, en algunas personas entradas en la ingestión etílica, la licenciada Castillo le comentó a su jefa, que esa demanda la tenían perdida,—¡cómo te atreves, majadera!, el que está perdido, es ese imbécil del señor Arellano, no tiene el derecho a reclamarnos nada, se le dio su jubilación y de ese modo, se le pagaron sus derechos de autor, vas a darte cuenta, de cómo se deben de salvar esas demandas,—mira Dora Alicia, le di una revisada a esa demanda; y me di a la tarea de investigar, y la verdad, no sé como debamos conducirnos para salvarla, cometiste un error muy grande, hiciste que ese señor renunciara a un derecho que por imperativo legal es irrenunciable,—¡mira licenciadita Castillo, a mi ningún estúpido trabajador me va a ganar una demanda como esa, tengo los medios y las influencias para salir adelante, ¿Lo dudas?, la licenciada Castillo notó el estado etílico de su compañera y optó por renunciar a su plática, después de todo, se tenía que alinear con su jefa, para ella, era lo más conveniente.

El apoderado legal de Mario, se presentó al juzgado federal y pidió el expediente 08/2001, se notaba un poco de nerviosismo en él; ya que por fin, sabría de la contestación a su demanda, el licenciado encargado de los expedientes, le pidió su identificación, y le hizo entrega del expediente solicitado, se sentó en el escritorio que estaba asignado para los licenciados; y empezó a pasar de hoja en hoja, buscando la mencionada contestación, después de unos segundos la localizó, y empezó a hacer anotaciones, en su cara se notaba el enojo y la indignación, ya que se encontró con una serie de incongruencias en la contestación, la que más llamó su atención, fue una, a la que la licenciada de la empresa demandada hacía mención de que Mario, se conducía con falsedad ante la autoridad; y recalcaba que la convocatoria del concurso para elegir el logotipo, fue realizada en el año de 1996 y no en

1985, y que en dicha convocatoria, se había estipulado que al ganador, se le haría un reconocimiento, que le darían de regalo un equipo de dibujo, que lo iban a jubilar con la antigüedad que tuviera, y que el diseño, lo habían empezado a utilizar, en 1997, esto, era por demás indignante, demostraba aún más la prepotencia, el capricho y toda la alevosía que puede desarrollar el ser humano con su ineptitud, por supuesto que era falso y no tenían las pruebas, para soportar sus argumentos, porque nada de eso existía y sus declaraciones se vendrían abajo. El Abogado le comentó a Mario, que le solicitaría al juez, una confesional de los directores de Petróleos Mexicanos, de Pemex Petroquímica y de Petroquímica Escolín, que elaboraría lo más pronto posible el pliego de preguntas y se las haría llegar al juez, además, de que le solicitó a su representado, que se diera a la tarea de investigar, para poder conseguir algunas pruebas y testigos que desmintieran los argumentos de los demandados, ya que la mayoría del personal que laboraba en esa empresa, sabía exactamente que el diseño se había empezado a utilizar en 1986 y que lo único que le habían obsequiado en ese año, fue un equipo de dibujo, le habían dado las gracias a nombre de Petróleos Mexicanos y nada más.

El Director de petroquímica Escolín, ingeniero Guzmán, saboreaba su café en la oficina, tomó el teléfono y le pidió a su secretaria; que mandara llamar a la abogada inmediatamente, estaba molesto, se había enterado que tenía que contestar unas preguntas enviadas por el juzgado federal, y según él, no tenía ni idea, de que se trataba,—¿Me mandaste llamar?,—preguntó la licenciada,—siéntate por favor,—contestó el Director,—dime ¿Que significa este interrogatorio federal?, mira, esto me pone muy nervioso pues no se en que pasos andas, me habías dicho que la demanda que entabló el señor Arellano era una porquería y que no procedería, ¿Ya hablaste con ese señor?,—claro y no quiere entablar ninguna plática,—me comentaste que esto estaba finiquitado, que era improcedente, y lo que observo es todo lo contrario, me habías dicho que ese señor estaba loco, que no le correspondía nada de lo que estaba demandando, no sé que mas me dijiste, y lo que observo, es que ésta demanda, es más seria de lo que tú te imaginas, está tomando tintes que nos pueden meter en un problema, inclusive hasta el trabajo podríamos perder,—¡no te espantes!, te vuelvo a decir lo mismo, esto de la confesional es pura formalidad, esto no puede ir más allá, lo voy a arreglar o me dejo de llamar como me llamo, olvídate del asunto, me voy a hacer cargo de la confesional, dame esa oportunidad, se abrazó a él de manera consolatoria, y le dio un beso de despedida en la mejilla. Se dirigió a su oficina, la secretaria le comentó, que había recibido una llamada telefónica del jurídico de la dirección general, solicitándole información

JOSE GUADALUPE ARELLANO MARTÍNEZ

sobre esa demanda, la licenciada empezó a sentir como el frío recorría su espalda, pidió comunicación a la oficina del abogado general de Petróleos Mexicanos; del otro lado de la línea, se escuchó una voz encolerizada,—¿Te das cuenta licenciada, de lo que estás haciendo?, no sé qué relajo te traes por allá, lo cierto es que, ¿como puedes permitir que el jefe sea molestado de esa manera?, explícame inmediatamente,—mire licenciado, esa demanda es improcedente, yo recibí instrucciones de realizar ese convenio por parte del director, que en 1997, se encontraba manejando la política de la certificación de la I.S.O. 9002 y este señor, quien ahora nos demandó, está loco, le otorgamos su jubilación a cambio de su diseño, fue un trueque elaborado legalmente ante notario,—¡pues yo no sé qué es lo que tengas que inventar!, me parece, que estas mal informada con respecto a los derechos de autor y los derechos laborales, es necesario que me digas, que es lo que va a contestar el director de Petroquímica Escolín y así lo haré en la confesional del jefe, no lo molestaré, solo le haré llegar el documento ya elaborado para que lo firme, y de igual manera, lo hará el director de Pemex Petroquímica, quiero que después, de que así haya sido, te entrevistes con unos asesores quienes te visitarán en unos cuantos días, debes de considerar también, que está de por medio tu trabajo, he recibido la información necesaria para que te vayas a la calle por tu conducta y tu irresponsabilidad, tengo ya trazado un plan de trabajo y el que no sirva, se va a la calle, ¿entendiste?, esa palabras la pusieron aun más inquieta. Le comentó que se sostendría en que la fecha del inicio del uso del logotipo, se había dado en 1997,—¿Estás segura?,—si licenciado, ya que fue el año en que solicitamos y obtuvimos el registro de marca ante el Instituto Mexicano de la Propiedad Industrial,—¡pues entonces así será!. No le dio tiempo a seguir hablando, la comunicación se cortó, muy preocupada, sentía que el mundo se le venía encima, en su mente desquiciada, solo aparecía la figura de Mario, había subestimado su demanda, aun no terminaba de salir de otros problemas y ahora la pequeña bola de nieve, empezaba a crecer de manera alarmante, el orgullo era más fuerte que su entendimiento, tomó el teléfono y se comunicó con un licenciado particular, que era su gran amigo,—¿Podemos vernos por la tarde?,—claro que si,—mira tengo un pequeño problema, ¿Recuerdas la demanda del logotipo?,—por supuesto,—pues te quiero comentar, que quizás la estrategia que estructuramos no es suficiente,—¿Recuerdas que te lo mencioné?,—pues si hombre, pero necesito que me sigas ayudando,—no te preocupes, tengo algunos amigos, hablaré con ellos y saldremos adelante,—¿Está bien?,—espero que así sea, ya me llamaron la atención, nos vemos por la tarde, hasta luego, su cerebro empezó a mecanizar las cosas, realmente no entendía nada sobre derechos de autor, apareció la licenciada Castillo con una sonrisa, empezaron a hablar sobre los acontecimientos y de la llamada de atención que recibió,—te lo dije, debemos buscarle una solución lo más pronto posible, de momento tenemos que aguantar lo que venga y de quien venga, haremos unas visitas, le llevaremos unas botellas de whisky al juez, y verás cómo nos echa la mano.

JOSE GUADALUPE ARELLANO MARTÍNEZ

OF. 5-1 · INGENIERO RAÚL MUÑOZ LEOS.
DIRECTOR GENERAL DE PETROLEOS MEXICANOS
AVENIDA MARINA NACIONAL NUMERO 329.
COLONIA HUASTECA,
DELEGACION MIGUEL HIDALGO.
MEXICO, DISTRITO FEDERAL.

En el Cuaderno de Pruebas de la Parte Actora relativo al Juicio Ordinario Civil número 08/2001, promovido por JOSÉ GUADALUPE ARELLANO MARTÍNEZ, en contra de la demandada PETROQUÍMICA ESCOLIN, S.A. DE C.V., Y OTRAS, se dictó el día de hoy el siguiente acuerdo que a la letra dice:------------------------
-----Tuxpan de Rodríguez Cano, Veracruz, a cinco de noviembre del año dos mil uno.--
-----Vistos los escritos y anexos con los cuales se da cuenta, agréguense: por lo que hace al primer escrito, y con fundamento en los artículos 93, fracción I, 96, 102, 103 y 127 del Código Federal de Procedimientos Civiles, recíbanse y ténganse por anunciadas en tiempo las pruebas confesionales que ofrece la parte actora, exhibiendo los pliegos que contienen las posiciones que deberán absolver el Director General de la demandada Petróleos Mexicanos, y el Director General de la demandada Petroquímica Escolin, S.A.de C.V.; sin embargo, se admite la misma en los términos propuestos por la parte actora, por lo que, con fundamento en el artículo 127 del citado Código Federal de Procedimientos Civiles, gírense respectivos oficios al Ingeniero Raúl Muñoz Leos, en su carácter de Director General de Petróleos Mexicanos con residencia en la ciudad de México, Distrito Federal, y al Ingeniero Juan Francisco Guzmán Luna, en su carácter de Director General de Petroquímica Escolin, S.A. de C.V., con residencia en Coatzacoalcos, Veracruz, transcribiéndose a cada uno de ellos las posiciones que deberán absolver dentro del término de cinco días que este Juzgado Octavo de Distrito les concede para contestarlas por medio de informe; calificando desde este momento las posiciones formuladas de conformidad con lo establecido en el artículo 105 del Código en comento; quedando apercibidos dichas partes absolventes que de si no contestan las posiciones que le tienen articuladas la parte actora dentro del término de cinco días concedidos, o si no las hicieren categóricamente, afirmando o negando los hechos, se les tendrán por confesos.--
-----Por lo que hace al segundo escrito, el cual se encuentra debidamente ratificado ante la presencia judicial, téngase por emitido el dictamen pericial del licenciado en contaduría y finanzas Mauricio Brindis Silva perito designado por la parte actora, debiéndose dar vista a las partes con el contenido del mismo.--
-----Por último, por cuanto hace al tercer escrito, con apoyo en lo dispuesto en el numeral 324 de la legislación en comento, téngase como pruebas documentales de la parte actora las que anexa.----------------
-----Notifíquese personalmente a las partes.-------------------------------
-----Así lo acordó y firma el licenciado Armando Ernesto Pérez Hurtado Juez Octavo de Distrito en el Estado, ante el Secretario con quien actúa Doy fe --

PRUEBA CONFESIONAL DIRECTOR DE PETRÓLEOS MEXICANOS

Doy fe.

Lo que transcribo a Usted para su conocimiento, y para que en términos del artículo 127 del citado Código Federal de Procedimientos Civiles, se sirva absolver las posiciones que le tiene formuladas la parte actora, mismas que a continuación se le transcriben y que dicen:

1.- QUE DIGA EL ABSOLVENTE SI ES CIERTO QUE HASTA EL DÍA 16 (DIECISÉIS) DE JULIO DE 1992 (MIL NOVECIENTOS NOVENTA Y DOS), FECHA DE PUBLICACIÓN EN EL DIARIO OFICIAL DE LA FEDERACIÓN, DE LA LEY ORGÁNICA DE PETRÓLEOS MEXICANOS Y ORGANISMOS SUBSIDIARIOS, EL ENTONCES DENOMINADO "COMPLEJO PETROQUÍMICO ESCOLIN" FORMABA PARTE DEL PATRIMONIO DE SU REPRESENTADA PETRÓLEOS MEXICANOS.

2.- QUE DIGA EL ABSOLVENTE SI ES CIERTO QUE CON ANTERIORIDAD A LA FECHA REFERIDA EN LA ANTERIOR POSICIÓN, EL ENTONCES "COMPLEJO PETROQUÍMICO ESCOLIN" YA VENÍA USANDO Y EXPLOTANDO COMO MARCA INDUSTRIAL Y COMERCIAL LA OBRA PICTÓRICA DENOMINADA "PIRÁMIDE RUINA DEL TAJÍN", INSCRITA EN EL REGISTRO PÚBLICO DEL DERECHO DE AUTOR, DEL INSTITUTO NACIONAL DEL DERECHO DE AUTO, CON NÚMERO DE REGISTRO 152216, DE FECHA 4 (CUATRO) DE SEPTIEMBRE DE 1997 (MIL NOVECIENTOS NOVENTA Y SIETE) A NOMBRE DEL SEÑOR JOSÉ GUADALUPE ARELLANO MARTÍNEZ.

3.- QUE DIGA EL ABSOLVENTE SI ES CIERTO QUE EL ENTONCES "COMPLEJO PETROQUÍMICO ESCOLIN" USÓ Y EXPLOTÓ COMO MARCA INDUSTRIAL Y COMERCIAL LA OBRA PICTÓRICA DENOMINADA "PIRÁMIDE RUINA DEL TAJÍN", INSCRITA EN EL REGISTRO PÚBLICO DEL DERECHO DE AUTOR, DEL INSTITUTO NACIONAL DEL DERECHO DE AUTO, CON NÚMERO DE REGISTRO 152216, DE FECHA 4 (CUATRO) DE SEPTIEMBRE DE 1997 (MIL NOVECIENTOS NOVENTA Y SIETE) A NOMBRE DEL SEÑOR JOSÉ GUADALUPE ARELLANO MARTÍNEZ, A PARTIR DEL 1° (PRIMERO) DE ABRIL DE 1986 (MIL NOVECIENTOS OCHENTA Y SEIS).

4.- QUE DIGA EL ABSOLVENTE SI ES CIERTO QUE DURANTE EL MES DE SEPTIEMBRE DE 1985 (MIL NOVECIENTOS OCHENTA Y CINCO), EL ENTONCES "COMPLEJO PETROQUÍMICO ESCOLIN" DE PETRÓLEOS MEXICANOS, INVITÓ DE MANERA POR DEMÁS INFORMAL A SU PERSONAL LABORAL PARA LA PRESENTACIÓN DE DISEÑOS PARA ESCOGER ENTRE ELLOS EL LOGOTIPO QUE LO REPRESENTARÍA Y USARÍA COMO MARCA INDUSTRIAL Y COMERCIAL.

5.- QUE DIGA EL ABSOLVENTE SI ES CIERTO QUE SU REPRESENTADA OMITIÓ SEGUIR EL PROCEDIMIENTO DE ADQUISICIÓN PARA DERECHOS AUTORALES Y MARCARIOS, PRESCRITOS POR LA NORMATIVIDAD EN MATERIA DE ADQUISICIONES Y OBRAS PÚBLICAS APLICABLES.

6.- QUE DIGA EL ABSOLVENTE SI ES CIERTO QUE, EN SU CARÁCTER DE DIRECTOR GENERAL DE PETRÓLEOS MEXICANOS FORMA PARTE DEL ÓRGANO DE GOBIERNO DE LA EMPRESA DE PARTICIPACIÓN ESTATAL MAYORITARIA PETROQUÍMICA ESCOLIN, SOCIEDAD ANÓNIMA DE CAPITAL VARIABLE.

7.- QUE DIGA EL ABSOLVENTE SI ES CIERTO QUE SU REPRESENTADA POSEE LA TITULARIDAD DE ACCIONES DE LA EMPRESA DE PARTICIPACIÓN MAYORITARIA ESTATAL PETROQUÍMICA ESCOLIN, SOCIEDAD ANÓNIMA DE CAPITAL VARIABLE.

8.- QUE DIGA EL ABSOLVENTE SI ES CIERTO QUE, EN SU CARÁCTER DE MIEMBRO DEL ÓRGANO DE GOBIERNO DE LA EMPRESA DE PARTICIPACIÓN MAYORITARIA ESTATAL PETROQUÍMICA ESCOLIN, SOCIEDAD ANÓNIMA DE CAPITAL VARIABLE, RESULTA RESPONSABLE DE "APROBAR LAS POLÍTICAS, BASES Y PROGRAMAS GENERALES QUE REGULEN LOS CONVENIOS, CONTRATOS, PEDIDOS O ACUERDOS QUE DEBA CELEBRAR CON TERCEROS EN OBRAS PÚBLICAS, ADQUISICIONES, ARRENDAMIENTOS Y PRESTACIÓN DE SERVICIOS RELACIONADOS CON BIENES MUEBLES" EN TÉRMINOS DE LA F   CIÓN VII, DEL ARTÍCULO   B DE LA LEY FEDERAL DE   S ENTIDADES PAR   LES.

PLIEGO DE PREGUNTAS 1

JOSE GUADALUPE ARELLANO MARTÍNEZ

DE TIEMPO COMPRENDIDO DEL DÍA 1° (PRIMERO) DE ABRIL DE 1986 (MIL NOVECIENTOS OCHENTA Y SEIS) FECHA DE SU PRIMER USO, HASTA EL DÍA 16(DIECISÉIS) DE JULIO DE 1992 (MIL NOVECIENTOS NOVENTA Y DOS) FECHA DE PUBLICACIÓN EN EL DIARIO OFICIAL DE LA FEDERACIÓN DE LA LEY ORGÁNICA DE PETRÓLEOS MEXICANOS Y ORGANISMOS SUBSIDIARIOS. SU REPRESENTADA OMITIÓ ENTREGAR AL ACTOR, SEÑOR JOSÉ GUADALUPE ARELLANO MARTÍNEZ UNA REMUNERACIÓN FIJA Y DETERMINADA POR EL USO Y EXPLOTACIÓN DE LA OBRA DE SU CREACIÓN.

10.- QUE DIGA EL ABSOLVENTE SI ES CIERTO QUE EN EL USO Y EXPLOTACIÓN QUE SU REPRESENTADA LE DIO A LA OBRA PICTÓRICA DEL CASO, POR LO MENOS DURANTE EL PERÍODO DE TIEMPO REFERIDO EN LA POSICIÓN ANTERIOR DEL PRESENTE PLIEGO OMITIÓ ENTREGAR AL ACTOR, SEÑOR JOSÉ GUADALUPE ARELLANO MARTÍNEZ UNA PARTICIPACIÓN PROPORCIONAL EN LOS INGRESOS POR EL USO Y EXPLOTACIÓN DE LA OBRA DE SU CREACIÓN

11.- QUE DIGA EL ABSOLVENTE SI ES CIERTO QUE EN EL USO Y EXPLOTACIÓN QUE SU REPRESENTADA LE DIO A LA OBRA PICTÓRICA, POR LO MENOS DURANTE EL PERÍODO DE TIEMPO REFERIDO EN LAS DOS POSICIONES QUE ANTECEDEN DEL PRESENTE PLIEGO OMITIÓ ENTREGAR AL ACTOR, SEÑOR JOSÉ GUADALUPE ARELLANO MARTÍNEZ UNA REMUNERACIÓN COMPENSATORIA POR EL USO Y EXPLOTACIÓN REFERIDOS

12.- QUE DIGA EL ABSOLVENTE SI ES CIERTO QUE EN EL USO Y EXPLOTACIÓN QUE SU REPRESENTADA LE DIO A LA OBRA PICTÓRICA DE LA CREACIÓN DEL ACTOR, SEÑOR JOSÉ GUADALUPE ARELLANO MARTÍNEZ LA MODIFICÓ EN SU DISEÑO ORIGINAL Y SIN AUTORIZACIÓN DEL MISMO.

13.- QUE DIGA EL ABSOLVENTE SI ES CIERTO QUE A LA FECHA SU REPRESENTADA HA OMITIDO CUBRIR AL ACTOR, SEÑOR JOSÉ GUADALUPE ARELLANO MARTÍNEZ REMUNERACIÓN ALGUNA, DE CARÁCTER ONEROSO, POR CONCEPTO DE REGALÍAS AUTORALES.

14.- QUE EL ABSOLVENTE MANIFIESTE LA RAZÓN DE SU DICHO.

Hecho que sean contestadas de su parte las posiciones anteriores, deberá remitir por informe a este Juzgado de Distrito las respuestas a dichas posiciones.

Atentamente.
Tuxpan de R.Cano, Ver., 05 de Noviembre del año 2001
EL SRIO.DEL JUZGADO OCTAVO DE DISTRITO EN EL ESTADO

LIC JULIO CESAR MÁRQUEZ ROLDÁN

PLIEGO DE PREGUNTAS 2

Dic 4 1 36 PM '01

INA DEL ABOGADO GENERAL DE PETROLEOS MEXICANOS
SUBGERENCIA DE ASUNTOS JURIDICO CONTENCIOSOS
RAMA CIVIL, FISCAL Y ADMINISTRATIVA

ARELLANO MARTINEZ JOSE GUADALUPE
VS
PETROQUÍMICA ESCOLIN,
PEMEX PETROQUÍMICA Y PETROLEOS
MEXICANOS.
JUICIO ORDINARIO CIVIL No. 08/2001.

OCTAVO DE DISTRITO CON RESIDENCIA
PAN, VERACRUZ.

RAUL MUÑOZ LEOS, en mi carácter de Director General de
Mexicanos, personalidad que acredito en términos de la copia certificada del
io que anexo, ante Usted como mejor proceda digo:

Con fundamento en los artículos 95, 96, 97, 127 y demás aplicables
igo Federal de Procedimientos Civiles, vengo en tiempo y forma en mi carácter de
General de Petróleos Mexicanos a absolver las posiciones formuladas por la parte
la prueba confesional a mi cargo en los siguientes términos:

1.- Es falso, aclarando que la posición es insidiosa y contiene dos

2.- Es falso, aclarando que no es un hecho propio de la absolvente, y
ción es insidiosa y contiene más de dos hechos.

3.- Es falso y se niega, aclarando que no es un hecho propio.

4.- Es falso y se niega, aclarando que no es un hecho propio.

5.- Es falso y se niega, aclarando que no es un hecho propio.

6.- Es falso y se niega.

7.- Es falso y se niega, aclarando que no es un hecho propio.

8.- Es falso y se niega.

9.- Es falso y se niega.

10.- Es falso y se niega.

11.- Es falso y se niega.

12.- Es falso y se niega.

13.- Es falso y se niega, aclarando que no es un hecho propio.

CONFESIONAL 1

JOSE GUADALUPE ARELLANO MARTÍNEZ

14.- Es falso y se niega, y me permito señalar a su Señoria que para el p de la prueba confesional las partes no manifiestan la razón de su dicho, es decir in requisito contemplado por el articulo 182 del Código Federal de Procedimientos para el desarrollo de la prueba testimonial.

Por lo anteriormente expuesto y fundado.

ED C. JUEZ, atentamente pido:

PRIMERO.- Tenerme por presentado en tiempo y forma, en los del presente escrito absolviendo las posiciones de la prueba confesional a mi freida por la parte actora, para todos los efectos legales a que haya lugar.

SEGUNDO.- Se me tenga por reconocida la personalidad con que me en términos de la copia certificada que anexo.

TERCERO.- Acordar de conformidad lo solicitado.

PROTESTO LO NECESARIO
México, Distrito Federal, veintiocho de noviembre del dos mil uno.

RAUL MUÑOZ LEOS

CONFESIONAL 2

Mario regresó al edificio del periódico, fue recibido por la secretaria en la recepción; quien de manera cortés le preguntó, a que se debía su visita, después de referirle su interés por buscar en su hemeroteca, algunas publicaciones de hechos pasados, la secretaria llamó al encargado de esa sección, después de pasados unos minutos, por la puerta, apareció un señor de edad avanzada, quien le solicitó las fechas de las ediciones que necesitaba, después de un espacio corto de tiempo, el señor le presentó las ediciones, las colocó sobre un escritorio y estuvo por espacio de unas 2 horas buscando algún indicio, alguna prueba que fortaleciera los hechos históricos del uso de su diseño, el señor le comentó que ya se retiraría, que regresara al día siguiente, estuvieron de acuerdo que así sería, los días empezaron a desfilar, las visitas de Mario a la casa editora fueron ganando simpatía ante el señor encargado de la hemeroteca, llegaba directamente a esa área, después de pasados 12 días de búsqueda infructuosa, por fin encontró lo que buscaba, agraciadamente aparecieron anuncios de la empresa demandada con su diseño en los meses de Marzo y Abril del año de 1988, Don Marcial y el que buscaba, notaron que de esos 2 meses había repetición, o sea que había 2 ediciones archivadas, 2 de Marzo y 2 de abril, Mario comentó,—¡justicia divina!, que raro y que bueno don Marcial, donde están las pruebas que necesito, los archivos están repetidos y en ningún otro mes sucede, el señor se quedó sorprendido, Mario se comunicó con su Abogado y acordaron en solicitarle a un notario la certificación de dichas ediciones,—quiero que se haga lo antes posible, para presentarlas ante el juez, no dejes que pase el día de hoy, ¿Está claro?,—está bien, así será—. Por la tarde se comunicó con el notario y quedaron en hacer la visita al día siguiente. El notario esperó la llegada de Mario y se dirigieron al periódico, solicitaron las ediciones y empezó a hacer anotaciones, después de 30 minutos concluyó con su inspección, le entregaría sus papeles debidamente certificados después de medio día, se comunicó con su Abogado quien al enterarse que las pruebas ya habían sido certificadas le comentó que se sentía más tranquilo,—son pruebas reina, me da gusto que ya estén aseguradas, no debemos confiarnos de nada; pasa por ellas mañana, y te espero a las 11 de la mañana para dirigirnos a presentarlas con el juez, de momento, te adelanto que con esas pruebas, los 3 directores y la licenciada Dora Alicia, se condujeron con falsedad ante el juez, cometiendo un delito muy grave para un servidor público y eso les da la posibilidad de irse a la prisión, nos vemos mañana.

El juez, al recibir las pruebas acordó, que se haría una inspección al periódico; para dar certeza, de la autenticidad de las copias de las ediciones que se habían presentado, por parte del apoderado legal de Mario, dichas

JOSE GUADALUPE ARELLANO MARTÍNEZ

ediciones, debidamente certificadas demostraban que el diseño de su creación, ya en el año de 1988 se estaba utilizando como imagen comercial e industrial por parte de la empresa demandada de Petróleos Mexicanos. Esto sin duda, le daba cierta tranquilidad al demandante ya que a su vez, era un arma que podría utilizar contra los que en confesión declararon ante el juez; que el diseño se había empezado a utilizar en el año de 1997, se habían conducido con falsedad ante la autoridad federal, y Mario lo dijo abiertamente en una entrevista, era una prueba de mucho peso, ahora, podría acudir a interponer una demanda penal en contra de los 3 directores y sus representantes jurídicos.

La licenciada Dora Alicia llegó a su oficina, sobre su escritorio, alguien le había hecho el favor de dejarle un periódico en el cual aparecían las declaraciones del demandante, las pruebas que ya habían sido acreditadas y presentadas ante el juez, sintió un vacío en su estómago, ahora sabía que tendría que hacer uso de todas sus artimañas, esto la comprometía aún más, ya el escenario que había estructurado lleno de mentiras se le venía abajo, tomó el teléfono y se comunicó de manera urgente con el abogado general de Petróleos Mexicanos, no sabía cómo decirle de la avalancha que se les venía encima, esa prueba, aparte de comprometerlos aún más, de exhibirlos, los dejaba sin defensa alguna,—licenciado, me siento apenada; me acabo de enterar por un periódico, que el demandante presentó pruebas indiscutibles del uso del logotipo por lo menos de los meses de marzo y abril de 1988, eso echa por tierra nuestros argumentos, créame que hice hasta lo imposible por salvarnos de esa demanda, llegué apenas en 1997 al Complejo; su voz, fue callada por unos gritos del otro lado de la línea, el abogado general estaba iracundo, la empezó a insultar y le pidió que esperara respuesta de su parte, que le haría llegar el oficio de su suspensión, y que se atuviera a las consecuencias, a lo que ella con voz quebrada rogó,—licenciado, deme una oportunidad, trataré por todos los medios que estén a mi alcance de hacer que esas pruebas desaparezcan, por favor, tome en cuenta los años de trabajo que le he dedicado a la empresa, el teléfono quedó en silencio, el licenciado había cortado la comunicación. La licenciada salió presurosa de la empresa, y se dirigió al periódico, tendría que buscar la manera de desaparecer esas pruebas, antes de que fueran inspeccionadas, por parte del juzgado.

La hora señalada por el juez federal, para realizar la inspección judicial de los documentos probatorios en el diario, se aproximaba, Mario y su Abogado se presentaron antes de la hora convenida y esperaron la llegada del licenciado secretario del juzgado federal; la mañana estaba un poco calurosa, entraba y salía gente del periódico, era una casa editora muy bien estructurada y muy concurrida, de pronto apareció el secretario,—¡buenos días,—comentó, dirigiéndose a la señorita encargada de la recepción, la señorita al ver la credencial de identificación del licenciado preguntó,—¿Dígame en que le puedo servir?,—mire señorita, vengo del juzgado federal a inspeccionar y dar fe de la autenticidad de estas copias que fueron sacadas y certificadas de su hemeroteca, quiero que por favor me proporcione los originales, a lo que la señorita contestó,—¡licenciado, no tenemos hemeroteca!—. Mario y su Abogado, sorprendidos cruzaron una mirada de preocupación, el representante federal respondió,—¡mire señorita!, permítame por favor su identificación, para asentar aquí en mi acta, que usted asegura, que no tienen hemeroteca; le quiero comentar que tengo en mi poder estas copias debidamente certificadas por un reconocido notario público, de unas ediciones que ustedes emitieron en el año de 1988; a lo que la señorita toda nerviosa respondió,—¡ah!, ¿Quiere unas copias?,—no, no queremos copias, pretendemos dar fe de la autenticidad de las copias que ya están certificadas, la señorita cambió totalmente su postura y le pidió a la persona encargada que le trajera de la hemeroteca las ediciones que el licenciado estaba solicitando,—permítame un segundo por favor, volteó a ver al encargado de la hemeroteca y de manera firme solicitó,—¡ Don Marcial!, por favor tráigame estas ediciones, y le extendió un papel diciéndole,—¡póngame atención don Marcial, son estas ediciones!, ¿entendió?,—si señorita, ahora mismo se las hago llegar; el señor se dirigió a la hemeroteca, después de unos minutos, entró con su volumen de carga,—aquí están señorita, la secretaria le comentó de nuevo,—¿Está usted seguro, que son las que le pedí?,—¡claro señorita, estas son!,—¿Las checó bien?,—¡si señorita!; esa actitud de la recepcionista, dejó entrever que algo raro estaba sucediendo, se hizo muy obvia, el licenciado secretario del juzgado federal, empezó a revisar lentamente las hojas de cada edición, era tan desesperante la forma en que lo hacía, fueron pasando los minutos y así apareciendo los formatos originales de uno en uno, cotejando y anotando, dando crédito de la autenticidad de cada uno de ellos, después de pasados los minutos concluyó con su trabajo.—¡ bien eso es todo!, comentó el representante del juzgado federal,—señorita, gracias, estaban por retirarse, cuando apareció la licenciada de la empresa demandada, quien con toda calma se acercó y comentó,—¡buenos días!, vengo a la inspección de pruebas de las ediciones, el representante del juzgado federal contestó,—¡licenciada, ya concluimos la prueba de los documentos!, la cita se concertó a las 10 de la mañana y usted está llegando con 30 minutos de retraso, créame que lo siento pero la ley se debe respetar, no fue usted puntual, pues ni hablar,—¿concluyó todo bien licenciado?,—preguntó la

JOSE GUADALUPE ARELLANO MARTÍNEZ

licenciada,—si,—se limitó a decir el licenciado del juzgado,—¿Está usted seguro? ,—si licenciada, todo estuvo dentro de la norma legal; y le repito que ya quedó concluida esta inspección, la licenciada, les dirigió a Mario y a su Abogado una mirada que casi los fulmina y queriendo disimular una sonrisa que más bien parecía un gesto grotesco, se despidieron.

Don Marcial era un señor de edad avanzada, prácticamente desde joven había trabajado para ese periódico en los diferentes departamentos, contaba ya con 65 años de edad y después de que logró su jubilación en el periódico, volvió a solicitar trabajo; ya que su vida había transcurrido dentro del mismo, y para él, resultaba muy triste tenerlo que dejar, fue tanto lo que se llegó a acostumbrar a su trabajo, que después de jubilado, cayó en una depresión y se enfermó, su ex jefe, al saber de la situación, le ofreció regresarlo al periódico en un departamento en el cual no tuviera que hacer mucho esfuerzo por su edad avanzada, solo con el interés de que se sintiera dentro de éste, fue como logró restablecer su salud; a veces sucede que la gente siente y piensa que al jubilarse, la vida se les puede terminar, esta era la condición de Don Marcial, necesitaba sentirse útil, solo de esa forma podría superar la sensación de sentirse acabado, esto lo intuyó su jefe y apreciándolo tanto, se le ocurrió volverlo a contratar y lo instaló en la hemeroteca del periódico, a partir de esta situación, la vida de Don Marcial volvió a resplandecer, volvió a sentirse útil, fuerte, e importante.

Después de terminar con la inspección judicial, Don Marcial le hacía señas con la vista a Mario, se notaba algo nervioso, era muy obvio, Mario, quien en todo momento notó ese nerviosismo, esperó la oportunidad para salir de las oficinas del periódico; ya en la acera de la calle encendió un cigarrillo en espera de Don Marcial,—Mario, pasó algo muy raro, comentó don Marcial, fíjese que ayer me pidieron estas mismas ediciones, y hasta hoy, no me las han regresado, me dijeron, que había una orden de no se que juez, y que las llevara a la dirección ¡recuerda usted!, que éstas, ¿Estaban repetidas?, pues fíjese que les llevé las que estaban incompletas. Por la mente de Mario empezaron a pasar un sinfín de cosas, era indiscutible que la licenciada algo sucio había tramado, intentando retener las ediciones para que en su momento no aparecieran, y la inspección, no hubiera resultado positiva,—bueno don Marcial, le agradezco el gran apoyo que usted me ha brindado, al retener las ediciones que nos interesaba que el juzgado inspeccionara, créame, que ya existen pocas personas tan honestas como usted,—no me tiene que agradecer nada, comentó don Marcial,—mis Padres fueron muy humildes; pero a mí me enseñaron a decir y cuidar siempre la verdad. Mario se sintió muy complacido con esa observación;

ya que la educación que recibió de sus Padres fue similar y recordó las Palabras de su Padre,—¡ hijo, siempre diga la verdad!, aunque se lo lleve la tristeza, defiéndala hasta sus últimas consecuencias—. Le dio un abrazo muy fuerte a don Marcial y este le correspondió, diciéndole,—¡yo tuve un hijo!, que ahora tendría la edad que tú tienes, cuídate mucho Mario, a él me lo mataron, nunca se aclaró su muerte, y quedó en la impunidad, soy pobre y no tengo dinero, defiende la verdad que te pertenece, y adelante, llegará un momento en que sentirás que tu vida corre peligro; pero que eso, no te preocupe, reconozco la valentía que demuestras al enfrentarte a ese monstruo de mil cabezas, serás el ejemplo para mucha gente, recuerda la leyenda de David y Goliat, la verdad no puede ser ocultada mucho tiempo y siempre que una verdad es manchada, la misma pureza de su esencia la desmancha y la hace brillar.

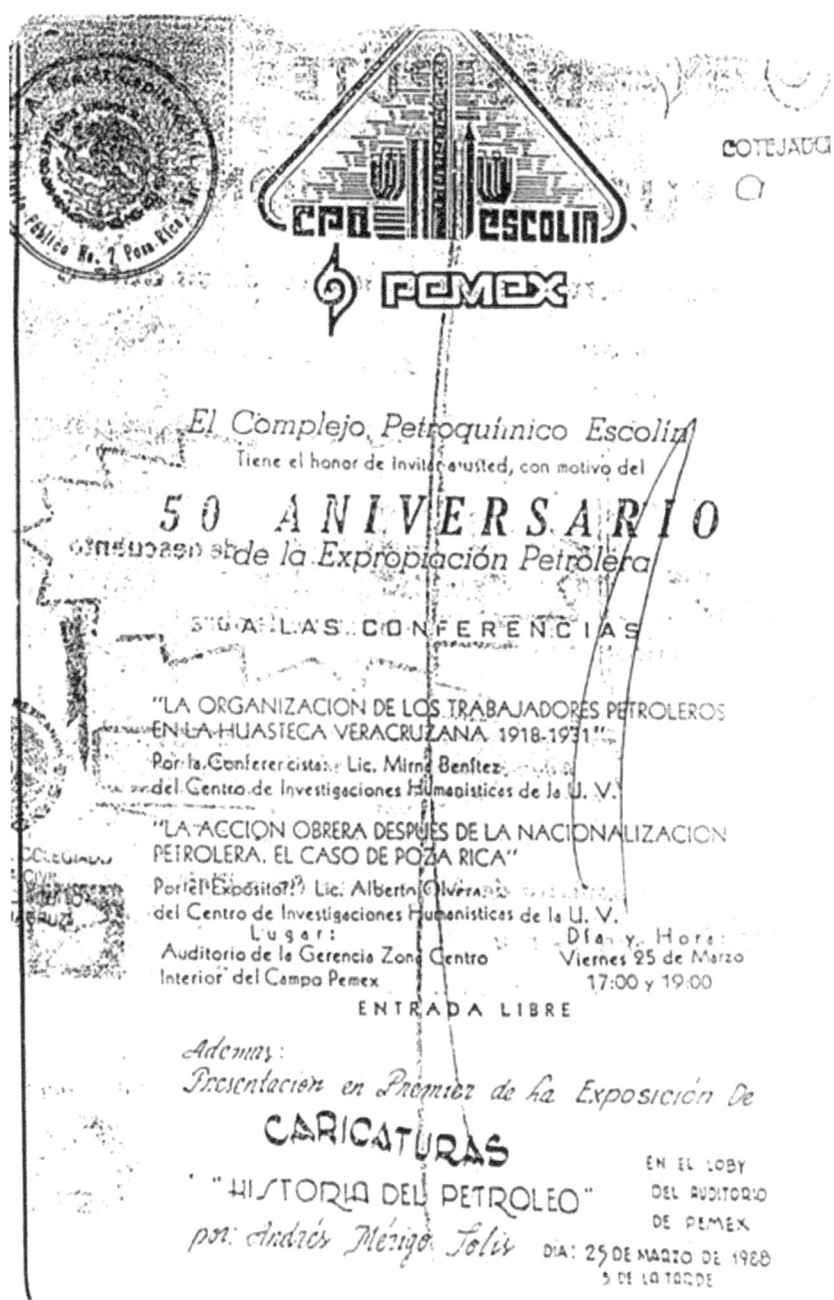

COTEJADO

cpa escolin

PEMEX

El Complejo Petroquímico Escolín

Tiene el honor de invitar a usted, con motivo del

50 ANIVERSARIO

de la Expropiación Petrolera

A LAS CONFERENCIAS

"LA ORGANIZACION DE LOS TRABAJADORES PETROLEROS
EN LA HUASTECA VERACRUZANA 1918-1931"
Por la Conferencista: Lic. Mirna Benítez
del Centro de Investigaciones Humanísticas de la U. V.

"LA ACCION OBRERA DESPUES DE LA NACIONALIZACION
PETROLERA, EL CASO DE POZA RICA"
Por el Expositor: Lic. Alberto Olvera
del Centro de Investigaciones Humanísticas de la U. V.

Lugar: Día y Hora:
Auditorio de la Gerencia Zona Centro   Viernes 25 de Marzo
Interior del Campo Pemex   17:00 y 19:00

ENTRADA LIBRE

Además:
Presentación en Premier de la Exposición De

CARICATURAS

"HISTORIA DEL PETROLEO"
por: Andrés Mérigo Solís

EN EL LOBY
DEL AUDITORIO
DE PEMEX
DIA: 25 DE MARZO DE 1988
5 DE LA TARDE

PRUEBA ANUNCIO DE LOGOTIPO 1

YO, LICENCIADO A. RAMSÉS CAPITANACHI LÓPEZ, TITULAR DE LA NOTARÍA PÚBLICA NÚMERO SIETE DE ESTA DEMARCACIÓN NOTARIAL C E R T I F I C A QUE LA PRESENTE COPIA FOTOSTÁTICA COMPUESTA DE UNA FOJA ÚTIL, CONCUERDA FIEL Y EXACTAMENTE CON SU ORIGINAL, QUE OBRA EN LA PÁGINA ONCE ÁNGULO IN FERIOR DERECHO DE LA EDICIÓN NÚMERO DOCE MIL NOVENTA, CORRESPONDIENTE AL JUEVES VEINTICUATRO DE MARZO DE MIL NOVECIENTOS OCHENTA Y OCHO, DEL PERIÓDICO "LA OPINIÓN", QUE SE EDITA EN ESTA CIUDAD; QUE DOY FE HABER TE NIDO A LA VISTA EN LA HEMEROTECA DE LA EDITORIAL GIBB, LOCALIZADA EN EL TER CER PISO (CUATRO NIVEL) DEL EDIFICIO UBICADO EN CALLE MARIANO ARISTA ES QUINA CON PRIVADA CINCO DE MAYO DE LA COLONIA TAJÍN, EN ESTA CIUDAD, POR HABÉRMELO PERMITIDO EL ENCARGADO SEÑOR MARCIAL PASARÓN GONZÁLEZ, PETICIÓN DEL SEÑOR JOSÉ GUADALUPE ARELLANO MARTÍNEZ, EJEMPLAR QUE DE VOLVÍ AL ENCARGADO DE REFERENCIA, GLOSANDO EN LEGAJO ESPECIAL UN TANTO DEL DOCUMENTO RESPECTIVO, QUE AGREGO AL APÉNDICE DEL LIBRO DEL REGISTRO DE CERTIFICACIONES BAJO EL NÚMERO SIETE MIL OCHOCIENTOS VEINTIOCHO DE LA NOTARÍA A MI CARGO, EN FE DE LO CUAL SE EXTIENDE LA PRESENTE A LOS TREINTA DÍAS DEL MES DE OCTUBRE DE DOS MIL UNO, EN ESTA CIUDAD DE POZA RICA, VE RACRUZ.

CERTIFICACIÓN DE ANUNCIO 1

JOSE GUADALUPE ARELLANO MARTÍNEZ

PRUEBA DE ANUNCIO 2

YO, LICENCIADO A. RAMSÉS CAPITANACHI LÓPEZ, TITULAR DE
PÚBLICA NÚMERO SIETE DE ESTA DEMARCACIÓN NOTARIAL C E R T
QUE LA PRESENTE COPIA FOTOSTÁTICA COMPUESTA DE UNA FOJA ÚTIL
FIEL Y EXACTAMENTE CON SU ORIGINAL, QUE OBRA EN LA PÁGINA SEIS A
RIOR IZQUIERDO DE LA EDICIÓN NÚMERO DOCE MIL CIENTO CINCO
DIENTE AL SÁBADO NUEVE DE ABRIL DE MIL NOVECIENTOS OCHENTA Y O
RIÓDICO "LA OPINIÓN", QUE SE EDITA EN ESTA CIUDAD; QUE DOY
NIDO A LA VISTA EN LA HEMEROTECA DE LA EDITORIAL GIBB, LOCALIZA
CER PISO (CUATRO NIVEL) DEL EDIFICIO UBICADO EN CALLE MARIA
QUINA CON PRIVADA CINCO DE MAYO DE LA COLONIA TAJÍN, EN ESTA
HABÉRMELO PERMITIDO EL ENCARGADO SEÑOR MARCIAL PASARÓN
PETICIÓN DEL SEÑOR JOSÉ GUADALUPE ARELLANO MARTÍNEZ, EJEM
VOLVÍ AL ENCARGADO DE REFERENCIA, GLOSANDO EN LEGAJO ESPEC
DEL DOCUMENTO RESPECTIVO, QUE AGREGO AL APÉNDICE DEL LIBRO
DE CERTIFICACIONES BAJO EL NÚMERO SIETE MIL OCHOCIENTOS TRE
TARÍA A MI CARGO, EN FE DE LO CUAL SE EXTIENDE LA PRESENTE A LO
DEL MES DE OCTUBRE DE DOS MIL UNO, EN ESTA CIUDAD DE POZA RÍ

CERTIFICACIÓN DE ANUNCIO 2

JOSE GUADALUPE ARELLANO MARTÍNEZ

la Venció Opinión

...do de los Picudos de La Opinión. ...nita de las responsabilidades el ...sús Cabrera Villanueva, que no ...ndio en su lugar a José Vargas, ...elocidad puso fin al ataque conti... ...ivales.

...res hicieron acto de presencia ...o por el lado de los Picudos y na... ...acer por evitar la quinta derrota ...pretemporada. Los jugadores ...vo Herrera crearon sus cinco ...en un solo episodio destacándo... ...se dijo, los pecados de la defensi...

...ateador en 3a.

...de Azcapotzalco dio 21, ...igualando en esa cifra con Gil ...Hernández, de su mismo plan... ...tel.

...Ricardo Tiburcio fue el ...que más apariciones tuvo en la ...caja del bateo con 72 seguido ...de Jorge Hernández de los ...Metal cuervo.

A CONTINUACION SE DAN A CONOCER LOS NUMERITOS FINALES DEL PITCHEO EN ESTA RENIDA CATEGORIA

Fabián Madrid
Juan Valdez
Luis Manuel Rodríguez
Isidro Hernández

...O
...RAL...

	JJ	JFG	JP	IP	CL	K	AVERAGE
PITCHEO							
Petroleros Mantenimiento							
Veteranos Jubilados Secc. 30							
Club Matarredonda							
Polietileno Alta Densidad							
	4	4	0	71	28	50	3.54
	6	4	2	59	4	50	0.61
	9	6	3	88	26	74	2.65
	3	3	0	33	6	32	1.63

Campeón en Ganados y Perdidos
Petroleros Mantenimiento
4 4 0 71 28 50 3.54

Campeón pither en Carreras Limpias Admitidas
Veteranos Jubilados Secc. 30
6 4 2 59 4 50 0.61

jo, regalando un pasaporte, a cambio de ponchar a uno y en el fildeo hubo un error, (Alejandro, López que ha provocado una carrera no limpia).

En la ofensiva productora también destaca Fidel, al producir tres carreras. El mejor de su plantel y tener bateo de 5-2. Han colaborado al nuevo triunfo de Publicaciones Bazán produciendo dos carreras Carlos Rivera que batea 5-4, habiendo imparable

Zaleta que batea 3-2.

La nueva victoria de Publicaciones Bazán cortando la racha de derrotas, se consuma en el séptimo acto, para sacarle de la bolsa el triunfo a sus adversarios. Han anotado cinco carreras, habiendo cuatro imparables.

Destacan los batazos de Fidel Espinoza y Roberto Navarro para dos anotaciones cada uno. Para la novena A.C. de Perforadores ha sido la quinta derrota.

...aguerrido ...Dulce, "Ver" ...al inagotable ...establo de Guillermo N...

La más reciente ...de Moisés Rodríguez M... ...jo fue en la multiestela ...ción del sábado 2 de abr... Arena "Poza Rica"; ...cuenta del decadente V... Luvián, a quien super... ...KOT técnico en tres ep... "Venenito" Rodr... ...con tres años dentro de ...deporte que ha abr... ...entrara a la programaci... ...sábado 7 como sustituto ...estamos seguros que ...responder a la confian... ...en el se ha depositado.

YO, LICENCIADO A. RAMSÉS CAPITANACHI LÓPEZ, TITULAR DE LA NOTA-
RÍA PÚBLICA NÚMERO SIETE DE ESTA DEMARCACIÓN NOTARIAL C E R T I F I C O
QUE LA PRESENTE COPIA FOTOSTÁTICA COMPUESTA DE UNA FOJA UTIL, CONCUER-
DA FIEL Y EXACTAMENTE CON SU ORIGINAL, QUE OBRA EN LA PÁGINA QUINCE ÁNGULO
INFERIOR DERECHO DE LA EDICIÓN NÚMERO DOCE MIL CIENTO OCHO, CORRESPON-
DIENTE AL MARTES DOCE DE ABRIL DE MIL NOVECIENTOS OCHENTA Y OCHO, DEL PE-
RIÓDICO "LA OPINIÓN", QUE SE EDITA EN ESTA CIUDAD; QUE DOY FE HABER TE-
NIDO A LA VISTA EN LA HEMEROTECA DE LA EDITORIAL GIBB, LOCALIZADA EN EL TER-
CER PISO (CUATRO NIVEL) DEL EDIFICIO UBICADO EN CALLE MARIANO ARISTA ES-
QUINA CON PRIVADA CINCO DE MAYO DE LA COLONIA TAJÍN, EN ESTA CIUDAD, POR
HABÉRMELO PERMITIDO EL ENCARGADO SEÑOR MARCIAL PASARÓN GONZÁLEZ, A
PETICIÓN DEL SEÑOR JOSÉ GUADALUPE ARELLANO MARTÍNEZ, EJEMPLAR QUE DE-
VOLVÍ AL ENCARGADO DE REFERENCIA, GLOSANDO EN LEGAJO ESPECIAL UN TANTO
DEL DOCUMENTO RESPECTIVO, QUE AGREGO AL APÉNDICE DEL LIBRO DEL REGISTRO
DE CERTIFICACIONES BAJO EL NÚMERO SIETE MIL OCHOCIENTOS VEINTINUEVE DE LA
NOTARÍA A MI CARGO, EN FE DE LO CUAL SE EXTIENDE LA PRESENTE A LOS TREINTA
DÍAS DEL MES DE OCTUBRE DE DOS MIL UNO, EN ESTA CIUDAD DE POZA RICA,
VERACRUZ.

CERTIFICACIÓN DE ANUNCIO 3

Los directores de: Petróleos Mexicanos y Pemex Petroquímica; en la confesional solicitada por el apoderado legal de Mario, declararon lo mismo que el ingeniero Guzmán director de Petroquímica Escolín a través de la apoderada legal; que en 1997, se había empezado a utilizar el logotipo, esto lógicamente era una mentira y traería consecuencias, algo grande, tan grande como ese gigante llamado "Escolín" se estaba tramando, pero la verdad, algún día saldría a flote después de desenmascarar a esos farsantes.

Sonó el teléfono a las 8 de la mañana, el Abogado preparaba unos escritos que presentaría ante el juez civil federal, levantó el auricular y contestó,—¿Bueno?, señor Arellano, ya casi estoy listo, en unos 10 minutos paso por usted para dirigirnos al juzgado. Terminó de imprimir, salió de su casa, subió a su auto y se dirigió a la casa de su representado, por su mente pasaban las cosas que lo inquietaban, y que era necesario prevenir; porque esto podría encaminarse a otro rumbo, con riesgos importantes para la seguridad personal de su cliente y de él mismo, debería de contactar con los diferentes medios de comunicación y que lo que estaba sucediendo fluyera lo más pronto posible, ese era un salvoconducto en caso de que quisieran atentar en contra de la vida de ellos, sabía de antemano que en ese tipo de situaciones nada estaba descartado, tomó el teléfono e hizo varias llamadas con algunos periodistas del Distrito federal.

El director de Petroquímica Escolín, entró a su oficina en la cual ya lo esperaba su representante jurídico,—¡buenos días!,—dijo la licenciada,—mira Guzmán, tenemos un problema muy serio, es necesario platicar sobre cual camino tendremos que seguir; ya que la demanda sobre el logotipo está creciendo, se está saliendo de mi control y ya es imposible sostener la versión que inicialmente estructuré en la contestación, me habló nuestro jefe del jurídico amenazando con retirarme de la empresa; y que me atuviera a las consecuencias ya que los demandantes, también solicitaron la confesional del Director general,—¿qué estás diciendo?, como te atreves, me has engañado como intentaste hacerlo con el juez,—pues fíjate que estos estúpidos consiguieron anuncios de nuestra empresa con el logotipo de 1988 y ¿sabes lo que eso significa?,—por supuesto que lo sé, . . . ¿Ya leíste los periódicos?, el señor Arellano hizo declaraciones que nos comprometen a tal grado de ir a parar a la prisión, inclusive manifiesta; que va a acudir a la Procuraduría General de la República a demandarnos penalmente por haber declarado con falsedad, y antes de que esto suceda, piensa que es lo que vamos a hacer, te doy solo 24 horas para arreglar este asunto; de lo contrario, vas a saber de lo que soy capaz de hacer y te aseguro que nunca en tu vida volverás a trabajar en esta empresa,—mira,—dijo la licenciada, aquí todos tenemos una cola muy larga que nos la pueden pisar, y a mí no me vuelvas a amenazar; de otra manera el director de Petróleos Mexicanos se va a enterar de todas las mentiras que tu le dices, y además de los compromisos que tienes con los compradores de polietileno y con las compañías que trabajan para nosotros, ¿entendiste?,—pues haz lo que quieras pero mi palabra pesa más que la tuya, y ya sabes, solo tienes 24 horas. Dando un portazo tras de sí, la licenciada salió de la dirección, se dirigió a su oficina en la cual se encerró por espacio de 2 horas; después se retiró de la misma, con su portafolio diciéndole a la secretaria, que se dirigía al juzgado federal, que dijera eso a quien preguntara por ella, que buscara a su asistente para que se hiciera cargo del puesto en su ausencia. Salió de las oficinas, subió a su camioneta y manejando de manera brusca enfiló hacia la carretera federal pasando las indicaciones de hacer alto en las esquinas, estuvo a punto de provocar un accidente, pero no pensaba en otra cosa que no fuera en esa demanda que en un principio subestimó y que hoy podría fracturar su solidez económica, su trabajo y quizás su libertad, por su mente, pasó la idea de tomar venganza de manera personal y no descartó esa posibilidad, pero eso sería más tarde, ya buscaría la manera de hacerlo en otro momento.

El licenciado Torres juez federal, llegó a su trabajo en el juzgado 8° de manera tranquila como siempre lo hacía, saludó al personal que laboraba en ese organismo y entró a su oficina, se quedó mirando en el recinto; y pensó que ya era tiempo de cambiar el mobiliario, hacer algunos arreglos, pues ya estaba muy pasado de moda el escenario, acercó su silla, la cual al moverla, emitía un peculiar sonido característico por tanto uso y se sentó, tomó algunas carpetas; y abrió la que estaba encima de todas, se había sorprendido al darse cuenta, que el expediente 08/2001 ya casi había tapizado todas las oficinas de su juzgado, este era un caso muy especial, ya su atención estaba muy firme en el seguimiento de cómo se había venido desarrollando, sobre todo por tantas mentiras y argumentos falsos por parte de la empresa que había sido demandada, empezó a pasar las hojas y hubo una de estas que llamó mucho su atención, era un nuevo escrito que se había emitido, por parte de la principal empresa demandada, empezó a leer con atención sorprendiéndose de lo que contenía, una vez más , pensó, otra mentira mas, no sé hasta dónde pretenden llegar con tantas falsedades los directivos de esta empresa, es evidente que se están desmoronando con tantas mentiras, ya se dieron cuenta que todos sus argumentos, carecen de razón y quizás; estén enterados a lo que se pueden hacer acreedores, se levantó y arrojó el comunicado sobre

JOSE GUADALUPE ARELLANO MARTÍNEZ

su escritorio, en dicho escrito, el ingeniero Guzmán le pedía una "disculpa", supuestamente, la primera confesional había sido enviada por error y que no debió haber sido presentada ante el juzgado,—disculpe usted su señoría, la primer contestación a la confesional de mi parte que le fue presentada, no es la que se debería haber remitido, ahora le estamos girando la que en realidad debíamos haber presentado, en ella, el director caía en contradicción, desmentía sus primeras declaraciones y las de los otros 2 directores; quienes declararon que se había empezado a usar el logotipo en 1997, este nuevo escrito, supuestamente "cancelaba al anterior", era inconcebible, en que concepto tenían al impartidor de justicia, declaraba 2 versiones diferentes de una sola confesional, en ésta, ya aceptaba que Efectivamente, la convocatoria del logotipo se había realizado en el año de 1986, que era ajeno a los hechos por no estar en ese tiempo en ese puesto, así como Mario lo manifestó en su escrito inicial de demanda, esto, por supuesto que enojó al juez ya que lo querían sorprender, ¿donde quedaría su prestigio como impartidor de justicia?, su imagen como juez, estaba siendo tratada como cualquier cosa, quizás, de la misma manera como se conducen los jefes dentro de una de las empresas más importantes y columna vertebral económica del País, con desánimo pensó, ¿cómo es posible, que alguien con este tipo de conducta, esté administrando a esta empresa?, en primera instancia, quiso determinarle su responsabilidad jurídica a esta persona; pero tomó las cosas con calma, por su mente, cruzaba la frase para él siempre importante, ¡todo a su tiempo!, ni antes ,ni después; llegará su momento para ajustarle las cuentas a este individuo, sonó el teléfono,—señor juez. Con todo respeto, quiero hacerle llegar una invitación a comer; para un servidor será un honor que acepte, el juez preguntó,—¿Quién habla?,—soy un amigo de usted, de momento no es conveniente mencionar mi nombre, solo quiero que haga el honor de acompañarme, le aseguro que de esta comida, puede obtener beneficios para su estructura, si gusta puede llevar algún acompañante de seguridad, pero le aseguro que no es necesario, usted está en ese derecho, y en lo personal, no existe ningún inconveniente de mi parte para que lo haga, el juez titubeó por unos segundos,—está perfecto, ¿dígame cuando será?,—mire señor, un servidor le hará llegar el día y la hora; a través de un colaborador directo, quien lo pondrá al tanto de la situación, después de consultar mi agenda de trabajo, me reuniré con usted para saber de su determinación a la propuesta que se le hará, estamos en contacto y que pase buen día. Por la mente del juez empezaron a desfilar muchas incógnitas, ¿de quién se trataba?, solo lo sabría estando presente, pero de entrada, pensó en los beneficios, ya antes había realizado otros negocios apoyándose en su

Petroquímica Escolín S.A. de C.V.

Juicio Ordinario Civil No. 8/2001
José Guadalupe Arellano Martínez
Vs.
Petroquímica Escolín, S. A. de C. V.

Juez Octavo de Distrito
Presente:

C. Lic. **Dora Alicia Barragán Silva**, Apoderada y Representante del de la Empresa Petroquímica Escolín, S. A. de C. V., personalidad que tengo ampliamente acreditada y reconocida en los autos del juicio que al rubro se indican ante Usted con la muestra de mis respectos comparezco y digo:

Mediante este escrito vengo a exhibir el escrito que contiene las costas a las posiciones que absuelve el Ing. Juan Francisco Guzmán Luna, en calidad de Director General de esta Petroquímica, relativa solicitando a su señoría se tomen en consideración y se deje sin efecto las que fueron exhibidas ante oficio de fecha 15 de noviembre de 2001, esto en razón de que por equivocación fue exhibido otro escrito, el cual no corresponde a las posiciones de la prueba confesional ofrecida por la parte actora en el presente Juicio.

Por lo antes expuesto a usted C. Juez atentamente pido:

Primero: Me tenga por presentada con este escrito, exhibiendo el pliego de posiciones a que me refiero en el cuerpo de este ocurso.

Segundo: Se deje sin efecto el escrito que fue presentado en fecha de noviembre del presente año.

Tercero: Proveer de conformidad.

Protesto lo necesario
Tuxpan, Ver., a 19 de noviembre de 2001

Lic. Dora Alicia Barragán Silva.

Carretera a Palma Sola S/N Km. 1.0
(01-7-87) 8-10-00 Exts. 37-654 y/o 37-655

Col. 5 de Mayo C.P. 93350
Poza Rica, Veracruz-México

2° OFICIO DIRIGIDO AL JUEZ 1

Escolín S.A. de C.V.

Nov 22 12 02 PM '01

Juez Octavo de Distrito
Presente:

Pliego que contiene las respuestas a las posiciones formuladas por la
parte actora en el presente juicio, relacionada al desahogo de la prueba
confesional a cargo del Lic. Juan Francisco Guzmán Luna, en su calidad de
Director General de Petroquímica Escolín, S. A. de C. V., personalidad que
justifica con el testimonio Notarial Número veintiún mil ciento ochenta y dos,
tomo ducentécimo sexto, de fecha 8 de septiembre de 1999, expedido por la
Notaría Pública número dos del Distrito Notarial de la ciudad de Poza Rica, Ver., a
cargo de la Lic. Rosa Elena del Toro de Granillo y el cual se anexa al presente
escrito.

En relación a la posición marcada con el número " 1 ":
Respuesta : Si.

En relación a la posición marcada con el número " 2 ":
Respuesta : No, ya que se estableció en la Convocatoria para
el concurso, que el ganador sería beneficiado con un estuche de pintura
y un reconocimiento Público ante los trabajadores de Petroquímica
Escolín, S. A. de C. V., debo aclarar que la convocatoria citada fue
lanzada en el año 1986, y yo no laboraba en este centro de trabajo.

En relación a la posición marcada con el número " 3 ":
Respuesta : No y me remito a la respuesta de la posición
inmediata anterior.

En relación a la posición marcada con el número " 4 ":
Respuesta : No, ya que mi representada lo tiene legalmente
registrado en el Instituto Mexicano de Propiedad Industrial el uso del
mismo el 16 de diciembre de 1997.

CONFESIONAL DIRECTOR CPQ 2

En relación a la posición marcada con el número " 5 ":
Respuesta : no, porque no corresponde ya que fe por medio de convocatoria y se le dio el premio ofrecido, como lo señala el artículo 20 de la Ley Federal del trabajo y el artículo 83 de la Ley Federal del Derecho de Autor.

En relación a la posición marcada con el número " 6 ":
Respuesta : No, ya que no es aplicable la Normatividad en Materia de Adquisiciones y Obras Públicas.

En relación a la posición marcada con el número " 7 ":
Respuesta : No, ya que no es procedente dicho registro ante la Junta de Conciliación y Arbitraje.

En relación a la posición marcada con el número " 8 ":
Respuesta : Si en cuanto a lo que se refiere a los términos de fracción VII del artículo 58 de la Ley Federales de las Entidades Paraestatales, significándole que el suscrito en esa época no me encontraba desempeñando las funciones de Director General de esta Petroquímica, que en ese tiempo desempeñaba la función de Director General el Ing. Carlos López Blumenknon.

En relación a la posición marcada con el número " 9 ":
Respuesta : No, no le correspondia retribución alguna, ya que como lo he venido manifestando fue como consecuencia de una convocatoria interna únicamente para los trabajadores que prestan sus servidos a la Empresa Petroquímica Escolin, S. A. de C. V., en el que consistia en elaborar un diseño de un logotipo para que representara a la empresa, y ofrecían como premio un equipo de dibujo, un reconocimiento ante los trabajadores, además en el convenio de cesión de derechos firmado en 1997 por la Lic. Dora Alicia Barragán Silva se le otorgaría una jubilación especial.

En relación a la posición marcada con el número " 10 ":
Respuesta : No, significándole que mi representada es una empresa de participación estatal mayoritaria filial de Petróleos Mexicanos, aclarando también que mi representada no obtiene ingreso alguno por el uso de logotipo, como tampoco lucra con el mismo.

CONFESIONAL DIRECTOR CPQ 3

En relación a la posición marcada con el número " 11 ":
Respuesta : No, remitiéndome a las manifestaciones de las posiciones 9 y 10 del presente pliego.

En relación a la posición marcada con el número " 12":
Respuesta : No, ya que la modificación la hizo el mismo al cambiar el régimen jurídico de la Empresa a S. A. de C. V.

En relación a la posición marcada con el número " 13 ":
Respuesta : No, ya que lo que mi representada debía de cubrir al ganador del concurso en este caso el Sr. José Guadalupe Arellano Martínez, quedo debidamente establecido en la convocatoria, por lo que como lo he venido manifestando se le dio un estuche de dibujo, se le hizo reconocimiento público ante los trabajadores de esta Petroquímica, y se le otorgo la jubilación, cuando firmo la Cesión de Derechos del logotipo.

En relación a la posición marcada con el número " 14 ":
Respuesta : Porque en la época de que fue lanzada la convocatoria para el concurso de logotipo que representaría a la Empresa Petroquímica Escolín, S. A. de C. V., yo me encontraba en Petroquímica Morelos y no tenía ningún conocimiento de ningún evento de este asunto que nos ocupa.

Protesto Lo necesario
Tuxpan, Ver., a 19 de noviembre de 2001.

Ing. Juan Francisco Guzmán Luna.

Carretera a Palma Sola S/N Km. 1.0
Tel. (01-7-82) 6-10-00 Exts. 37-654 y/o 37-655

Col. 5 de Mayo C.P. 93350
Poza Rica, Veracruz-México

CONFESIONAL DIRECTOR CPQ 4

Puesto. No tardó mucho en entender de quien se trataba, la demanda del logotipo era muy fuerte económicamente y de ella pudiera sacar una buena participación.

La licenciada del Complejo Escolín, estaba en su casa, en un cuarto de estudio sobre su escritorio, había un mundo de papeles los cuales ya había leído una y otra vez, en su cara se notaba la presión que sentía al darse cuenta de todos los errores cometidos, la manera en que había dirigido esta demanda la tenía al borde de la histeria, ella subestimo este caso, quiso poder haber detenido el tiempo y corregir todas las irregularidades que había cometido, hoy, después de analizar las cosas de manera más fría, se daba cuenta de que estaba en juego su seguridad económica, su trabajo, y quizás su libertad, su mundo de mentiras se esfumaba y no había nada ni nadie que pudiera frenar ni solucionar este caso, por lo menos, de manera legal, la demanda del autor, sus derechos, eran algo que la ley y los tratados internacionales protegían de manera celosa, ahora ya sabía de la gravedad de la situación y esperaba su inminente caída de manera vertiginosa. Sonó el teléfono y esto la hizo regresar a la realidad,—¿licenciada?, habla la secretaria del señor director, es necesario que se presente con carácter de urgente a su oficina, eso es todo, se quedó con el auricular en la mano, y un frío recorrió su espina dorsal, ya intuía el escenario con el que se iba a encontrar al llegar a la dirección de la empresa.

El ingeniero Guzmán, terminó una conferencia telefónica con su jefe el director de Petroquímica; y su semblante estaba muy mal, desencajado, muy encolerizado, la palidez que reflejaba su rostro, era la de alguien que está a punto de sufrir un sincope cardiaco, tocaron a su puerta y apareció la licenciada Dora Alicia, se puso de pie, tomándola de los brazos, le dio de jalones y la empezó a insultar,—¡eres una imbécil!, ¿Qué te has llegado a creer?, me has metido en un problema del que difícilmente podré salir, ¡no quiero que me digas absolutamente nada!, considérate despedida, porque una inmundicia como tú; no puede darse el lujo de hacer y deshacer en la empresa que yo represento y administro, quiero que entregues la casa en la que vives a partir de mañana; y que liquidez las cantidades de dinero que te fueron prestadas, no hay más que hablar. Ahora dejaste comprometido al director de Petróleos Mexicanos, al de Pemex Petroquímica y a mí, retírate, porque si en este momento no lo haces, mandaré a que te saquen los encargados de seguridad, la licenciada rompió en llanto, tomó su portafolios y salió de la dirección gritándole al director,—¡te vas a acordar de mi desgraciado!, ahora todos van a saber de los sucios negocios que haces en esta empresa, me voy, pero te demandaré, haré que me recuerdes todos los días que te queden de vida, al igual que ese estúpido de Arellano, aventó el portafolios sobre el escritorio de la secretaria y se fue; estaba queriendo abordar su camioneta cuando se acercaron los guardias de seguridad diciéndole.—licenciada, tenemos órdenes de no permitirle que se lleve la camioneta que la empresa le asignó, la camioneta no sale de aquí y haga lo que considere pertinente, si usted gusta, le pediremos un taxi, pero por favor salga del vehículo y retírese, la licenciada con la mirada llorosa y muy disgustada, bajó del vehículo, giró sobre sus pies y salió caminando por la puerta peatonal de la empresa, su mundo se estaba desmoronando en un abrir y cerrar de ojos,—¿Donde habían quedado sus amigos?, esos que cada sábado se reunían para festejar disfrutando con ella, comentando que estaban encantados de trabajar en la empresa, que nada oscurecería sus camaraderías, ni sus jugosas trayectorias, hoy, todo eso se perdía para siempre, era una realidad y nada la cambiaría.

Por su parte, el ingeniero Guzmán empezó a hacer llamadas a todos sus colegas dentro de la estructura de Petróleos Mexicanos y no le quisieron contestar, sabían ya, del gran problema, la noticia había trascendido y le dieron la espalda, se levantó de su asiento, en ese momento llamaron a su puerta, por ella aparecieron 4 hombres, todos ellos bien vestidos, eran auditores de Pemex Petroquímica diciéndole,—¡señor!, haga usted el favor de retirarse, es necesario que no toque nada de lo que hay en esta oficina, tenemos disposiciones expresas de no permitirle a usted, que abra o toque cualquier cosa de esta oficina, vamos a proceder a sellar todos los cajones de su escritorio y de su archivo, entréguenos las llaves del vehículo que tiene asignado, el ingeniero desesperado comentó,—¡esperen!, dejen que tome mis efectos personales, parece que hay un malentendido, les explicaré, por favor denme unos minutos,—¿Que no entendió usted?, tiene un minuto para retirarse y es mejor que así lo haga; o de lo contrario nos obligará a tomar medidas más drásticas, tenemos la opción de solicitar apoyo de la fuerza pública y eso sería muy molesto para usted, ya tendrá tiempo para dar las explicaciones necesarias ante quien corresponda, eso es todo, tomo su cazadora, y salió de su oficina de manera apresurada, la secretaria le habló para decirle que tenía una llamada del director de petróleos mexicanos y la tomó,—¡diga usted señor director!, habla el ingeniero Guzmán, al otro lado de la línea, se escuchó una voz de tonalidad fuerte, algo así como cuando se aplican pinceladas de un color de la gama cálida, a una fría y dijo,—¡me enteré de las contradicciones en las que caíste ante el juez! eres un miserable, me dejas comprometido ante él, ahora, yo soy el mentiroso para ese juez ¿sabes lo que eso significa? ¿Te has dado cuenta?, haré que te arrepientas y por lo pronto te vas suspendido y bajo investigación, aparte, me he enterado de todos tus sucios negocios, tengo suficientes elementos para que te pudras en la cárcel, ahora me vas a conocer, de eso no tengas la menor duda, el piso, empezó a hundirse bajo los pies del ingeniero Guzmán, dejó sobre el escritorio el auricular, le echó una mirada a la secretaria, y salió de las oficinas, parecía que iba cargando una gran losa de concreto, arrastraba sus pies, ahora entendía que por haberse prestado al juego de la licenciada, su cabeza estaba en juego, su libertad, su economía, su prestigio y su profesión.

Por la mañana, Mario se encontraba amarrando los sujetadores de sus zapatos, se escuchó el sonido del teléfono y contestó—¿Bueno?, era su Abogado,—¿señor Arellano?, paso por usted en media hora, se abstuvo de hacer preguntas, contestó de manera afirmativa y ahora con más confianza,—¡está bien!, aquí lo espero Abogado, tomó algunos papeles, se sentó en un sofá y empezó a leerlos, sentía un poco de nervios, solo por el hecho de pensar que estaría en medio de un cuestionamiento el cual era muy importante; pues era la última carta que tenían los demandados, se imaginaba las preguntas que quizás le harían, lógicamente preguntas para hacerlo caer en contradicción, preguntas que no tendrían sentido; pero para él, sería difícil que pudieran sorprenderlo, o hacerlo titubear, ya que lo que argumentaba en su demanda, era únicamente la verdad, esa verdad que tendría que defender contra todo lo que se pudiera presentar, eso era más fuerte que cualquier miedo y cualquier mentira; sus pensamientos fueron interrumpidos por el timbre de la puerta, se levantó y la abrió ,—¡buenos días! Adelante; el Abogado comentó muy despacio,—disimuladamente asómese por una de las ventanas de su casa, mire hacia enfrente, donde está el teléfono público, se dirigió a la ventana de una de las recamaras, frente al teléfono público estaba un hombre mirando y apuntando con su dedo hacia la casa de Mario, sin pensar en algo malo, regresó con el Abogado, quien le dijo—vámonos señor Arellano, no se despegue de mi lado, bajamos por las escaleras al auto, lo abordamos y nos vamos, por el momento no me haga preguntas, bajaron por las escaleras y subieron al auto, el Abogado pisó el acelerador y enfiló por la calle cruzando el boulevard que cruzaba por toda la ciudad, de manera presurosa adelantó unas cuadras, y tomó el primer retorno para nuevamente, dirigirse hacia el boulevard, se detuvo unos momentos y continuó su marcha con destino al juzgado,—¿Todo bien?,—preguntó Mario,—si, no se preocupe, conmigo está seguro, mi trabajo consiste también en cuidar de su integridad física de manera incondicional, estoy dispuesto a exponer hasta mi vida si es preciso, esas palabras hacían que su cliente vislumbrara hasta donde pudieran llegar las

JOSE GUADALUPE ARELLANO MARTÍNEZ

cosas, pero no sentía temor; pues no era un delincuente. Llegaron al juzgado, después de cerciorarse que no eran seguidos por ningún auto, aparcaron en una calle perpendicular a la del juzgado y bajaron del automóvil, empezaron a caminar, casi estaban por llegar a la puerta del edificio, cuando advirtieron la presencia del hombre que minutos antes había estado frente a la casa de Mario, ahora se encontraba hablando por teléfono frente al juzgado, cruzaron una mirada y el Abogado comentó,—tranquilo, sigamos caminando de manera normal, así lo hicieron y empezaron a subir las escaleras del edificio hasta el cuarto piso, era tan agotador subir esas escaleras, casi todas las personas que llegaban al cuarto piso, se notaban muy agitadas por el esfuerzo, si ya en si, hacer acto de presencia en un juzgado por tener problemas legales implica una agitación emocional, esto empeora por el esfuerzo físico realizado para llegar hasta el cuarto piso, entraron a las oficinas del juzgado, Mario distinguió el escenario, se notaba el descuido en el que se encontraban esas oficinas, daba la impresión de estar en una terminal de autobuses de segunda clase, basura, el mobiliario en mal estado, las paredes necesitaban pintura, era deprimente estar en un lugar como ese, se respiraba algo de desorganización y mucho bullicio; se le vino a la cabeza la imagen cotidiana de un día en el mercado, mucho bullicio, parecía que cada servidor estaba vendiendo alguna verdura, tomaron un lugar en los arruinados asientos que estaban más apartados del juzgado, desesperado por saber que pasaba preguntó,—¿Dígame licenciado sucede algo?,—¿se dio usted cuenta?, nos están vigilando, ellos harían cualquier cosa para que no tuviera la oportunidad de presentarse a declarar, pero para eso estoy aquí, para defenderlo de lo que sea, eso a Mario le daba cierta tranquilidad, sobre todo porque su abogado era un hombre cabal, y se lo estaba demostrando, empezaron a deslizarse los minutos, y por fin llegó la hora de desahogar su confesional, los nervios iban en aumento, la tensión se respiraba en ese espacio, se acercó la secretaria que se encargaría de dirigir esa actividad, y comentó,—tenemos que esperar unos minutos para dar tiempo a que sus contrapartes se presenten; si en 10 minutos no llegan, entonces daremos comienzo, eso hizo que aumentara mas la tensión, tal pareciera que en el juzgado había preferencia, pues en cualquier otro caso, el horario siempre es respetado y aquí, se daba una prórroga de 10 minutos, los cuales pasaron muy lentamente y así, llegó el momento de dar inicio al desahogo de la confesional en la cual, no se presentó ninguna persona de las contrapartes, eso empezó a darle a Mario algo de tranquilidad; pero a la vez era inexplicable la conducta de los demandados,—¿Sería posible que habrían perdido el interés, sabiendo que pudieran arreglarse con las autoridades?, lo que ignoraba, era que ya el monstruo se había empezado a mover por debajo del agua. Las preguntas empezaron a fluir a través de las palabras de la secretaria y Mario fue contestándolas de manera hilada bien especificada, muy clara, muy directa; ya que era la verdad y en ningún momento dudó en sus contestaciones, cada una, fue analizada de manera presta, claro era, que estaban basadas en falsedades por los demandados, el teatro, la pintura se les había escurrido y manchaba su imagen, ya no podrían seguir sosteniendo sus falsedades; por otro lado, estaba algo molesto, ya que precisamente en el momento en que desarrollaba sus declaraciones, éstas eran interrumpidas por la gente que laboraba en ese juzgado al hacerle preguntas a la secretaria de algunos otros datos, que no tenían relación con el caso, el ser interrumpidos, los sacaba de concentración, tanto para el que hacía las preguntas, como para el que declaraba, era un fastidio; así transcurrieron las horas, y en una de las ocasiones en que el declarante levantó la vista hacia la puerta de entrada, advirtió que por ella apareció la licenciada Castillo, quien al observar que Mario la miraba, solo se concretó a levantar su brazo y enviarle un saludo de manera forzada, y después se retiró, Mario vio a su abogado, y le sonrió. Una de las preguntas que le hacían en el formulario los licenciados de Petróleos Mexicanos que hizo que se incomodara, fue que dijera, que si le estaba solicitando al juez la cancelación de sus derechos de autor, esta pregunta era por demás estúpida, ¿En qué concepto, tenían la mentalidad de los trabajadores, estos tinterillos?, creen que por el solo hecho de representar a una gran empresa son superiores a los que realmente desarrollan su trabajo con mucho esfuerzo, en que escuela estudiarían pensó Mario,—¿Quién se creen que son? ¿los que todo lo saben?, ¿los prepotentes?, que lástima que así se conduzcan, que lástima, que estos seres nefastos estén laborando en una empresa tan importante, que triste que subestimaran la mentalidad y capacidad de los trabajadores, esos mandos superiores son unos estúpidos, eso le quedaba bien claro y lo había confirmado cuando en otros tiempos desarrolló su trabajo como supervisor técnico en la empresa, vivió y fue testigo en algunas ocasiones como los altos jefes e ingenieros cometían muchas necedades, era denigrante darse cuenta de las carencias de criterio y capacidad, tuvo el privilegio de coordinarse con profesionistas a quienes llegó a capacitar y los cuales por la experiencia que mostró, se subordinaban a sus conocimientos, experiencia e inteligencia,—¿Qué mas podría esperar de esos ineptos?. Por fin se dio término al desahogo de esa confesional, la secretaria les pidió que firmaran los documentos de las declaraciones y se despidieron no sin antes dejarle un billete para un "refresco", ya que así, aseguraban la celeridad, para que se enviaran los papeles de esta confesional a su lugar de origen, al juzgado 8° en la ciudad de Tuxpan,

JOSE GUADALUPE ARELLANO MARTÍNEZ

el abogado comentó,—esto funciona así amigo, de otra forma le aseguro que nuestros papeles tardarían más tiempo en ser enviados, Mario contestó,—¡pues ni hablar Abogado! estamos en México, es feo y todo se vale, todo se puede, cuales cambios, cual democracia, son solo mentiras, como dice el refrán es "pan con lo mismo",—no diga eso, no sabemos cuál es la realidad y lo cierto es que hay cambios, ya los notará.

La licenciada Castillo quien suplía interinamente a la titular del jurídico de la empresa, entró al complejo Escolín a bordo de su automóvil, y lo detuvo en el lugar que tenía asignado, se quedó contemplando el interior de su auto, cerró las ventanas presionando un botón, descendió para dirigirse a su oficina, llevaba acunados en sus brazos unos documentos que tenía que revisar, ella sabía de la magnitud del problema en que se encontraba la empresa al haber celebrado dolosamente ese convenio de cesión de derechos de autor, y que de algún modo traía de cabeza a todos los que habían participado en el, abrió la puerta de su oficina y se encontró con el gerente de finanzas quien al verla esbozó una sonrisa forzada, por su frente escurrían gruesas gotas de sudor, se encontraba desesperado y dijo,—¡licenciada! qué bueno que llega, la situación está tomando otra forma, la cual nos puede traer muy serios problemas, ya el señor director está inhabilitado y está sujeto a investigación, la licenciada titular del jurídico fue despedida, dígame ¿quién mas va a seguirlos?,—pues mire ingeniero, de verdad esto es más grave de lo que muchos creían, yo le recomiendo que se tome unas vacaciones o solicite su jubilación a la mayor brevedad posible,—licenciada le repito ¿qué es lo que debemos hacer?, aquí todos hemos obtenido beneficios los cuales están siendo investigados por la contraloría, no sé en qué momento acepté, si ese señor Arellano me llega a demandar también argumentando engaño o complicidad, me puedo quedar en la calle, o me iré a la prisión,—mire ingeniero, su situación no es para alarmarse ya que usted solo recibió órdenes, dentro de unos días tendremos una reunión con todos los que ostentan puestos importantes dentro de la empresa, le sugiero que no haga comentario alguno, ya encontraremos que hacer, de momento, es mejor esperar.

El contador Guarneros de la empresa demandada, a quien la licenciada Dora Alicia había propuesto ante el juzgado federal para elaborar un avalúo de la marca "Escolín", y que dicha postura había sido ratificada, se enteró que ésta, había sido retirada de sus labores y que el trama de la demanda estaba causando perturbaciones, se dio a la tarea de elaborar un escrito para dirigirlo a la dirección y al juzgado federal; en el cual les hacía saber, que se declaraba incompetente para elaborar ese trabajo, después de enterarse de la destitución de quien lo había propuesto, no quería tener problemas de ninguna índole, era evidente que todo había sido manejado de manera superficial y sin la conciencia plena de la realidad de las cosas, se notaba muy nervioso, ya a estas alturas, no sabía qué hacer; pues también se enteró, que el juez le había establecido una multa por no haberse presentado al juzgado a emitir su avalúo, temía que por haberse prestado a dar pinceladas y maquillar algo indebido, pudiera llegar inclusive, hasta la prisión, recordó que la licenciada le pidió que interviniera, y lo que le había dicho—es necesario que me apoyes elaborando un avalúo de nuestra marca y quiero que lo hagas de tal manera para que no tenga valor alguno en el mercado; ya que este señor Arellano, está muy trastornado, nos demandó por haber violado sus derechos de autor, te puedo asegurar que esa demanda no va a proceder porque carece de validez, le vamos a enseñar a ese mentecato quiénes somos y que aprenda a no meterse con nosotros, somos empresa de gobierno, el debe aprender que quien se mete con esta empresa, se mete con el gobierno y por esa razón somos intocables, eso le tiene que quedar muy claro; así es que por favor échame la mano, mira, hoy tendremos una reunión donde habrá vino, comida y ya sabes el ingeniero de finanzas se va de vacaciones y tenemos que hacerle su despedida. Estas reuniones eran frecuentes; ya que la manera de conducirse de algunos funcionarios, era así, se respiraba en ese ambiente la camaradería de esas personas; quienes lejos de preocuparse por aplicar realmente sus conocimientos, solo se limitaban a hacer lo necesario para mantenerse dentro de sus puestos, a costa de lo que fuera y encima de quien fuera, se denigraban para obtener lo que necesitaban, total había para todos y a la vez todos tenían la cola muy larga; era una verdadera lástima que esto fuera así, pero ni modo. Sus pensamientos fueron interrumpidos por su jefe, quien de manera irónica se dirigió a él cuestionándole,—¡me acabo de enterar!, que te has negado a realizar el trabajo que te solicitaron, lo más conveniente es que no intervengas, deja que las cosas sigan su curso, ya platiqué con otros abogados y me comentan que van a intervenir en tu defensa, la sanción administrativa, a la cual te hiciste acreedor la absorberemos, esto dejó más tranquilo al contador, inclusive le llegaron a proponer que se jubilara, eso era lo más conveniente para él, pero lo asaltaba la idea que tenía de sus proyectos, y el más importante era el de terminar de construir la ampliación de otra de sus casas y al jubilarse dejaría de percibir algunos ingresos extras que obtenía, estando laboralmente activo.

El encargado de la producción llegó al estacionamiento de la empresa en su gran automóvil importado; y fue abordado por un subordinado de las ventas quien le comentó,—ingeniero ¿Qué problemas tiene?, me llegó un citatorio para usted de la contraloría,—no sé de qué me hablas, yo solo me dedico

JOSE GUADALUPE ARELLANO MARTÍNEZ

a administrar la producción,—pues no se, pero se tiene que presentar con carácter de urgente, estas situaciones, se estaban presentando ahora de manera más frecuente en la empresa, y en un momento dado, tendrían que salir a flote los malos manejos que se realizaban, en los cuales había varios jefes inmiscuidos, en algunas ocasiones, se llegó a filtrar información hacia los medios de comunicación impresa, quienes no dudaban en ventilar en sus espacios, lo que ahí sucedía, cuando los encargados de investigar alguna anormalidad dentro de la empresa y encontrar responsables después de cuestionarlos, pasaban su reporte hacia sus jefes y nunca se consignaban ante las autoridades competentes, en lugar de castigarlos los premiaban otorgándoles su jubilación y "aquí no ha pasado nada" el complejo mecanismo de corrupción, no perdonaba a nadie. Vinieron a la mente de Mario, detalles de comentarios que varias veces escuchó de sus compañeros de apoyo en su trabajo "jefe acaba de salir un tráiler con las luces apagadas", "jefe acabo de ser testigo de un detalle el cual me llamó mucho la atención, venía caminando y escuché una explosión cerca de la báscula donde se pesan los camiones que transportan el polietileno, corrí a ver qué sucedía y me percaté, que uno de los cuatro tanques de combustible tronó porque el operador lo estaba vaciando al drenaje, ¿No se le hace raro? porque también en ese momento llegó el ingeniero de producción a ver qué sucedía y nos ordenó retirarnos del lugar; solo se concretó a decir—aquí no ha pasado nada, regresen a sus áreas de trabajo.

Por el cerebro de Mario empezaron a desfilar muchos detalles, después de analizar, era evidente que algún mal negocio estaba manejándose; en el cual, había algunos favorecidos, ¿Cómo mecanizar los movimientos que realizaban los camioneros?, no van a ser tan tontos en ponerse a tirar un combustible que tiene un costo, y que merma sus ganancias, el compañero emocionado le comentó,—mire señor; los camiones traen 4 tanques de combustible, llegan a la pesa y después pasan a estacionarse para esperar su turno de carga, si trabajan solo con un tanque de combustible y llenan los otros 3 de agua, nadie nota ese detalle, después de la pesa, tiran el agua al drenaje, y pasan a cargar 40 toneladas de polietileno, después vuelven a la pesa y obviamente les fa a faltar el peso del agua que traían en los 3 tanques, y ese peso, se los tienen que reponer con mas polietileno, y si hacemos cuentas, es más o menos una tonelada que se están robando, son varios camiones que cargan a diario y este señor de producción lo sabe porque no dijo absolutamente nada, es claro que el tanque del camión explotó porque el operador le metió aire a presión para vaciarlo más rápido, pero no pensó que iba a estallar,—pues suena lógico tu análisis amigo pero ¿Qué podemos hacer si luego los protegen?.

El encargado de producción después de hacer un recorrido por las plantas de proceso y regañar y faltarles al respeto a sus subordinados; quienes al saber de su presencia se ponían a temblar, llegó a su oficina, abrió su escritorio y sacó unos balances, después de revisarlos sonó su teléfono y contestó, era su secretaria—¡señor! tengo aquí en mis manos un citatorio de la contraloría para usted, en el cual exigen su presencia para hoy mismo, las palabras retumbaron en el cerebro del encargado de producción; quien ya se imaginaba de que se trataba, pero a la vez, sentía una seguridad porque a su juicio, no podrían comprobarle nada, de lo que le imputaran, él sabía hacer las cosas y si alguien lo dudaba, simplemente que lo pusieran a prueba, salió a la puerta del complejo y encendió un cigarrillo, sintió como el humo empezaba a entrar en sus pulmones cuando fue abordado por 2 hombres quienes le pidieron que tirara el cigarro y que los acompañara a su oficina porque les urgía hablar con él, después de caminar por las oficinas, llegaron a la que le correspondía, y se encerraron,—mire ingeniero, somos auditores de la contraloría y traemos instrucciones de investigar qué es lo que ha estado sucediendo, por el momento continuará desarrollándose en su puesto como director interino de la empresa, de momento, es todo lo que le podemos decir, mañana se presentará en nuestras oficinas para platicar sobre un asunto que es muy delicado, queremos que esté enterado que estará bajo investigación y si encontramos evidencias que lo comprometan, tendrá que comparecer ante los organismos encargados legalmente, el color de su cara empezó a esfumarse, así como cuando el pintor desvanece con una pincelada de blanco, un color, para aclararlo, sentía, como que el piso se moviera bajo sus pies, los auditores para terminar la entrevista le indicaron—está usted enterado de su situación, lo prevenimos, que de no presentarse, tomaremos las medidas conducentes, eso es todo; el ingeniero se sentó en la sala de espera, le pidió a la secretaria que lo comunicara a la dirección de la empresa, quien le comentó, que no había nadie en esa sección, salió de su oficina y se dirigió a su casa, era necesario buscar la asesoría de un buen licenciado, ¿ Cómo era posible que las cosas estuvieran dándose así? , el prepotente, grosero, y sin educación, al cual todos sus subordinados temían, ahora empezaba a sentir miedo.

La tarde empezó a llegar, el aire caliente soplaba, se observaba un cielo muy despejado, en el ambiente había 36 grados de temperatura a la sombra, ese clima, identificaba a toda esa región por estar cerca de la costa del golfo de México, la licenciada Castillo, quien ahora desarrollaba su trabajo como suplente del jurídico de la empresa demandada, había regresado a su oficina y fue informada que por la tarde arribaría el licenciado que ocuparía el puesto

JOSE GUADALUPE ARELLANO MARTÍNEZ

de titular, que ella estaba cubriendo interinamente, era necesario poner en orden todos los asuntos legales que estaban pendientes, le preocupaba fuertemente la demanda sobre la violación de los derechos de autor de los que había sido objeto el señor Arellano, para ella no existía ninguna duda que esa demanda era muy importante; ya que ponía en riesgo el estado financiero de la empresa, era una demanda de algunos millones, este asunto era el de mayor relevancia y debía ordenarlo de la mejor manera posible para poner al tanto al licenciado titular de ese puesto, se había pasado ya, varios días estudiando sobre el caso, buscando, aprendiendo, y no tenía duda alguna, de que esa demanda estaba perdida, tendrían que aceptar esa verdad, para ella lo más conveniente era buscar algún acercamiento con el autor para llegar a una negociación, esa era su opción y hasta ahora nadie le había hecho al autor alguna propuesta ,toda su inteligencia, profesionalismo y conocimientos en la materia, así se lo dictaban, para no afectar tanto a la empresa, eso lo tenía muy presente; más tarde haría esa proposición y buscaría al demandante, tocaron a su puerta y dijo,—¡adelante!, por ella apareció un hombre que usaba lentes, vestía de manera informal, en su rostro se asomaban unas cicatrices, de piel morena, y daba la impresión de ser un hombre de carácter fuerte, su estatura no pasaba del 1.70 metros,—¡buenas tardes!, saludó,—¿Dígame que se le ofrece?,—mire licenciada soy el licenciado Herrera, por designación del abogado general de Petróleos Mexicanos, me haré cargo a partir de este momento de la jefatura del jurídico de esta empresa, ¿Usted está a cargo?,—pues mire licenciado, soy la licenciada Castillo, estoy cubriendo interinamente este puesto y a usted ya lo estábamos esperando,—¡pues ya estoy aquí!,—me parece bien, es necesario que hagamos un recorrido por las oficinas para presentarlo con todos los titulares de los diferentes puestos de la empresa, además de que ya giramos oficios a los diferentes departamentos de su designación, después de esto, nos sentaremos a dialogar para ponerlo al tanto de todo lo que aquí acontece,—eso me parece lo más conducente, de antemano le quiero comentar algo importante, traigo instrucciones precisas para hacerme cargo de la demanda sobre la marca comercial que nos identifica y que ha causado muchas molestias a nuestros superiores, vengo con toda la intención, de arreglarlo de la manera que sea, por lo pronto, le quiero señalar que esa demanda, ese tal Arellano, la tiene perdida, esa aseveración dejó a la licenciada Castillo muy sorprendida y recordó que en alguna ocasión la licenciada Dora Alicia había comentado lo mismo, llegó a decir que el señor Arellano estaba trastornado porque no le correspondía nada de lo que estaba pidiendo y que esa demanda la tenía perdida, todos esos comentarios, se quedaron marcados en la mente de la licenciada Castillo, se había hablado mucho, pero la realidad era que el proyecto iba más allá de lo que se pensaba, habían subestimado este caso y a la postre, les costó el puesto, tanto al director como a la licenciada titular, ahora revivía las escenas, pensó de pronto en la mentalidad y capacidad de sus compañeros, eso dejaba mucho que desear, rápidamente hizo un análisis clasificando al licenciado Herrera, ya antes le habían comentado que era un ignorante recomendado, en otras ocasiones realizó algunos estudios de investigación, de la gente que se encontraba laborando en la empresa y concluyó que a ésta, le faltaba capacidad, además de decir muchas mentiras para quedar bien con sus jefes, de su profesión sólo estaba el título, que quien sabe de dónde, lo obtuvieron, pero, ¿dónde quedaba entonces el ingenio?, era por esto, que la empresa se hacía acreedora a recibir muchas demandas; ya que la conducta del personal que ostentaba un cargo en las direcciones, estaba acostumbrado a hacer las cosas de manera inconsciente, dolosa, prepotente y muy visceral, pero sobre todo, se sentían los intocables, la condición de saberse empleados de una empresa de gobierno, les daba esa postura y si la administración se manejaba así ¿Qué se podría esperar de los que la representaban jurídicamente?, por esa razón la empresa casi siempre perdía las demandas, por la conducta, negligencia y pobreza de capacidad de los que la representaban, quiso hacer algunas aclaraciones con el licenciado, pero se abstuvo por el momento, ya habría tiempo para comentar sobre esta situación, ahora lo más conveniente era empezarse a conocer, pero sobre todo ponerlo al tanto, actualizarlo, algo Así, como cuando el artista coloca su bastidor sobre el caballete; para empezar a pintar sobre el lienzo, ya después de que hiciera una inspección por el expediente de esa demanda, quizás obtendría la sabiduría real de todo y dejaría de hacer comentarios de los cuales pudiera arrepentirse más tarde. Hicieron el recorrido por las oficinas, el licenciado Herrera ordenó que se reuniera al personal del jurídico de la empresa, minutos más tarde, en la oficina de la jefatura se encontraron todos los licenciados que constituían el cuerpo jurídico con sus asistentes,—buenas tardes,—saludaron todos, la licenciada Castillo se encargó de presentarle al personal a su nuevo jefe, quien sin esperar comentario alguno empezó a dar instrucciones haciéndoles saber de la encomienda que traía,—he sido enviado por nuestro jefe, el abogado general de Petróleos Mexicanos para encargarme personalmente de todos los asuntos de mayor relevancia que tenemos en contra, en especial el de la demanda del logotipo, aunque el panorama que prevalece en torno a ella, se note sombrío, tengo las instrucciones precisas de ganar esa demanda, a costa de lo que sea, tenemos el poder de hacerlo y les adelanto que no tiene que haber preocupación alguna, esa demanda les

JOSE GUADALUPE ARELLANO MARTÍNEZ

puedo asegurar que ese tal Arellano la tiene perdida, sorprendidos todos se miraban unos a otros, la licenciada muy incómoda por esos comentarios ejecutó un juicio de la mentalidad de su nuevo jefe y lo cuestionó,—licenciado Herrera, discúlpeme usted pero no entiendo sus argumentos, el licenciado con voz más fuerte respondió,—¡licenciada!, ¿qué no escuchó lo que acabo de decir?, ¿en qué idioma quiere que le manifieste las órdenes que traigo y que usted debe de obedecer?,—discúlpeme usted, la ley está a favor de ese señor, no encuentro como se le pueda hacer ni qué camino seguir, ¿Será posible que nuestros impartidores de justicia se dejen manejar?,—mire licenciada le voy a demostrar de lo que somos capaces de hacer ¿En qué parte del proceso de la demanda estamos?,—eso hizo que la licenciada notara que su nuevo jefe ignoraba totalmente el fondo de esa demanda, lo que ella, no tomaba en cuenta, era que quizás, ya existía la consigna, de ganarla de la manera que fuera,—pues licenciado, hemos estado posponiendo la testimonial que ofrecimos y entiendo que no es conveniente desahogarla; ya que los demandantes presentaron pruebas fidedignas del inicio del uso del logotipo, con eso nos echan abajo, los argumentos de la licenciada Dora Alicia, el pliego de preguntas de nuestra parte habla de las fechas, tanto de la convocatoria como del inicio del uso y a nuestros testigos los vamos a comprometer,—licenciada, le ordeno que lleve a cabo el desahogo de esa testimonial y quiero que me reúna a los testigos para darles instrucciones sobre las respuestas que darán,—mire licenciado algunos ya no quieren ir, ha sido necesario cambiarlos,—quiero que me dé una lista de los testigos que se niegan a cooperar para enseñarles que deben de apegarse a los lineamientos e intereses de la empresa, por la tarde, cite a los que se presentarán a declarar, ¿Le queda claro?,—está bien,—de momento eso es todo y nos vemos por la tarde. La licenciada no entendía, ella bienhechora de la ley y de la justicia no entendía y tenía pocos conocimientos de cómo se conducían los corruptos en esa empresa, simplemente no lo entendía, por lo pronto, sabía que había diseñado un límite entre ella y su nuevo jefe, y quizás pudiera traerle consecuencias graves, las cuales afectarían su permanencia en ese trabajo.

Cirenio, contador del organismo de hacienda federal en la ciudad de Tuxpan, llegó a su oficina un poco retrasado, ya que la noche anterior recibió la visita de unos amigos y estuvieron celebrando la adquisición del auto nuevo que había efectuado, estuvieron hasta las 2 de la mañana, en su cara, se notaban los estragos que deja el desvelo y la ingestión etílica, se sentó en la silla de su escritorio, y buscó en los compartimientos algún analgésico para la considerable cefalea que en esos momentos lo agobiaba, descubrió encima de su escritorio un sobre sellado, el cual iba dirigido a él, lo abrió con todo cuidado con sus manos temblorosas y empezó a leer, se levantó para ir a consultarlo con su jefe,—señor, están solicitando mi presencia por parte del juzgado federal, para que realice el avalúo de una marca, que es de Petroquímica Escolín de Petróleos Mexicanos, la verdad, le quiero comentar que este tipo de trabajo según yo sé, lo debe realizar un perito en esta materia,—¡usted no se preocupe! puede hacerlo y confío que así será, viniendo esos halagos de su jefe no le quedó más remedio que aceptar, saliendo de la jefatura se dirigió a un teléfono público y marcó a su casa, su esposa se encontraba realizando su tarea cotidiana y le comentó que no llegaría a comer, que no lo esperara ya que tenía que acudir al juzgado, despidiéndose de ella colgó el auricular y se dirigió al estacionamiento, se acercó a su automóvil nuevo y lo abrió, sentándose con cuidado lo puso en marcha, era un auto modesto ya que con su salario de burócrata era lo único que se podía haber comprado, realizó su ratificación en el juzgado federal aceptando el trabajo y pensó que no sería nada difícil desarrollarlo, solicitó el expediente y se dispuso a investigar, cuando vio el tamaño de éste, empezó a sudar y a intranquilizarse, lo abrió y fue absorbiendo con su mirada las líneas de las hojas, esto era más grande de lo que se había imaginado; ya que la demanda no era contra un solo organismo, se enteró que había 5 organismos demandados, sacó una libreta y empezó a escribir, por ahí, encontró un escrito de otro contador; quien hacía un avalúo, por parte de una de las empresas demandadas, era lógico, que el avalúo estaba a favor de dicha empresa y no determinaba, prácticamente nada, lo específico solicitado por parte del juzgado, las expectativas estaban por fuera del contexto de sustento legal y técnico de lo que el juez le había solicitado pero a Cirenio dentro de la pobreza de sus conocimientos al respecto no le quedó otra opción más que la de empezar a copiar una parte de los comentarios que en ese avalúo se hacían, pasaron las horas y fue interrumpido por el vigilante del juzgado,—¡señor! lamento decirle que ya vamos a cerrar las oficinas así que por favor haga entrega del expediente,—está bien y gracias por la atención, mañana continuaré estudiando esto, hizo la entrega, el vigilante le entregó su identificación y se despidió, al abordar su automóvil notó que un hombre y una mujer se acercaban a él haciéndole señas, salió del auto y esperó,—¿Es usted el contador Cirenio?,—así es ¿Qué se les ofrece?,—mire amigo somos licenciados de Petroquímica Escolín y queremos platicar con usted y tiene que ser en algún otro sitio,—está bien vamos a algún café,—nosotros lo seguiremos y no se preocupe le traemos una propuesta muy positiva,—de acuerdo, empezaron a circular por el boulevard y se

JOSE GUADALUPE ARELLANO MARTÍNEZ

dirigieron a un restaurante cerca de la playa, Cirenio bajó del auto y entró saludando a un señor que se encontraba cerca de la barra, por la manera de conducirse dejaba entrever, que era un cliente asiduo a ese lugar, buscó una mesa en un espacio apartado y pidió una cerveza, los enviados de la empresa se acercaron, tomaron asiento y comentaron—es un bonito lugar,—así es contestó Cirenio,—aquí podemos hablar, les aseguro que aquí nadie nos va a interrumpir, se acercó el mesero y extendió la carta del menú, uno de los licenciados le pidió una botella de whisky, sorprendido el contador sin poder aun entender de qué se trataba, vislumbró que se trataba de algo fuerte, apuró su cerveza y sintió un poco de alivio a su malestar, la cruda que se cargaba con el calor lo hacía sentirse más incómodo, esperaron el servicio, el mesero llegó con una charola, empezó a acomodar unos vasos, la botella de whisky, hielo y dejó un platillo con unas botanas, el contador le pidió al mesero que por favor no los molestara, que acudiera solo en caso de que lo llamaran, los enviados de la empresa abrieron un portafolios, sacaron unos papeles que enseguida le mostraron al contador, después de echarles un vistazo empezó a querer entender de lo que se trataba,—queremos que no determine nada al respecto de su avalúo, le entregamos un disco de computadora en el cual puede encontrar todo lo referente a lo que necesitamos que presente, solo readapte todo y fírmelo, traemos órdenes precisas del abogado general de Petróleos Mexicanos de que esa demanda la echemos por tierra de la manera que sea, las ideas del contador empezaron a aclararse, alguien, le estaba facilitando el trabajo; ya que de eso, no entendía mucho,—mire señor contador, aquí está un cheque al portador con una cantidad de dinero, que para usted es muy buena, nosotros seremos generosos por el servicio que usted se sirva prestarnos,—¿de cuánto estamos hablando? preguntó el contador,—mire son 30 mil pesos, los ojos de Cirenio al escuchar esa cantidad se agrandaron y sintió que podía conseguir más dinero del que le estaban proponiendo, e hizo una observación,—mire amigo, entiendo perfectamente lo que quieren de mi; pero es necesario que les diga que esto que me proponen es muy riesgoso, el Abogado de ese señor Arellano es muy bueno ¿Qué garantías me dan de que no voy a tener problemas con la ley?,—el asunto ya está arreglado, el juez está apoyándonos, el ya recibió una llamada de nuestro jefe y está de acuerdo en echarnos la mano, le aseguramos que no habrá ningún problema,—está bien pero les costará un poco más, si ustedes me dan los 40 mil, pues le entro, y si no, entonces me basaré a lo que mis conocimientos como contador me dicten y les comento que ese señor Arellano lleva todas las de ganar, sintió que había hablado de más, sabía de la pobreza de sus conocimientos, los licenciados cruzaron una mirada, sacaron una chequera y le firmaron el documento, esta pareja, sagazmente también quería sacar provecho de la situación, total estaban autorizados, tiraron el anzuelo pero no les resultó, por la cabeza del contador, las dudas empezaron a crecer por el desconocimiento para elaborar el trabajo encomendado, sin embargo, ya se le ocurriría algo, pensó en consultar a un colega que tenía algunos conocimientos en relación a este trabajo. Después de tener toda la información conveniente y apoyarse el contenido del disco concluiría su misión, total se trataba de algo que no presentaba mayor relevancia, esto ya estaba siendo arreglado. Los días pasaron, el término para emitir su dictamen se estaba acercando y cada vez, se enredaban más las cosas dentro de su cabeza, buscó en sus libros de estudio y encontró algo que llamó su atención; en un manual para contadores, apareció algo de información sobre el uso y valor de las marcas, empezó a copiarlo hasta donde consideró que sería a favor de la empresa demandada, obviamente que omitió lo que complementaba esa información que concluía con los beneficios económicos a que tenían derecho los autores, pensando en haber resuelto y concluido su trabajo, metió esa información a su computadora y la empezó a imprimir, tenía solo 2 días para presentarlo, se sintió más tranquilo creyendo que había realizado un buen trabajo, al día siguiente llegó temprano al juzgado e hizo entrega de los documentos, con aire que a su pobre juicio no le abarcaba la menor duda, de que era un trabajo excelente y sus clientes quedarían satisfechos.

El apoderado legal de Mario llegó al juzgado, solicitando el expediente en el cual con avidez empezó a buscar, después de unos minutos encontró lo que buscaba, el dictamen del contador apareció, empezó a darle una leída y en su cara se empezó a dibujar un gesto de disgusto, se estaba enterando de lo que el contador de hacienda propuesto por el juez, había presentado; era inconcebible, pero a su vez, entendible para el Abogado, el idioma que estaba manejando era muy diferente, confirmó lo que en un principio había pasado por su mente, olvidándose del recinto dijo en voz alta—¡este estúpido! no tiene los conocimientos del lenguaje que estamos hablando, tomó su portapliegos, sacó una libreta y empezó a escribir, una parte del escrito llamó mucho su atención y le parecía familiar dentro de la materia contable; ya que había realizado también estudios en materia fiscal, se retiró del juzgado y se dirigió a Poza Rica, en el trayecto, el coraje que sentía empezó a desbordarse, a la vez le dio risa y pensó que era de esperarse, la ineptitud del contador era muy evidente, lo que ignoraba era que el contador había sido sobornado. Llegó a su oficina, tomó el teléfono y le marcó a su perito. Mauricio, licenciado en administración y finanzas y experto reconocido en avalúos, se encontraba realizando unas investigaciones en su oficina cuando

JOSE GUADALUPE ARELLANO MARTÍNEZ

repiqueteó el teléfono,—¿Diga?,—¿Como estas?, mira te llamo para decirte que te enviaré por fax el avalúo del contador de hacienda federal, para que le des una leída y me des tu opinión; ya que voy a objetar la porquería que efectuó este señor, te lo enviaré más tarde, de momento, voy a revisarlo también porque he leído algo en ese avalúo que se me hace conocido, tal parece que este subordinado, se fusiló parte del escrito de un manual de contabilidad demostrando con esto su incompetencia y eso no se lo voy a permitir, realiza un análisis del asunto, argumenta que no está contemplado el "activo intangible" dentro de los estados financieros de Petroquímica Escolín, lo cual quiere decir que petróleos Mexicanos nunca lo traspasó y que por tal motivo, no puede emitir valor alguno, lo que no sabe ese mentecato, es que entonces la responsabilidad del logotipo, recae en Petróleos Mexicanos como siempre lo he asegurado, también argumenta que la jubilación de nuestro cliente está bien a cambio de la cesión de derechos de autor, nunca entró en materia, se lavó las manos, se las lavaron cohechándolo; o de plano es un ignorante, ¡este desvergonzado!, el juez lo llamó para que realizara un avalúo de marca, no para que diera su punto de vista sobre los derechos de nuestro cliente, se sale de la tangente, opinó sobre otras cosas que no tenían relación, como si él fuera parte de la empresa demandada,—concluyó. Pasó la tarde buscando en su archivo un manual de contaduría y por fin encontró lo que buscaba, esbozó una sonrisa de alivio,—¡aquí estás!—exclamó, empezó a leer y cotejó parte de lo que el contador Cirenio había escrito en su dictamen, era exactamente lo mismo, no había duda alguna, este sujeto se había copiado ese escrito del manual de contabilidad y solo lo que era del interés de los demandados, pero ahora con esta prueba, presentaría el Abogado ante el juez un escrito, en el cual le haría esa observación, la conclusión de esa conducta o era de ineptitud o simplemente el contador se prestó al cohecho, esto era ya indiscutible, a la vez, pensó en todas esas personas que han tenido problemas con hacienda federal y que por temor a ser despojados de sus pertenencias y su dinero, no solicitan que se investiguen a fondo sus problemas, pero en fin, existe el delito porque unos dan la "mordida" y otros la reciben, pero eso era otro asunto, de momento se pondría a trabajar y presentaría una copia fotostática del texto de contabilidad, el cual era el mismo que había presentado el contador; con su debida objeción.

Eran las 10 de la mañana, en las oficinas del juzgado, la gente que ahí laboraba empezó a realizar sus tareas cotidianas, Mario y su Abogado esperaban pacientemente la decisión del secretario para dar comienzo al desahogo de una testimonial que presentaba Petroquímica Escolín, era la tercera vez que se intentaría realizar; ya que las partes contrarias la habían pospuesto en 2 ocasiones, la primera vez, no llegaron todos los testigos, se aplazó, la segunda vez sucedió lo mismo y a petición de la parte demandada se volvió a prorrogar, habían propuesto para esta prueba de confesión a 10 testigos, todos eran trabajadores de confianza, algunos de ellos jefes de la empresa, ante todos los acontecimientos, se podía notar que los testigos estaban temerosos; pues habían sido forzados a presentarse y aleccionados para declarar cosas que nunca sucedieron. Mario al enterarse de quienes eran los testigos propuestos, se dio a la tarea de investigar sus domicilios acompañado por un notario y encontró que habían declarado domicilios falsos y se lo hicieron saber al juez mediante escrito notariado, a su vez, pensaba,—a estos amigos, los están obligando a declarar, ni parecer les han de haber tomado, de lo contrario las represalias no se harían esperar. La secretaria llamó al Abogado de Mario para dar comienzo, en eso, la puerta del juzgado se abrió y apareció la licenciada Castillo acompañada de otro licenciado que venía de la ciudad de México por parte de Petróleos Mexicanos, también aparecieron otros licenciados que trabajaban de manera independiente, los cuales asesoraban la estrategia de la licenciada, parecían buitres, cada uno de ellos con sus radios y ubicándose en puntos diferentes dentro del juzgado, parecía que esto lo habían sacado de alguna película, de esas que solo se ven una vez, por ser una frustración, querían hacerse notar, querían amedrentar, no había duda que formaban parte de la pudrición, la mafia que envolvía a la sociedad de la ciudad; era triste, enterarse de la manera en que estos depredadores se conducían, siempre sacando jugo de sus casos y dejando a la deriva a sus desesperados clientes, quienes confiando en ellos, eran víctimas de la ambición que prevalecía en ellos, el apoderado legal de Mario; ya con una vasta experiencia le comentó que no se preocupara, quisieron armar un escenario para inducir cierto temor, eso era muy obvio, Mario esbozando una sonrisa pensó,—es una guerra psicológica, pero el miedo es de ellos, no mío,—señorita.—dijo el abogado,—son las 10 de la mañana con 15 minutos, quiero pedirle que llame al señor secretario para dar inicio, la voz del Abogado fue escuchada por el secretario quien ya se acercaba al apartado,—¿dígame Abogado?,—dijo el secretario,—mire señor, le quiero comentar 2 detalles, en primer lugar no volvieron a presentarse todos los testigos, están queriendo posponer nuevamente el desahogo de esta prueba, en segundo lugar, quiero que quede asentado en el acta respectiva, que si se desarrolla esto sea bajo mi más enérgica protesta, toda vez que dicha prueba, está fuera de término legal, al escuchar este comentario el licenciado de Petróleos Mexicanos se quedó sorprendido, ya que no estaba enterado realmente de cómo se habían ido manejando las cosas por parte

JOSE GUADALUPE ARELLANO MARTÍNEZ

de los representantes de la empresa, mostrando toda la ira y la impotencia que da al ser humano la ignorancia, tiró del brazo de la licenciada y empezaron a discutir en voz baja, regresaron al apartado y ella le comentó al abogado de Mario; que de la manera que fuera, la prueba se iba a desahogar, que no se preocupara, el Abogado hizo un movimiento con la cabeza y le contestó que no entendía porque insistían en querer desahogar la testimonial, que era risorio y muy delicado para sus testigos, ya que existían pruebas debidamente acreditadas sobre lo que en un momento dado, los haría caer en contradicciones con sus mentiras, y como consecuencia, hacerse acreedores a las sanciones que la ley pudiera imponerles,—¡mire Abogado!,—dijo la licenciada,—ya hice la petición a mis superiores de desistirnos a esta prueba y no quisieron aceptar, me ordenaron que se llevara a cabo de la manera que fuera y pues, "son ordenes", entonces vamos a desahogarla con los testigos que Lleguen; en este momento están presentes 7, y si no llegan los demás, los desistiremos, porque esto tiene que terminarse ya, así que Abogado, vamos a iniciar,—me parece bien,—¡adelante!. Empezaron a pasar los testigos uno por uno, mostrando nerviosismo, Mario se plantó justo al frente de ellos para escuchar las preguntas y lo que contestaban, esta acción hizo que los testigos se incomodaran más, pues todos ellos conocían de sobra a Mario porque habían sido compañeros de trabajo por mucho tiempo, siempre trabajando en equipo; ahora prácticamente se convertían en enemigos y todos con las preguntas, estaban cayendo en contradicciones, era indignante darse cuenta de la pobreza de madurez de esa gente, conduciéndose como robots, hacían lo que les ordenaran, aun sabiendo que no era cierto, disciplinarse, todo con tal de seguir obteniendo concesiones, coches, cheques, casas en algunos casos y en otros, solo por el trabajo, eran una bola de mentirosos, la buena imagen que tenía de esos compañeros, en ese momento fue borrada, como cuando el pintor no consigue plasmar con su pincel la imagen deseada y procede a disiparla, ¿Qué herencia de sociedad les dejaremos a nuestros hijos, si somos mentirosos?,—pensó, pero ni hablar, la buena sociedad, con buenas tradiciones, el tiempo y Dios, se encargarían de ajustarles las cuentas. Mario confiaba en que la aplicación de la ley sería justa y esperaba que su señoría el juez, tomara en cuenta la estructura tan majadera y llena de mentiras que los organismos demandados a través de sus peones estaban revelando, la cara de los testigos era de inquietud, el color de sus rostros cambiaba de un tono a otro, tal parecía que los iban a ejecutar, Mario, quiso haber tenido una videocámara para grabar todos los gestos que sus rostros mostraban, al estar sentados en esa silla, expresando tantas mentiras, en un momento dado; hasta la misma licenciada Castillo en tono de burla le comentó a Mario,—¡ mírelos señor Arellano!, ¡mire esas caras!, solo falta que se pongan a llorar, esas "cosas" no parecían seres humanos, esas "cosas" eran las que ostentaban puestos importantes dentro de la empresa, ellos eran los que constituían parte de la columna vertebral económica del País, ¿cómo no iba a estar la empresa en esas condiciones; si la estructuraban varios mentirosos?, el México bello de todos los mexicanos subsistía por ser muy rico en todo, hasta en mentirosos; si se pudiera industrializar y exportar a todos los mentirosos que ahí trabajaban, la estructura económica de la empresa, lograría un repunte económico de manera significativa, pero ni hablar, así estaban las cosas. Pasaron 5 largas horas en las cuales no se terminó de desahogar la prueba, acordaron los licenciados que al día siguiente se concluiría. La licenciada Castillo, se acercó a Mario para preguntarle si existía algún inconveniente en que se reunieran a platicar para llegar a un acuerdo con los altos funcionarios de la empresa, el demandante le comentó que estaba en la mejor disposición de emprender algún diálogo para llegar a un arreglo conveniente para ambos y que no perseguía el total del monto que había arrojado el avalúo del perito a su favor,—licenciada,—comentó, estoy en la mejor disposición, soy mexicano, quiero mucho a mi País y no quiero afectarlo, pongo los pies en la tierra y soy coherente, ustedes se han beneficiado al tener el disfrute de ostentar una imagen comercial muy reconocida, a través de una idea que pude materializar y no he recibido un solo beneficio de los cuales por ley, me corresponden. La licenciada continuó,—¿No importa que sea en Coatzacoalcos o en México señor Arellano?,—no importa licenciada, usted me hace saber cuando y donde nos reunimos, pero le quiero comentar que no hay prisa, puedo esperar el fallo del juez, el demandante sentía cierta seguridad apoyado en la ley de que le asistía la razón y se le haría justicia. Después de firmar lo actuado, se despidieron. Los demandantes empezaron a cambiar impresiones de lo acontecido, lo más relevante y favorable, fue que uno de los testigos, el ingeniero Vargas; quien tenía pocos días de haber obtenido su jubilación, declaró la verdad, aceptó que en 1985, la empresa había realizado una convocatoria informal para presentar diseños, y lo único que recordaba era que se le haría un reconocimiento, sin haber alguna otra condición con respecto al diseño que resultara ganador y que en 1986 se había empezado a utilizar, esto por supuesto que confirmaba una vez más, las mentiras difundidas por parte de los 3 directores a través del abogado general de Petróleos mexicanos, y de la representante legal de Petroquímica Escolín; las dudas se estaban disipando, pinceladas de inmundicia que el juez notaría, pero a la vez, brotaba ahora, la coartada que ilegalmente se había planeado

JOSE GUADALUPE ARELLANO MARTÍNEZ

en la evolución de la demanda, ahora alguien de más jerarquía estaba guiando todo para hacer que el proceso se fuera enredando y posiblemente así poder manejar conciencias, obtener una resolución fuera de la ley, apoyada en la pobre conciencia, o interés de algún impartidor de justicia, y contraria a los derechos del demandante; para hacerlo desesperar o simplemente para desistirse, la idea, de que quisieran ganar la demanda de la manera que fuera, no quedaba descartada. Al día siguiente se presentaron ante el juzgado para continuar y terminar con el desahogo de la prueba, los testigos restantes y la licenciada, después de elaborar el escrito de continuación, la secretaria encargada llamó al testigo siguiente, el ingeniero Rojas, era un señor de aproximadamente 47 años, de piel morena y de modos extraños, fino en la manera de conducirse. Empezaron las preguntas y el matiz del semblante del testigo, cambiaba como el de un camaleón, el tono moreno se tornaba cenizo, y hasta el color se escapaba de sus labios, empezó a caer en contradicciones y de manera esquiva, llegó a contestar hasta en 20 ocasiones con un "no sé", "no recuerdo", terminó, y continuaron pasando los siguientes, a los cuales también les fue llamada la atención por parte del secretario, exhortándolos a que fueran más específicos en sus respuestas y de acuerdo al procedimiento en esos menesteres legales; era muy denigrante la conducta falaz y temeraria de esos señores. Dejaban en claro que habían sido violentados moralmente, obligados a estar presentes en ese lugar o de lo contrario se harían acreedores a ser relegados, las concesiones para ellos quedarían canceladas, les podrían quitar el incentivo mensual que recibían y eso, ellos lo sabían, a Mario solo le quedaba confiar en la ley y en la justicia, la prueba terminó, después de leer el escrito de todo lo actuado, el Abogado de Mario, solicitó a la secretaria que le elaborara una copia certificada, quedaron que por la tarde le haría entrega de ésta, pero tenía que cubrir el arancel en un banco. Después de elaborar el recibo de pago, se lo entregó a Mario para que fuera a cubrirlo, quedaron que por la tarde al recibir la copia, entregarían el recibo ya pagado, el Abogado le pidió un billete a su representado, para dejarle a la secretaria para su "refresco", ya no hubo más comentarios, pero este detalle, era parte ya, de la mecánica de algunos juzgados, Mario pensó,—no me parece justo, pero si así se manejan las cosas en estos espacios, pues había que hacerlo.

El juez entró a su oficina, y le hicieron llegar el escrito de objeción de los demandantes y las pruebas de las copias del manual; del cual el contador Cirenio se había fusilado para presentar su dictamen, empezó a leer el escrito y se sorprendió al notar la sagacidad del Abogado para descubrir ese detalle.

Expresando una vez más su enojo, pero también era una muy buena señal y pensó que podría sacar provecho, los beneficios podrían asomarse para él y en este caso, no tendría lugar una excepción, solo esperaba que de un momento a otro los demandados se acercaran a hacerle sus propuestas, esa llamada del amigo anónimo, quizás tenía relación con este caso, de algo estaba seguro; que sería favorecido, ya que legalmente los demandados estaban perdidos y el monto de lo que estaba en pugna era muy elevado, lo cual resultaría que por lógica, sería un buen servicio, según el sapo es la pedrada, como comúnmente se dice por ahí. Pidió el expediente y empezó a estructurar la solicitud de la intervención de un perito tercero en discordia, giró instrucciones para que ésta fuera enviada a la Universidad Veracruzana y propusiera a un contador, quien sería el encargado de emitir un tercer avalúo, el secretario apareció, haciéndole la observación al juez, de todas las irregularidades con las cuales se estaban conduciendo los demandados,—estos camaradas están perdidos, siento señor juez, que esta demanda ya está definida, el juez al escucharlo se puso en alerta y le pidió que no hiciera ningún comentario de todo lo que fuera descubriendo en ese caso,—señor secretario, limítese a hacer lo que le ordeno, usted no es el que manda, eso que le quede muy claro en su cabeza, de lo contrario haré que sea relevado de su cargo, este negocio es muy bueno y usted en mi lugar haría lo mismo, debe conducirse de acuerdo a su puesto y de seguir así, le aseguro que en breve será usted un buen juez, yo me encargaré de recomendarlo a mis superiores, así que por favor, ningún comentario al respecto, con nadie. La ideología del secretario y todos sus sueños de honradez, estaban siendo azotados por la ola de la descomposición, se sentía ahora, el más rufián de los mortales, que explicación le daría a sus Padres, ¿donde quedaba la educación de honestidad que había recibido de su casa?. Abatido, salió de la oficina del juez, su rostro denotaba el golpe moral que acababa de recibir, solo sería cuestión de esperar; de ahora en adelante se conduciría como una roca, pasaría los escritos y no opinaría absolutamente nada, su prestigio estaba siendo pisoteado. Le habló a su ayudante para pedirle que enviara el escrito a la Universidad Veracruzana.

Los días continuaron, Mario fue visitado por su mecánico, quien se había enterado de algunos detalles, los cuales quería platicarle del contador de hacienda; quien través de su cuñado, en el taller, donde le estaban dando mantenimiento a su coche, había comentado con otra persona, que los licenciados de Petróleos Mexicanos ya lo habían visitado para ofrecerle una cantidad de dinero, que le dieron un disco de computadora conteniendo el escrito del dictamen que debería de presentar y que el contador estaba pensando si era conveniente aceptar. Para el demandante ya no existía

JOSE GUADALUPE ARELLANO MARTÍNEZ

duda de que el contador de hacienda había aceptado, pues el dictamen que presentó carecía de todo sustento técnico, muy falaz y de razonamiento legal, le agradeció al mecánico esa información y se despidieron, este tipo de glosas giraban siempre en torno a él, muchas personas que conocían a Mario le hacían llegar un sinnúmero de información, a la vez le daban ánimos para que defendiera su derecho y no fuera a declinar, que siguiera luchando de manera firme ya que estaba enfrentándose al monstruo de las mil cabezas, ellos tenían el poder de manejar a quien se dejara, y su mejor arma, el tráfico de influencias, solo tenía a la ley de su lado y quizás, el tiempo le daría la razón de su verdad y su derecho, el camino se empezaba a trazar, así como cuando el pintor empieza a esbozar, para continuar con su pincel, a manchar de fondo, la obra pensada.

El contador Carmona, estaba impartiendo su clase en un recinto de la honorable Universidad Veracruzana, tenía ya algunos años realizando ese trabajo, el cual no cubría las expectativas económicas a que aspiraba, alternaba su trabajo en un despacho contable y aun así, no era suficiente. Recibió la visita de una secretaria; quien le entregó un sobre, y le dijo que se presentara ante el director de dicha institución. Un poco sorprendido, se disculpó con sus alumnos y salió del aula para dirigirse a la jefatura de la escuela. Entró a la oficina sin saber de qué se trataba, el director, después de ponerlo al tanto de la situación, le hizo mucho ahínco para que desarrollara su trabajo de manera muy profesional, se trataba de no poner en duda el prestigio de la Universidad, que la gente se enterara de su capacidad. Le dio una leída al contenido del sobre y solicitó unos días de permiso a su jefe,—no hay ningún problema, dijo el director,—tómese el tiempo que considere necesario, solo le pido que se conduzca de manera honorable, confiamos en su capacidad y sabemos que va a realizar un buen trabajo,—no se preocupe jefe, así será. Salió de la oficina y se dirigió a su coche, pensó que éste, ya estaba un poco viejo, pero no había para más, el auto funcionaba bien y eso era suficiente. Llegó a su casa, poniendo al tanto a su esposa de la solicitud que le habían hecho, le pidió ropa limpia, ya que tenía que acudir al juzgado a ratificar su postura y estudiar el expediente para hacer lo que le estaban pidiendo. Después de comer, salió de su casa, estaba por abordar su coche, cuando notó la presencia de una pareja, quienes de manera tranquila se acercaron preguntando,—disculpe, ¿Es usted el contador Carmona?,—así es,—contestó ¿En qué les puedo servir?,—mire, hemos sido enviados por parte del jurídico de Petróleos Mexicanos, vamos a un lugar en el cual podamos platicar ¿le parece bien, en algún café?,—está bien, síganme, subió a su auto; por su mente empezaron a aparecer algunas interrogantes, realmente no imaginaba de que se trataba. Llegaron al café, en el centro de la ciudad de Tuxpan, entraron y notaron que había pocas personas, escogieron una mesa, la cual se encontraba en un lugar apartado, después de ordenar un café, los enviados empezaron a hacerle preguntas sobre su trabajo,—¿Qué tal el trabajo?,—pues ahí va,—¿Se siente usted a gusto?,—la verdad esto ha estado mal, mi situación económica ha venido a menos,—mire amigo Carmona, le queremos proponer un negocio, el cual le puede redituar a usted buenas ganancias, tenemos una opción de trabajo para usted dentro de la empresa, o si lo desea en este momento puede ganarse una suma de dinero, solo queremos que nos ayude con el dictamen que va a elaborar sobre el avalúo de una marca de la empresa, y que por una demanda, nos puede traer graves consecuencias financieras, el contador empezó a aclarar sus pensamientos, y al escuchar "dinero", pensó en lo que podría hacer si se ganaba un extra y preguntó,—pues bien, ¿Díganme que es lo que tengo que hacer?,—mire, no hay de qué preocuparse, ya este asunto, es del conocimiento de altos funcionarios, quienes nos han transmitido la orden y vamos a hacer todo lo que se pueda, con tal de ganar esta demanda que nos trae de cabeza, solo queremos que su dictamen no determine ningún valor de la marca, para eso, le proporcionaremos un disco, en el cual encontrará un escrito del dictamen que fue presentado por el contador de hacienda, es probable que usted lo conozca, solo tendrá que cambiar unos mínimos detalles, el nombre de usted, por ejemplo, firmarlo y presentarlo, por lo demás no se preocupe, esto es un simple requisito, si algo llegara a suceder, nosotros lo absorberemos. El contador asombrado preguntó,—¿Que ganaré por hacer lo que ustedes me piden?,—aquí traemos un cheque, el cual ampara la cantidad de 30 mil pesos, consideramos que es una buena suma de dinero, libres de impuesto y ganados por usted, de la manera más fácil ¿qué le parece?, el contador, quiso disimular su interés, pero su expresión lo delató, éste hecho fue notado por los enviados, quienes sacaron el cheque y lo colocaron sobre la mesa, el contador exclamó,—señores, ustedes saben que este caso, debe de tener un valor mayor, ya que se trata de una marca y lo que yo sé, las marcas valen mucho dinero, pónganle al cheque 40 mil y me olvidaré de la ética y haré lo que ustedes me están proponiendo, sé que mi imagen y mi trabajo pudieran estar en riesgo, los cuales son muy importantes para mí, y a ustedes les ayudará,—está bien, dijeron,—de momento, esperaremos a que usted presente su dictamen y después hablaremos con el juez, ya nuestro jefe se comunicó con él, le podemos asegurar que no habrá ningún problema, se levantaron de sus asientos y se despidieron. El contador se quedó un rato muy pensativo, realmente estaba emocionado, esa cantidad de dinero era lo

JOSE GUADALUPE ARELLANO MARTÍNEZ

que ganaba en meses, tomó el cheque y se dirigió al banco más cercano para cambiarlo, después salió a buscar un negocio de renta de computadoras, no tardó mucho en encontrarlo, se sentó y metió en la computadora el disco, realmente no era mucho lo que tenía que hacer, empezó a leer el contenido y a la vez, a maquillarlo, estaba tan emocionado al hacer los pequeños cambios que no llegó a notar algunas faltas de ortografía, en algunos espacios cambió letras minúsculas por mayúsculas, después de revisar. Lo empezó a imprimir, mostraba mucha desesperación al ver la lentitud del trabajo de la impresora, pensó realmente—que nunca en su vida, se hubiera imaginado poder ganar esa cantidad de dinero así de fácil. Debía disfrazar algunas apariencias ante los demandantes, debía ser muy cauteloso, pero todos esos pensamientos empezaron a desaparecer, al palpar la protuberancia que generaba el dinero dentro de la bolsa de su pantalón y exclamó,—¡al mal paso, darle prisa!. Llegó al juzgado, después de presentar el escrito de su ratificación, solicitó el expediente 08/2001, el licenciado encargado de esos trámites, le dio el expediente solicitado, éste, era algo voluminoso ya que contaba aproximadamente con unas 15 mil hojas, empezó a buscar de manera apresurada, hoja tras hoja, hasta encontrar casi al final lo que era de su interés, leyendo rápido, se percató de que los textos eran muy similares, pensó que había hecho lo necesario con su trabajo, total, el asunto ya estaba arreglado. Salió del juzgado para dirigirse a su casa, en el trayecto recordó las palabras de los enviados,—¡no hay problema!, no descartaba la idea de encubrir aspectos, al día siguiente se dirigiría al juzgado, a solicitar, una ampliación de tiempo; ya que según, el acuerdo del juez para presentar su dictamen, era de 8 días y exclamó para si mismo,—le solicitaré al señor juez, otros 15 días para que no se note, y dé la impresión de que me desarticulé el cerebro realizando el trabajo. Después de haber presentado la solicitud de su ampliación, el juez se la negó, argumentando que primero debía agotar los días, que inicialmente se habían acordado, ya después le concedería esa ampliación. Todo eso fue leído por el Abogado de Mario, quien empezó a hacer conjeturas, esto por supuesto, también al demandante le pareció raro, es decir, algo no ajustaba, algo estaba mal, así lo percibía y se lo hizo saber a su Abogado quien lo entendió y comentó,—no podemos hacer nada, hasta no saber qué es lo que se está maquinando, debemos tener confianza señor Arellano, pero le aseguro, que dictamine lo que sea, se lo voy a objetar con bases técnicas, no se preocupe,—si me preocupa,—respondió Mario,—recuerde el comentario que me hizo el mecánico, con respecto al contador de hacienda, le aseguro que ya se han de estar moviendo para cohechar a los que faltan; al contador, supuesto "perito tercero" y terminarán con el juez, así como concluyo alguna obra, "con una última pincelada",—entiendo su razonamiento, pero, ¿Qué podemos hacer al respecto?, no podemos llegar y cuestionarlos, sobre todo a un juez, "no se deje sobornar", confiamos en usted y en la ley y la justicia,—es cierto, contestó—solo hay que esperar.

Los días siguieron pasando, la tensión se asomaba con mayor fuerza, casi estaba por terminar el proceso de la demanda de 1ª instancia, se había desahogado el 90 por ciento de todas las pruebas, ahora solo restaba esperar a que el juez determinara su fallo, las cosas se habían hecho bien, Mario no tenía duda, su Abogado había trabajado mucho y de manera muy profesional, sustentando cada prueba, con todos los argumentos legales y los hechos históricos de manera verás. Por otro lado, después de hacer un minucioso escrutinio de todos los acontecimientos y conducta de los demandados, no había duda alguna, de que esa demanda se inclinaba legalmente hacia los derechos de autor de Mario, quien pensaba que no era necesario ser abogado para entender que todo se inclinaba a su favor, con la ley por delante, solo habría que esperar, y quizás la espera sería más tediosa, recordó las palabras de su Padre, "la espera es amarga, pero sus frutos son dulces", había que buscar un paliativo, algo en que entretenerse para esperar a que el señor juez, emitiera su sentencia, Mario confiaba en que el impartidor de justicia se apegaría a la ley, ya que días antes, el secretario de éste, al hacerle la observación de 3 firmas, que a simple vista una de ellas estaba encorvada, la cual había sido estampada con mano temblorosa por otra persona distinta al titular, les dijo, que ya no siguieran buscando irregularidades,—ya licenciado, no le busque más, no alargue más esto, ¿se imagina?, tendría que solicitar a un experto en grafología, y eso retardaría la sentencia, "ya les pegó usted, hasta con la cubeta", este asunto, ya está definido a su favor. Recordaba esas palabras, y de cierto modo le daba un poco de tranquilidad, el Abogado comentó, que debía tener confianza, que no todo era malo,—mire señor, confío en el juez, es un hombre joven y me imagino que tiene todo el interés por sobresalir, por llegar a superar el puesto donde está, porque no pensar, ¿que quisiera ser magistrado?,—no creo que sea un corrupto, no espero eso de él, por eso confío en que se conducirá de la manera más honesta, las palabras a Mario, le entraban y las sentía como huecas, sin vida, percibía algo que no podía definir, que algo malo se estaba cruzando, y que esa estela de irregularidades podrían alcanzar al juez, haciéndolo cómplice de la corrupción, pero eso solo lo sabrían, hasta que el mismo, emitiera su fallo.

La tarde era muy fría en la ciudad de México, ese monstruo, con todos sus problemas, se desplegaba de manera vertiginosa, a veces, era un caos circular por las principales avenidas, el tráfico intolerable, los medios de

JOSE GUADALUPE ARELLANO MARTÍNEZ

transporte cuales fueran, eran muy embarazosos, la vida en una de las ciudades más grandes de Latinoamérica estaba alcanzando ya, niveles caóticos insospechados, el abogado general de Petróleos Mexicanos, circulaba en su auto de lujo, era diputado del partido presidencial, bajo licencia, contaba con 28 años de edad, y había participado en la campaña que llevó a su contendiente a la presidencia, por lo que resultó para él, muy benéfico, "el que anda en la miel, algo se le pega", resultaba frustrante para muchos licenciados de más edad dentro de la empresa, el nombramiento del "joven", sentían cierto rencor hacia él, el hecho de no haber sido tomados en cuenta para ocupar ese puesto, los dejaba muy inquietos, ¿Cómo era posible, que un joven de 28 años de edad, estuviera a cargo del jurídico de una de las empresas más importantes, la cual era columna vertebral económica del País?, era cierto que en sus inicios mostró una indiscutible capacidad, al desenvolverse dentro de la política, pero eso era algo muy diferente, ya que el puesto actual, requería de muchísima experiencia y responsabilidad, su voracidad y soberbia eran elocuentes, su partido, ese que luchó por muchos años para poder llegar a donde ahora estaba, se antojaba pensar algo así como en un animal que había estado encarcelado, y ahora, al sentirse libre, mostraba todo el odio y rencor guardados, deberían acabar con los partidos enemigos, se estaba desatando una cacería de brujas, el miedo que sentían, al saber que su victoria pudiera ser efímera; lejos de hacerlos pensar de manera inteligente para crear bases sólidas en las cuales sostenerse, perdurar, construir y realizar lo prometido en campaña, su objetivo era debilitar a todo aquel que sabían, que podría en un momento dado, renacer, sabían de su peligrosidad y por hacer esto, se olvidaban de cumplir todas las promesas, y representar dignamente a quienes los llevaron a obtener su victoria, era ahora, cuando le harían ver al País, que ellos tenían el poder, y el licenciado, no sería la excepción, claro estaba, que era asesorado por gente de mayor edad, la cual tenía la mentalidad y experiencia para realizar el trabajo. Recibió una llamada por el teléfono celular, era el director de Pemex Petroquímica,— ¿Licenciado? Necesito reunirme con usted lo más pronto posible, dígame en que horario me puede recibir, me encuentro en Coatzacoalcos, giraré instrucciones para que preparen el transporte aéreo, el asunto que le voy a tratar es muy grave,—mire señor director, ya giré las instrucciones pertinentes sobre el caso del logotipo; me imagino que es eso de lo que quiere hablar conmigo, ya tengo a un hombre de mi entera confianza en este asunto, no se preocupe, ya casi está resuelto, pero nos vemos a las 8 de la noche en mi oficina, se despidieron. El licenciado ya había empezado a meter sus manitas, había girado instrucciones ante los jurídicos de la empresa para que apoyaran al licenciado Herrera y tuviera la fuerza necesaria para manejar a las autoridades inmiscuidas en esa demanda, sabía que podía disponer del trabajador que fuera y manejarlo como a una pieza de ajedrez, por lo pronto le había ordenado a la licenciada Castillo, que le diera a su nuevo jefe, todas las facilidades, y que procediera a desahogar la testimonial ofrecida por parte de ellos en Poza Rica, su plan estaba trazado, no debía permitirse el lujo de perder una demanda como esa, sobre todo, porque estaba de por medio su prestigio, había comprometido al director general contestando la confesional que le fue solicitada, solo se la presentó para que la firmara como un simple trámite, la carrera ascendente que había logrado en poco tiempo dentro de los organismos políticos, se veía seriamente afectada y sería su retirada si perdiera esta demanda estando a cargo, como abogado general de la empresa, llegó a la torre en la cual estaba su oficina, era uno de los edificios más grandes de la ciudad de México, había sido construido gracias a la propuesta de un ex director de Petróleos Mexicanos, todo esto, para tratar de erradicar las onerosas rentas que sufragaba la empresa para sus servicios de apoyo, esto, a la larga, resultó infructuoso, ya que actualmente el edificio funcionaba y de nueva cuenta, se seguían pagando rentas de otros edificios, la construcción de esa torre, lógicamente afectó a los que se beneficiaban, tenían concesiones con los jefes de la empresa obteniendo buenas ganancias, al final, lograron volver a rentar sus edificios y "aquí no pasa nada". Entró al estacionamiento, tenía destinado su lugar de manera preferencial, bajó de su auto y se dirigió al ascensor, el edificio contaba con una elevación de 52 pisos, pulsó el botón, la puerta se cerró y se acercó a una de las paredes del elevador, el movimiento del ascenso lo ponía un poco nervioso, por fin llegó a su oficina y fue abordado por una secretaria,—señor, le espera el licenciado Herrera, viene de Coatzacoalcos,—está bien señorita, hágalo pasar; el licenciado Herrera entró a la oficina, y conduciéndose de manera nerviosa, estiró el brazo para saludar a su jefe, quien comentó,—mira licenciado, te he mandado llamar para que me aportes la información de lo que has realizado ¿cuál es el panorama?, ¿cómo te recibieron?, ya tienes luz verde para entrevistarte con el juez, ya me comuniqué con él, y está interesado en saber de nuestra propuesta, demuéstrale nuestra generosidad. También hable con un amigo que pesa en ese organismo y me imagino que ya habló con él, tenemos una copia del expediente de la demanda sobre el logotipo de Petroquímica Escolín, y la verdad, legalmente estamos perdidos, esa licenciada nos hundió, lo único que podemos hacer, es utilizar nuestro poder ante las autoridades para ganar esa demanda de la manera que sea, ya estuve estudiando todo lo referente a ella y no hay nada legal que podamos hacer para quitarla de

JOSE GUADALUPE ARELLANO MARTÍNEZ

encima de nosotros, estás autorizado para hacer lo que creas conveniente, nuestra función es salvaguardar los intereses de la empresa a como dé lugar, cumpliste con la orden de visitar y hablar con el contador de hacienda, eso ya está listo, también le proporcionamos al perito tercero, del juez, una copia del dictamen en un disco para que lo maquillara y que fuera algo similar al otro dictamen, lo que te corresponde hacer ahora, es visitar al juez y hacerle ver de las consecuencias económicas graves que pudieran resultar para nosotros si se apega a la ley. Desde lo más profundo de su labia y prepotencia, expresó una mentira más, la cual era su justificante,—además coméntale que ese señor Arellano, no quiere aceptar nuestras propuestas; el juez, ya aceptó mi petición de ir a comer, invítale los mejores vinos y proponle algún beneficio personal, pregúntale cuáles son sus pretensiones por hacernos el favor de realizar una sentencia contraria a los intereses del que nos está demandando, pienso, que ese señor Arellano no tiene los medios económicos suficientes para continuar con el proceso de la demanda, y a su vez, al enterarse de una sentencia en su contra, se va a desistir,—bueno señor, estoy en la mejor disposición de realizar lo que sea, con tal de servirte; le habló con una mirada y una sonrisa, como si estuviera ante un Dios. Así se conducían estos sujetos, eran unos remolcados, dispuestos a hacer cualquier cosa, con tal de seguir sangrando a la empresa, sin realizar, ni aplicarse con honestidad a su trabajo, así era, el plan estaba bocetado, la desigualdad se estaba estructurando para hacer de los derechos de autor, algo improcedente, ¿cómo era posible que quisieran hacer de la ley, lo que su codicia y prepotencia les decía?, no sabían de la trascendencia cultural tan profunda que ostenta una "obra de arte", si Mario hubiera escuchado esa plática, se habría indignado e inclusive, se hubiera abalanzado a golpes sobre ellos para defender los derechos de su criatura. Eran unos gusanos de la sociedad, parásitos de una cadena económica, pero en fin. El licenciado Herrera, tomó el paquete de papeles y haciendo reverencias a su jefe, se despidió diciéndole, que lo pondría al tanto de todo lo que aconteciera y salió de la oficina.

La noche empezó a cubrir con su manto de sombras la ciudad, era increíble que no descansara, el movimiento disminuía un poco de noche. Pero en general parecía de día, claro está, que los riesgos aumentaban en esas horas. El abogado general, salió de su oficina, por su mente circulaban un sinfín de cosas, realmente sentía que su pellejo estaba en juego, le llegaron varios avisos sobre lo que pudiera ocurrir, de las determinaciones que el autor pudiera tomar, pero eso no le preocupaba, ya que tenía encasillado al trabajador jubilado como un ser inservible, como algo acabado, era triste que tuviera esa imagen, olvidándose que quizás un día, si llegaba, el mismo estaría jubilado y entonces quien sabe si pudiera aguantar alguna injusticia, como la que estaba intentando cometer, ya el licenciado Herrera, le había precisado y recordó ese comentario,—no se preocupe jefe, ese Arellano es un petrolero jubilado y jodido, no cuenta con los medios económicos, ni los pantalones para continuar. Si de algún modo el licenciado hubiera tenido alguna bola de cristal y el don de adivinar, se daría cuenta, que estaba totalmente equivocado, pero en su prepotencia, soberbia e inexperiencia que da la juventud y el poder, daba por hecho que ahí quedarían las cosas. Subió a su auto y le habló por teléfono al director de la empresa,—señor, habla el abogado general, para decirle que esté usted tranquilo, estamos trabajando con el impartidor de justicia, sabemos que lo podemos convencer, ya designé a un hombre, quien se encargará de que así sea, lo que le proponga, será suficiente y deduzco que no se negará a hacernos el gran favor de sentenciar por nuestro lado, además de que ya estoy moviendo influencias, el tono de su voz se elevó,—¡jefe!, tenemos el poder en nuestras manos, nadie nos puede parar, trataré de enredar lo más que se pueda, todo este problema de la demanda, para lograr que ese señor Arellano, con el correr del tiempo se desista y entienda que somos poderosos, estoy seguro que se conformará. Por otro lado, estaba el concepto en el cual tenían al impartidor de justicia, faltándole como persona, no les importaba la imagen y conducta de honradez que debía ostentar, no se detenían ante nada. El director estaba muy molesto por haberse dejado sorprender firmando la confesional de su parte, sin haber leído un solo párrafo de ese escrito, pero al tratarse de un amigo y subordinado, confiaba en que saldría bien librado del delito que había cometido, acaso, ¿para qué son los amigos?. En tono de voz muy fuerte, contestó,—¡lo único que quiero! es que arregles este asunto para que no me suceda nada, ya que está de por medio mi carrera ¿No te das cuenta que la olla está hirviendo con tantas cosas que se están ventilando? de lo contrario, no dudes que empezarán a rodar cabezas y justamente no será mi cabeza la que ruede, sino la tuya por delante en la lista de los que estén dentro de todo este problema. El abogado general, ya no quiso hacer más comentarios, se despidió un poco nervioso, sus palabras ahora, no eran de seguridad, esas palabras más bien acusaban algunas dudas que estaban surgiendo, pero según, todo en su momento se acomodaría, se sabía protegido, era el más joven de los que ostentaban el poder del País, aunque el caso, se estaba queriendo salir de su control, no dudaba que sería suficiente una fisura, y por más pequeña que esta fuera, eso provocaría su estridente caída, por eso tenía que cuidar muy bien todos los detalles, las piezas estaban siendo adaptadas para contender en el terreno que fuera.

JOSE GUADALUPE ARELLANO MARTÍNEZ

Los días pasaron de manera lenta, después de una semana, Mario se encontraba pintando en su estudio, cuando timbró el teléfono, eran las 10 de la mañana, la voz que oyó por el otro lado de la línea, se escuchaba muy nerviosa, tratando de prepararlo para lo que iba a emitir, era su Abogado quien realmente estaba desencajado, las palabras casi no podían brotar de su boca,—Mario, ya salió la sentencia del juez, quiero que tome las cosas con calma, esto apenas comienza, y dicha sentencia, ¡es en contra nosotros!, por su parte Mario, sintió esas palabras como un baño de agua helada, eso ya lo tenía contemplado pero quiso aferrarse a creer que en verdad el juez le haría justicia, era amenazador, después de todas las irregularidades en que incurrieron los demandados con su conducta, la falsedad en declaraciones de los tres directores, de las licenciadas de la demandada principal debidamente comprobadas, las contradicciones de los testigos, el desacato por no haberse presentado a tres audiencias,, la falsedad en el dictamen del contador de hacienda, el cohecho, la copia fiel que presentó el supuesto perito "tercero" de la Universidad Veracruzana, pero sobre todo, la dedicación y el empeño del trabajo tan fuerte por parte de su Abogado, era una demanda desarrollada de manera muy profesional, todo esto, el "señor juez", se lo pasó por el arco del triunfo, para éste impartidor de justicia no existe la ley del derecho de autor, en pocas palabras, ¡no existía Mario! como creador. Las palabras del Abogado seguían sonando, hubo una especie de bloqueo en la mente de Mario, ya más concentrado, volvió a poner atención a las palabras de su Abogado,—nos vemos a las 2 de la tarde en mi oficina, ya le diré lo que procede, se cortó la llamada, ya que su Abogado había hablado de su teléfono celular y esos sistemas telefónicos en todo momento se convertían en un laberinto para poder comunicarse, todo el tiempo presentaban fallas, con un poco de suerte se lograba la comunicación. Mario se quedó con el auricular por un rato en sus manos, apretándolo con mucha fuerza, tratando de esfumar su coraje, deseando que este fuera el cuello de todos los personajes que aparecieron en esa obra de muy mal gusto; respondió a sus impulsos serenándose completamente, se recostó en su cama, empezó a asimilar las palabras que acababa de escuchar, por su espalda, no obstante se dejaba sentir la frialdad que segrega la adrenalina, la resequedad que sentía en su boca y su corazón acelerado fueron desapareciendo, se puso de pié y tomó un poco de agua, este tipo de emociones en otro escenario ya lo había sentido, dentro del desarrollo de su trabajo, cuando se presentaba alguna emergencia en la industria donde sucedían cosas que lo hacían reaccionar de manera urgente; volvió a tomar el teléfono y se comunicó con algunos periodistas quienes ya esperaban esa llamada para saber de la primer conclusión de esa demanda, acordaron reunirse en el despacho de su Abogado a las 2 de la tarde, empezó a limpiar sus pinceles, por su mente desfilaban todos los detalles, terminó su labor y después de tomar un baño, se vistió y salió a la calle, empezó a caminar muy despacio por el camellón central del boulevard principal de la ciudad, eras un espacio muy amplio, muy desperdiciado, muy pocas personas caminaban o trotaban por él, a lo lejos alcanzó a distinguir la presencia de una persona que se le hizo conocida, esa persona realizaba sus ejercicios y se fue acercando, con una sonrisa y estirando su mano, saludó con mucha cortesía, era el ingeniero Hernández, una de las personas que la licenciada de la empresa había propuesto como testigo, la cual, no se quiso presentar,—¿Como está usted señor Arellano?, ¿Cómo va su demanda?, algo sorprendido, le comentó en breves palabras lo acontecido a lo cual el ingeniero le dijo que ya había sido jubilado,—mire Arellano, le quiero comentar que esos amigos querían que me presentara a declarar en contra de usted, nos estuvieron reuniendo para instruirnos sobre lo que teníamos que declarar en su contra, la verdad no quise prestarme a decir mentiras, porque me parece muy injusto la forma en que han dirigido su asunto, con sinceridad, gracias a usted, tenemos algo que nos distingue, que nos identifica y lejos de valorar eso, ellos prefieren manchar lo que sea, todo con tal de no reconocerle sus derechos, si usted gusta le puedo proporcionar el documento que nos dieron, en el cual están las respuestas que teníamos que contestar de manera obligada, en lo personal, por no prestarme a esa jugada, días después me jubilaron, así nada más, sin decirme nada, simplemente con un "te vas jubilado",—le agradezco sus comentarios ingeniero, ahora me he dado cuenta, que van a cohechar a toda la estructura de personas que estén relacionadas con mi demanda para que no sean reconocidos ni respetados mis derechos, y la verdad, considero que tendré que acudir a alguna instancia internacional, eso, mi Abogado y un servidor, ya lo tenemos contemplado,—no se deje Arellano, después nos veremos, se despidieron. El bullicio del tráfico vehicular estaba en su apogeo, los comentarios del ingeniero confundían un poco más su entendimiento, caminó unas cuantas cuadras y regresó por su automóvil, buscó la música de Barry y encendió el equipo de sonido, empezó a circular hacia las afueras de la ciudad, acelerando el auto, hasta conseguir altas velocidades, se dejó llevar por unos minutos, esa maravillosa sensación de casi flotar sobre la carretera dominando su coche, lo aislaba un poco de la realidad, concentrando su atención en la autopista, muy alerta, esto hacía que disminuyera la tensión, necesitaba asimilar el golpe de lo acontecido, para que al entrevistarse con su Abogado fuera de manera serena, no había duda alguna, su Abogado se

JOSE GUADALUPE ARELLANO MARTÍNEZ

había esforzado para realizar su trabajo de manera muy cuidadosa y con toda la experiencia que dan los casi 20 años de litigio; lo que aconteció, estaba siendo entendido, la corrupción había aparecido de manera inesperada, era víctima de ella, pero lo que más dolía, era el trabajo de su Abogado, el juez no reparó en el más mínimo detalle para tomar en cuenta eso. Quiso entender, que ni siquiera sabía de lo que se estaba hablando en la demanda, quizás también, que fue corrompido; o le ordenaron, era una lástima que ostentando un cargo tan importante, como el de "impartir justicia" se haya prestado por a hacer algo indebido, a echar por tierra todo su prestigio y exhibirse como cualquier delincuente y venderse al mejor postor, demostrando la falta de calidad humana y ética profesional, faltarse al respeto y al juramento que hizo cuando aceptó ese trabajo, ojalá y lo que había recibido a cambio, le alcanzara para salir del problema en el que se había metido, junto con todos los que estuvieron relacionados con su demanda, ya que el autor, no se quedaría con los brazos cruzados y los demandaría penalmente, recordó las palabras de su Abogado,—no todos son iguales, hay cambios y la justicia existe. Terminó de fumar su cigarro y emprendió el regreso a su casa, la música terminó y casi al llegar, descubrió la presencia de unos periodistas, los cuales ya lo aguardaban al frente de su casa, descendió del coche y las preguntas no se hicieron esperar, un poco incomodo se disculpó y les comentó que habían concertado la entrevista, en el despacho de su Abogado, contestó algunas preguntas y les sugirió que se dirigieran con su representante jurídico, ya que aún no sabía, bajo que términos había salido la sentencia del juez, quedaron de acuerdo y se retiraron. Subió a su casa, el teléfono timbraba insistente, no quiso contestar, se cambió la camisa y volvió a salir, eran casi las 2 de la tarde, y empezó a sentir un poco de nerviosismo, quería estar tranquilo en el momento de presentarse ante su Abogado, pero la tensión, era tal, y desestabilizaba su cerebro, se dirigió al despacho el cual estaba cerca de su casa, solo bastaron 10 minutos, el Abogado lo esperaba en la puerta y dijo,—pase amigo, tome asiento, ¿Gusta beber algo?,—no gracias, espero que me ponga al tanto de la situación, el Abogado todo nervioso, acercó una silla, agarró unos papeles y después de dar un largo trago de vino, se sentó muy cerca de Mario,—mire amigo, antes de empezar, quiero proponerle que no nos hablemos ya de usted, vamos a tutearnos, ahora, somos como hermanos en la desdicha, pero esto apenas comienza,—está bien amigo,—contestó, su apoderado legal continuó diciendo,—te quiero pedir también, que si no estás de acuerdo con mi trabajo, o sientes algún recelo en mi contra, me lo manifiestes en este momento, es ahora cuando lo quiero escuchar, si consideras que mi trabajo estuvo mal, solo dímelo, me puedes despedir de este trabajo, tienes la opción y puedes buscar a otro licenciado, estás en todo tu derecho, Mario al escuchar esas palabras de su Abogado, se quedó pensativo, realmente su apoderado estaba desconcertado, no esperaba esas palabras de él; su atención, solo estaba concentrada en escuchar lo que el juez había determinado en su resolución, tal parecía que la escultura creada en la búsqueda de justicia, la cual había construido en un año el Abogado, el juez la había destruido con un solo golpe de martillo impregnado de corrupción,—mira,—dijo Mario,—no sé por qué me dices todo esto, en este momento considero que los 2 estamos alterados, solo te quiero decir, que la confianza que he depositado en tu trabajo y en tu persona, no puede ser deteriorada por la corrupción, quiero darte un voto de confianza, quiero que sientas mi apoyo incondicional, que no se te vuelva a ocurrir, que dudo de tu trabajo y de ti, esto, lo empezamos juntos y así lo vamos a terminar de la manera que sea dentro de la ley, nunca dudes eso, tienes mi palabra de que así será, he aprendido como deben ser aplicadas algunas leyes que rigen nuestro País, he aprendido mucho en materia de derechos de autor gracias a ti, todo eso te lo debo a ti, tu trabajo para mi es excelente y muy profesional, además tienes aún una virtud que ya casi muy pocos abogados en la actualidad tienen, ¡eres muy honesto!, de eso no tengo duda, quienes realmente me preocupan y de los cuales dudo ahora, es de los impartidores de justicia, ¿Dónde está la justicia?, de nada sirven los valores morales y las buenas costumbres, ¿Si se van a prestar a los intereses del mejor postor?, o peor aún, ¡dejarse manipular de manera institucional!, obedeciendo órdenes de quebrantar la ley, solo por quedar bien con algún superior, te aseguro que esto ya nunca lo sabremos, lo único que me queda claro ahora, es el cáncer, la pudrición que existe en algunos juzgados, recuerdo al relator de la Organización de Naciones Unidas, quien con toda razón, después de realizar un estudio de la impartición de justicia en nuestro País, determinó que del 50 al 70% de los jueces federales son unos corruptos, a este señor, le asiste la razón, y quien se atreva a decir lo contrario, pues simplemente ¡aquí tengo las pruebas!, el Abogado dejó que su cliente hablara, después de notar que ya había desahogado todo su coraje, abordó el tema,—mira, el juez absolvió a todos los demandados determinando "la excepción de prescripción" a un derecho que la ley contempla que es "imprescriptible", además, la "jurisprudencia" que debe ser observada por los impartidores de justicia, estipula que la "nulidad absoluta, es perpetua" y se puede ejercer en todo momento; la representante del jurídico de la empresa, argumentó en la contestación de demanda, que era falso que tu diseño se había empezado a utilizar desde 1986. Menciona que en 1996 Petroquímica Escolín lanzó una

JOSE GUADALUPE ARELLANO MARTÍNEZ

convocatoria en la que se estipuló que al ganador se le haría un reconocimiento, que se le daría un equipo de dibujo y que lo iban a jubilar con el tiempo que tuviera laborado, esta acción, no fue probada y la omitió, la segunda confesional que presentó el director de Escolín, ingeniero Guzmán, en la que acepta que en el año de 1986 se lanzó la convocatoria, no la tomó en cuenta, las pruebas periodísticas de anuncios del Escolín con tu diseño por lo menos de 1988 debidamente acreditadas e inspeccionadas por el mismo juzgado federal, tampoco las tomó en cuenta, los dictámenes de los contadores Cirenio y Carmona los cuales uno es copia fiel del otro, y que indiscutiblemente fueron elaborados de un mismo formato de computadora, el propio testigo del Escolín, ingeniero Vargas quien aceptó que en 1985 existió una convocatoria, la confesional de nuestros 2 testigos, el dibujante Méndez, quien declaró que en 1986 el propio ingeniero Vargas le ordenó que lo empezara a reproducir, Muñoz, quien llegó al complejo Escolín en el año de 1988 y el diseño ya se utilizaba, esta resolución no tiene fundamento legal, te aseguro que en la demanda de apelación, tiraremos abajo esta sentencia, de eso no tengo duda, lo que sí me parece justo, es que me des la oportunidad de utilizar todos los elementos legales para hacer que se investiguen los hechos y se determinen responsabilidades a quien las tenga, que se vayan a la prisión, desde este momento me dedico a trabajar de lleno, y te hago otra observación, a este juez, lo tengo que meter a la prisión, o de lo contrario, nunca podré ganar algún caso cuando acuda a él, en busca de justicia, todas las demandas que le presente, te aseguro que me las echará por tierra, esto ya es personal, para mí, esto es más profundo, va más allá de lo que este señor se pueda imaginar. Mario sintió un poco de más tranquilidad, pidiéndole que hiciera lo pertinente, y que esto fuera lo más pronto posible, se despidieron. Debían estar solos para asimilar lo acontecido. El autor, llegó a su casa, preparó su equipaje para salir de viaje, se le ocurrió visitar alguna playa, tirarse bajo el sol, si el clima se lo permitía, abordó su automóvil, sin tomar en cuenta de momento a los periodistas y salió de la ciudad.

Sexta Epoca

No. de Registro: 392,419

Instancia: Tercera Sala

Jurisprudencia

Fuente: Apéndice de 1995

Materia(s): Civil

Volumen: Tomo IV, Parte SCJN

Tesis :   292

Página: 197

Genealogía: APENDICE AL TOMO XXXVI: NO APA PG.

APENDICE AL TOMO L   : NO APA PG.

APENDICE AL TOMO LXIV : NO APA PG.

APENDICE AL TOMO LXXVI: NO APA.PG.

APENDICE AL TOMO XCVII: NO APA PG.

APENDICE '54: TESIS NO APA PG.

APENDICE '65: TESIS 233 PG. 734

APENDICE '75: TESIS 246 PG. 771

APENDICE '85: TESIS 192 PG. 576

APENDICE '88: TESIS 1206 PG. 1940

APENDICE '95: TESIS 292 PG. 197

NULIDAD ABSOLUTA Y RELATIVA.

La nulidad absoluta y la relativa se distinguen en que la primera no desaparece por confirmación ni por prescripción; es perpetua y su existencia puede invocarse por todo interesado. La nulidad relativa en cambio no reúne estos caracteres. Sin embargo, en ambas el acto produce provisionalmente sus efectos, los cuales se destruyen retroactivamente cuando los tribunales pronuncian la nulidad.

Sexta Epoca:

Amparo directo 5526/57. Luis Méndez Vaca y coag. 18 de agosto de 1958. Unanimidad de cuatro votos

Amparo directo 6442/57. María del Refugio Espinosa Burgos. 21 de noviembre de 1958. Cinco votos.

Amparo directo 2246/58. Guillermo Freyria. 17 de abril de 1959. Unanimidad de cuatro votos.

Amparo directo 2216/58. Porfirio Ramos Romero. 21 de agosto de 1959. Cinco votos.

Amparo directo 3932/58. Angeles de Vargas Amalia y coags. 8 de enero de 1960. Cinco votos.

JURISPRUDENCIA

Después de una semana de descanso, en algún lugar muy apartado, Mario en su casa, despertó; la mañana se asomó muy fría, la lluvia aunque no se precipitaba fuerte, alcanzaba a mojar, la conducta de la naturaleza presentaba espacios raros, se estaban mostrando cambios atmosféricos importantes, era otoño y parecía invierno, los científicos habían determinado ya, esa inestabilidad en la atmósfera causada por tanta contaminación ambiental, a esa alturas era algo difícil precisar los estudios de ésta, la contaminación estaba deteriorándola y sus embestidas se empezaban a presentar. Sonó el teléfono, Mario terminaba de arreglarse, ya esperaba esa llamada de su Abogado, quien le preguntó; si ya estaba listo para salir de la ciudad,—claro que si,—respondió,—te estoy esperando,—muy bien amigo en 10 minutos paso por ti, colgó el auricular, después de cerciorarse que todo estaba en orden, salió al estacionamiento, se recargó en su coche y esperó a su Abogado.

Los vecinos se acercaron preguntando, sobre su demanda y a la vez, a alentarlo,—¡animo Mario!, ¡adelante!, la sentencia había trascendido a través de algunos periódicos, se escuchó el claxon de un automóvil, era su Abogado, quien bajó del auto y abriendo la portezuela, exclamó,—¡vámonos amigo!, Mario se despidió de sus vecinos agradeciéndoles su apoyo; le sugirió a su apoderado, que viajaran en su coche, pues necesitaban llegar pronto a su destino. Se dirigían a presentar la demanda de apelación, al Tribunal Unitario con sede en la ciudad de Boca del Río en Veracruz, pero antes, el Abogado le comentó que primero tenían que pasar al juzgado 8° en la ciudad de Tuxpan, debían presentar un escrito, y solicitarían unas copias certificadas del expediente. El camino hacia esa ciudad era relativamente corto, después de pasados 35 minutos, llegaron, a un centro de copiado, ordenaron unos duplicados, y enfilaron hacia el juzgado 8°; el Abogado le pidió a su representado que lo aguardara en el auto, ya que no quería dar la impresión de que pudieran tomarlo en el juzgado como una provocación. Después de unos minutos apareció el Abogado, subió al coche con un poco de esfuerzo, ya que el auto deportivo era muy bajito, y comentó,—en el juzgado se respira la tensión, ¿recuerdas como nos recibían antes del fallo del juez?, todos nos saludaban muy bien, hoy es otra cosa, el personal debe de haber sido presionado para no tener plática alguna con nosotros y se han de sentir avergonzados, miré solo caras largas, no cabe hacer mención, de este detalle. Mario intuyó que algo malo sucedía, algo así como cuando la pintura es menos densa y empieza a escurrir en el lienzo; la honorabilidad del personal que en ese recinto desarrollaba su trabajo, estaba siendo azotada por la corrupción. Regresaron a la copiadora, después de recibir el trabajo solicitado, de manera presurosa se dirigieron al Tribunal Unitario con sede en la ciudad de Boca del Río, el viaje se tornó algo inquietante por las condiciones climatológicas, pero conduciendo con precaución lograron llegar a su destino. Se empezaron a vislumbrar los astilleros del puerto de Veracruz, era sorprendente observar todas las estructuras metálicas de los astilleros, había en el, barcos de gran calado Descargando mercancías de importación y cargando de exportación; un mundo de gente trabajando y así, se observaba lo esplendoroso del Puerto, un lugar muy bonito, algo así como un paraíso; un espacio que estaba creciendo muy rápido. Se fueron acercando hacia el Tribunal, circulando por el boulevard de la costa, todo era de ensueño, los hoteles, los restaurantes, su gente tan abierta a cualquier plática muy agradables todos; llegaron al Tribunal, aparcaron el auto y entraron, el edificio era algo muy diferente a los otros juzgados, se respiraba un ambiente de respeto y de que ahí, si se impartía la justicia, Mario tenía la confianza de que así sería, en ese recinto estaban trabajaban impartidores de justicia de un nivel superior, algo ilusionado y con paso firme siguió a su Abogado, la persona encargada de recibir las demandas les saludo y empezó a revisar todos los documentos que le fueron entregados por el Abogado quien le solicitó a Mario que lo aguardara en la sala de espera pues quería tener una plática con el magistrado de ese Tribunal, después de pasados 20 minutos, su apoderado salió de esa oficina sonriente,—¡ya los puse en evidencia,—comentó,—hubieras visto la cara del magistrado, le expliqué que los demandaría penalmente, vas a darte cuenta de las consecuencias de mi plática con ese señor, te aseguro que después de que salgamos de este lugar, los telefonazos no se harán esperar y espero que todo sea para bien, de momento creo que es justo que vayamos a algún restaurante a deleitarnos con un coctel de camarones, ya que venir a este bello lugar y no probar esos cocteles, sería un crimen si no lo hiciéramos. Minutos después entraron a un restaurante típico en el centro de Boca del río, era un lugar acondicionado con muy buen gusto donde servían las exquisiteces de la comida Veracruzana; después de saborear los suculentos cocteles, salieron del lugar para emprender el regreso a la ciudad de Poza Rica.

El ingeniero Guzmán, ahora ex director de Petroquímica Escolín, agarró el teléfono y se comunicó con su abogado, ya unos días antes se había entrevistado con él para contratarlo, después de exponerle su problema; habían solicitado un amparo en contra de la administración de la empresa, y su argumento fue el haber sido suspendido y ser sujeto a investigación de manera injusta. Empezaron a indagarlo por una serie de irregularidades en su conducta, pero era muy raro, que después de haber desmentido las

JOSE GUADALUPE ARELLANO MARTÍNEZ

declaraciones de los directores e inclusive la de él mismo, hubiera sido suspendido de su puesto, lo más lógico era pensar, que por haber exhibido a sus superiores con sus declaraciones, los señores directores ya habían empezado a cortar cabezas, el amparo le fue negado por parte de la juez, ya que aún no había sido despedido definitivamente de la empresa y por esa razón, no era de la competencia aún, de las autoridades federales. Quedó de reunirse con su abogado en 10 minutos, después de terminar su café, salió de su casa y se dirigió al despacho del licenciado,—buenas tardes licenciado,—dijo, ¿Puedo pasar?,—pase por favor ingeniero,—contestó, es muy lamentable que no se nos haya concedido su amparo; pero le quiero decir que presentaremos una demanda en la junta de conciliación y arbitraje, va usted a darse cuenta que en esa instancia, su petición será tomada en cuenta, pero es necesario aclarar, que después de que gane su demanda, lo más probable es que se vaya jubilado , ¿Qué le parece?,—mire licenciado, si me ofrecen la jubilación, la aceptaré, realmente me siento agotado y prefiero retirarme a descansar, si usted logra que me den la jubilación, eso es más sano, además, de esa manera me libraré de cualquier anomalía que se presentara en caso de que ese señor Arellano me demandara penalmente. Qué lejos estaba de imaginar las intensiones del autor, era injusto, que por haber confiado en su equipo jurídico, éste, lo hubiera hundido, sobre todo la licenciada, la mujer con la que había convivido en el trabajo, quien siempre le pareció muy agradable, pero ahora, era otra cosa, por su mente circulaba la espina del temor, además de que no ignoraba que por su conducta, quizás había empezado un problema del que difícilmente saldría librado, se había comportado ante el juez como un párvulo, su concepto por las autoridades era de respeto y ahora parecía muy obtuso, a la vez, no ignoraba que el delito cometido era muy grave para un servidor público como él, el cual se perseguía de oficio. Buscaría la manera de investigar a fondo y pensó liberarse de esa dificultad jubilándose.

El aire soplaba en esa tarde de otoño, el sol se asomaba de manera tímida, era una temporada en la cual había llovido muy poco, el verano había pasado muy caluroso, pero ese calor no fue suficiente, el cielo estaba negándole el agua a la tierra. Mario, después de haber tenido una entrevista televisiva, esperaba la llegada de su Abogado, quien ya tenía preparada la demanda penal en la que estaban inmiscuidos los servidores públicos de Petróleos Mexicanos y el juez, ya había quedado determinado que ese sería el siguiente paso, no permitirían que la conducta de los funcionarios pasara inadvertida, se habían hecho acreedores a pasar una temporada en la prisión. El autor; se imaginaba hasta donde pudiera llegar todo esto y tenía ya con su Abogado preparada la estrategia, ellos habían querido desbaratar la personalidad del autor y con esa conducta era impredecible lo que se les pudiera ocurrir con tal de ganar la demanda a toda costa, por encima de quien fuera y de la ley misma, ya no había duda, esa era su intención y solo un impartidor de justicia honesto y apegado a la ley podría reconocer que la razón legal le asistía al autor. El Abogado llamó a su cliente para decirle que pasaría por él para acudir a presentar la demanda penal y que ya estuviera listo. Salió a su balcón y encendió un cigarro observando a la gente pasar de manera tranquila, este detalle llamó mucho su atención, se preguntaba si acaso alguna de esas personas habría tenido algún problema similar, más entendió que no era un problema común. Deseó haber nacido en otro escenario, ya que lo que estaba viviendo parecía una pesadilla, a su vez, en otra persona, ser comúnmente ese tipo de gente, que aparentemente es normal, pero no era así, la realidad era que Dios lo había puesto en ese lugar, posiblemente una prueba, quizás también el destino, pero sabía que tendría que enfrentarlo de manera firme, simplemente porque era diferente, percibía el espíritu de las cosas, del viento, de las nubes, del agua y la pintura con sus tintes místicos, hacía que brotara todo eso a través de sus pinceles, ahora, tendría que ir asimilando lo que estaba viviendo y sería recordado por el resto de su vida, así como todos los artistas, en espera de que la sensibilidad lo condujera hasta el fondo de los sentimientos, expresarlos y darlos a conocer encasillándolos en un lienzo, plasmarlos y dejarlos como ejemplo de su existencia, de su paso por esta bendita vida; quizás un día, sus hijos y el mundo le reconocerían esos valores, desventuradamente tal vez sería, después de morir, así sucedía con casi todos los artistas creadores. Se aparcó un auto al frente de su balcón, del cual descendió su Abogado quien le hizo señas para que bajara, contestó el saludo y bajó,—¿estás listo?—¡sí!, contestó, salieron para la agencia investigadora de la federación, al llegar a ésta, fueron recibidos por un agente de guardia quien al consultarlo se notaba un poco cansado, agobiado por el trabajo, el cual presentaba mucho riesgo, después de ponerlo al tanto y éste, entender de qué se trataba, empezó a hacer cuestionamientos con respecto a la demanda argumentando que en ese juzgado había 2 agentes y que se iban repartiendo el trabajo, que esa demanda no le correspondía a él, debían presentarse hasta el día lunes con su compañero de trabajo, y él les recibiría la demanda, Mario lo observó, la indiferencia del agente era obvia, usaba una gorra, pantalones de mezclilla y zapatos tenis, se despidieron después de acordar que regresarían hasta el día mencionado. El Abogado comentó con el autor sobre la conducta de este tipo de servidores, sobre el modo en que a veces conducen los asuntos; pero también que no dudara que ya una

JOSE GUADALUPE ARELLANO MARTÍNEZ

gran parte de los impartidores de justicia, tenían el conocimiento de todo lo referente a esa demanda,—Mario,—comentó su Abogado,—imagino que ya saben y tratarán de hacer caso omiso a nuestras intenciones, saben a quienes estamos demandando, para ellos, esto es una "papa caliente", pero no te preocupes, haremos todo lo que se tenga que hacer y recurriremos a todas las instancias legales para que se nos tome en cuenta y se proceda conforme a derecho. Por su parte el autor, pensaba que iba a estar difícil conseguir que se le hiciera justicia, pero que no sería imposible; alguien se pondría la camisa de la justicia, y en eso confiaba, quedaron de entrevistarse para el día lunes.

Los días pasaron, la noticia en los periódicos había sido revelada, un corresponsal televisivo le hizo otra entrevista al autor, su presencia ya era notada y del interés de los periodistas, la firmeza de sus declaraciones a las preguntas que se le hacían, era algo que lo estaba caracterizando, sabía perfectamente que había sido víctima de la corrupción, también, que necesitaba desenmascarar el complot que habían estructurado los demandados a través del abogado general de Petróleos Mexicanos, alguien de mas jerarquía había intervenido apoyando a éste, más eso, no lo iba a detener. El día lunes se presentaron nuevamente ante la agencia investigadora en la cual era notoria la diferencia, ya el personal que integraba esa institución estaba presente y estaba compuesto por 6 secretarias y sus asistentes; era otro escenario, fueron abordados por un licenciado quien les sugirió que aguardaran unos minutos; la gente llegaba a presentar sus demandas y eran atendidos, solo al autor, lo hicieron esperar, después de haber transcurrido 1 hora, en la cual ya el autor se notaba desesperado; fueron atendidos por el otro licenciado, era un hombre de baja estatura y muy suelto para hablar, de apellido Martínez,—¿dígame? ¿En qué les puedo servir?,—se trata de una denuncia penal,—contestó el Abogado,—pues pasemos a mi oficina, se sentaron ante un escritorio grande, el agente se notaba cansado, pero de manera muy cordial empezó a hacer preguntas, el Abogado inició con la narración de los hechos; con todos los detalles del caso, la mirada del agente investigador fue aclarándose y mostraba cierto nerviosismo y preguntó,—¿es usted, el señor Arellano?,—así es licenciado,—¿se apellida Martínez?,—sí,—fíjese que mi Padre, se apellida igual que usted y también se llama como usted, al autor, esto le provocó cierta tranquilidad y confianza, el agente les sugirió que le dieran un poco de tiempo para estudiar la demanda y determinar si era de su competencia, sobre todo por los servidores públicos que estaban inmiscuidos en los hechos en los cuales resultaban inculpados, el agente notó que hasta un juez aparecía en la demanda,—bueno licenciado, preguntó el abogado del autor,—¿cuándo sabremos, si es de su competencia?,—mire usted, denme de aquí al día jueves y para ese entonces ya sabré si nos corresponde; o les diré a donde tiene que acudir, acordando de regresar para ese día, sin más palabras, se despidieron, abordaron el auto y empezaron a comentar,—no se quieren echar esta responsabilidad,—dijo el Abogado,—esto es una papa caliente y te aseguro que nadie la quiere agarrar,—no me queda la menor duda,—contestó Mario,—ya regresaré el día jueves y hasta en ese momento sabremos qué acciones tomar, ¿te parece Mario?,—pues que me queda, seguiré esperando y así será, esperaré el tiempo que sea necesario con tal de que se me haga justicia y la sociedad se entere de la clase de servidores corruptos que tenemos, no tengo prisa, de eso ahora puedes estar seguro. Llegaron a la casa de Mario, quedando de estar en contacto si se daba algún cambio. Los días pasaron, Mario continuó pintando, ya contaba con más de 14 obras terminadas y quería agrupar por lo menos unas 25 para presentarlas en alguna exposición, pero eso sería en su momento, por ahora, todo esto le servía para entretenerse en algo, su cerebro era muy productivo y a veces aparecían chispazos de ideas las cuales lo acometían, lo hacían dudar de su situación legal, ¿Qué pasaría?, no sabía que iba a ocurrir, lo cierto, era que solo la verdad que estaba en el expediente con todo lo actuado del proceso de la demanda, por su propio peso tendría que sacarlo adelante, confiaba en ello y también en Dios, todas las mañanas le pedía que le diera serenidad, que le hiciera justicia, que cuidara a sus seres queridos, nunca se olvidaba de hacerlo, hacía oración, ya ahora, no era solo el hecho de obtener una cantidad importante de dinero, quería que se le hiciera justicia, por su mente también pasaba una y otra vez, lo injusto de la conducta de esa gente, quienes estaban utilizando una obra de su creación, la cual los había favorecido, los distinguía y el autor y creador no estaba obteniendo ningún beneficio económico, el que de acuerdo a la ley le correspondía.

Llegó el día jueves, Mario continuaba preparando su material plástico, la mañana había transcurrido sin novedad, eran las 3 de la tarde cuando timbró el teléfono, era su Abogado, le llamó para anunciarle que pasaría por él para dirigirse a la ciudad de Tuxpan a interponer la demanda penal, ya en su momento, lo pondría al tanto de ese detalle, se quedó pensativo en el porqué, de ese cambio, algo estaba mal, no sabía que era, solo intuía que todo esto no era normal, pasó por él su Abogado, después de saludarse emprendieron el viaje hacia Tuxpan, ya en el trayecto el Abogado le fue platicando de los cambios y el porqué de ellos,—me dijo el agente Martínez, que le correspondía a la agencia segunda investigadora de Tuxpan realizar lo pertinente, ya que en ese lugar se llevó en inicio la demanda civil, suena

JOSE GUADALUPE ARELLANO MARTÍNEZ

lógico para mí pero no sé lo que conspiran, solo lo sabremos cuando empiece a proceder la demanda, de momento, a ver con que rosario nos salen estos camaradas, y te repito, haremos lo que sea necesario, Mario con voz firme determinó,—¡los quiero ver en la prisión!,—¿tú crees que yo no?, expresó el Abogado,—ahora no nos apresuremos, todo será en su momento, ¿está bien?,—así será. Llegaron a la agencia segunda, fueron recibidos por el subdelegado quien ya estaba enterado de los planes de los demandantes, el lapso de tiempo pedido por el agente en inicio, fue aprovechado para hacer del conocimiento de sus superiores de la intención de Mario, alguien se lo informó al subdelegado y éste, a su vez, debió haber recibido instrucciones,—¿en qué les puedo servir? ¡Ah!, ¿ustedes son los de la demanda en contra del juez? Comentó el subdelegado,—venimos a presentar una denuncia por la acción de delitos cometidos en la conducta de algunos servidores públicos, los cuales están inmiscuidos en el proceso de mi demanda civil federal, e inclusive, hasta el mismo juez, quien llevó a cabo las diligencias, observación y determinación del caso,—dijo el Abogado, el subdelegado con voz fuerte comentó,—mire Abogado, ¿cómo cree usted que vamos a proceder en contra de la resolución de un juez?, ¿se imagina usted, lo que sucedería si toda la gente demandara las resoluciones de los jueces? si eso sucediera, esto fuera un laberinto. El subdelegado se mostraba indiferente, quiso aparentar que había entendido mal, lo cierto era que ya el asunto había sido ventilado a otros niveles, de eso ya no existía duda, el subdelegado ya tenía instrucciones de sus superiores, el pulpo del tráfico de influencias, ya lo había tocado, trataba de inclinarlos para que no siguieran con las intenciones de que se le diera trámite a su demanda, el Abogado mostró cierto enojo y aclaró,—no hemos venido a demandar la resolución del juez, esa no es nuestra intención, venimos a demandar al juez por cometer delitos en contra de la administración de justicia, también a los servidores públicos que cometieron delitos, los cuales están implicados en el proceso de esta demanda, de acuerdo a la ley, nuestra demanda si es procedente, en ella, están los apoyos legales con sus artículos, en los cuales estamos basando la presente demanda por la comisión de los delitos como son: declaraciones en falsedad, testigos que declararon domicilios falsos, contradicciones, el cohecho a que se prestaron dos contadores de oficio, existen evidencias, ya que presentaron dictámenes los cuales, uno que es copia fiel del otro, ocultación de información a la autoridad federal, destacando con todo esto, el fraude procesal orquestado por el abogado general de Petróleos Mexicanos,—miren amigos, dijo el subdelegado,—somos un País de mentirosos, hasta el mismo Presidente de la República dice mentiras y nadie lo demanda ¿de qué se espantan?, al escuchar todo eso, Mario intuyó cosas muy negativas, las cuales arrojaban un mar de preguntas, ¿ es esta la autoridad, de la que espero justicia?, si esa era la postura de un subdelegado federal de investigaciones, ¿Qué clase de justicia podrían esperar?, ¿Cómo era posible que un servidor de ese organismo pensara así?, lo más probable es que ya había una consigna, esos días de espera, fueron para que los demandados se pusieran de acuerdo con las autoridades; continuó el subdelegado,—mire Abogado, el señor juez gana como 60 mil pesos al mes, más lo que le cae de "propinas", a nosotros nos dan un salario de miseria, nos mandan a la guerra, a desbaratarnos el físico, si nos defendemos y llega a haber muertos en algún operativo, las autoridades nos investigan, si existe algún punto en el que no podamos justificar nuestras acciones, simplemente nos meten a la cárcel; el juez puede conducirse a su libre albedrío y no hay quien le diga nada ni cuestione su mandato, a nosotros nos ven como apestados, en Estados Unidos un sheriff tiene todo el apoyo de su gobierno de manera honorable y hace lo que considera necesario y es respetado, en nuestro País, no se nos trata así, yo tengo como 18 años en este organismo y he aprendido que lo mejor es manejar los asuntos con mucho tacto y si alguno de estos se torna muy cargado, simplemente los canalizamos hacia nuestros superiores, Mario se puso de pie y con firmeza expresó,—mire señor subdelegado, si usted se considera mentiroso, pues es su problema; a título personal le puedo asegurar, que la educación que recibí de mis Padres no me permite decir una sola mentira, esas palabras sonaron determinantes para el subdelegado, quien muy encolerizado se levantó de su asiento, acercándose a Mario le dijo,—¡me está usted faltando al respeto!, mida sus palabras,—con todo respeto, usted lo dijo, "somos un País de mentirosos" solo estoy repitiendo lo que usted expresó, pero a mí no me incluya porque no soy como ustedes; solo le quiero preguntar, que si vengo con usted y le digo mentiras bajo juramento ¿me metería a la prisión?,—¡claro que si, para eso estoy!,—pues licenciado, eso es lo que quiero que haga con los implicados, eso es lo que se han ganado, y por eso vine con todas las pruebas, al subdelegado ahora, no le quedó más remedio que decir,—está bien Abogado, señor Arellano, les aceptaremos su demanda, solo que tendrá que ser hasta el día de mañana, ya determinaré, que agente investigador se encargará de recibirla, por lo pronto, le pido una disculpa, ya que en este momento me acaban de avisar que debemos acudir a un operativo, Mario se quedó observando a su abogado y comentó,—está bien, si usted lo dispone, así será. Se despidieron, salieron a la calle, ya en el coche, el Abogado no salía de su asombro, su cliente, de manera temeraria se instaló al nivel del subdelegado sorprendiéndolo y exhibiendo el poco criterio de éste y su

JOSE GUADALUPE ARELLANO MARTÍNEZ

inclinación por defender a los demandados,—Mario, comentó el Abogado,—debes de ser cauteloso, no sabes cómo se conducen estos señores, debes calmarte un poco, por un momento pensé que te iban a detener por lo que le dijiste al subdelegado, pero está bien, que le quede claro que no te dejas enredar, estos se quieren hacer ojo de hormiga, pero no te preocupes, tenemos los elementos suficientes, de mucho peso, para hacer que le den seguimiento legal a esta demanda, ya mañana regresaremos y tendremos que esperar para ver de qué manera la conducen, una vez que la reciban, veremos qué hacer, de momento, es necesario manejarlos de manera cautelosa ya que no sabemos hasta donde ha trascendido este caso, Mario solo prestaba oídos, regresaron a su mente los momentos vividos con las palabras del subdelegado, "somos un País de mentirosos", luego entonces, él también era mentiroso, como se lo recalcó, había que manejarlo con mucho cuidado, estructurar una buena estrategia, aparentar sumisión, un poco de ignorancia tal vez, ya después estos señores se enterarían de lo que eran capaces de hacer, pero si no captaban, de momento sus intenciones, seguirían el juego y sería mejor para los demandantes, eso era lo más juicioso. Llegaron a la casa de Mario, era ya el colmo, tratar de entender la conducta de esta gente, lo cierto era que ya se platicaba de esa demanda a otros niveles, de eso ya no quedaba duda y tendrían que optar por utilizar todos los recursos legales, y precisamente, éste era el momento, la táctica que habían razonado la cual pudiera ser la idónea, les estaba abriendo la puerta, este era el momento de entrar por ella y hacerlo con todo lo que contaban. El abogado comentó que pasaría al día siguiente por él, a las 9 de la mañana. Mario, pasó la tarde tratando de pintar sin lograr su objetivo, las palabras del señor subdelegado, calaban su cerebro, era sorprendente, su madurez no alcanzaba a entender el porqué de esa conducta, se preparó para descansar, un cúmulo de pensamientos lo asaltó al tratar de conciliar el sueño, la última vez que observó el reloj, eran las 3 de la mañana y se quedó dormido, el despertador sonó a las 8, le costó un poco de trabajo levantarse, tal parecía que no había dormido, se sentía agotado, después de prepararse y desayunar, esperó la llegada de su apoderado a las 10 de la mañana de un día viernes, el Abogado pasó por él, ya en el camino siguieron comentando de lo que tendrían que hacer, sobre todo si las cosas no marchaban bien después de que les fuera recibida esa demanda, llegaron a la agencia investigadora, eran las 11 de la mañana, en ese recinto se encontraban diferentes personas, licenciados, licenciadas. El guardián que se encontraba en la entrada los abordó pidiéndoles su identificación y que se registraran en la libreta, después de cubrir ese requisito, subieron por las escaleras a la planta alta, el agente investigador los recibió, un licenciado de apellido Mendoza, usaba lentes, de piel morena, muy bien vestido, la oficina tenía poco espacio, mostraba un desorden, había por ahí cajas de cartón repletas de papeles con mucha humedad, las gotas de lluvia se filtraban a través del azotea por la falta de mantenimiento, un escritorio en el cual sobresalía una fotografía con un par de niños, que quizás eran los hijos del licenciado Mendoza quien mostraba cierto nerviosismo, daba la impresión de ser una persona honesta, el trato que les procuró de entrada fue aceptable, le encomendó el trabajo de recibir tres cajas grandes, que presentaron los demandantes, las cuales contenían copia certificada del expediente con todo lo actuado, a su ayudante, se disculpó por no tener tiempo de recibirles personalmente los documentos, argumentando que debía estar presente en un operativo, supervisando su proceso, el cual era de mucha importancia, salió de su oficina; el ayudante, un joven licenciado que estaba realizando su servicio, se encargó de hacer los trámites correspondientes. La cualidad de desarrollarse en ese trabajo, acusaba la manera altanera con la cual un día se conduciría si lograba quedarse a trabajar en el ministerio público, con mucha prepotencia, queriendo dar a entender algo así como—¡yo soy agente!, soy poderoso y nadie me puede discutir. Mario observaba cada movimiento que el joven hacía, quien de manera pausada agarró la computadora y empezó a hacer un escrito utilizando solo los dedos índices, demostrando que eran sus primeras incursiones de escritura en un teclado de computadora, el escrito sería el comprobante de haber recibido los documentos de la demanda, después de pasadas 3 horas, el joven les comentó que en su momento la agencia les haría llegar las respectivas notificaciones y que eso era todo. El Abogado le comentó a su cliente que no hiciera preguntas hasta llegar al coche, después de entrar a éste, el Abogado empezó a sonreír diciendo,—ya está listo, por fin entró la demanda amigo, ahora si van a ver lo que les espera a esos mentirosos, Mario también sonrió, aparecía nuevamente la esperanza, aún con dudas, pensó que no todo era malo, que la justicia si aparecería con su luz y eso le dio algo de confianza y esperanza, tendría que aferrarse a ella y hacerla crecer, era viernes y sería hasta la siguiente semana que habría noticias, el abogado le notificó que se llevaría a cabo una audiencia en el tribunal unitario para el día 12 de ese mes, en la que debería presentar los alegatos y sería por escrito, que no se preocupara, que ese trabajo ya estaba preparado, le sugirió que se fuera a descansar a algún lugar lejos de la ciudad, acordaron que así sería, ya el día lunes se entrevistarían y que tuviera mucha precaución.

El abogado general de Petróleos Mexicanos tomó el teléfono y se quedó pensativo pues ya se había enterado de las intenciones de los demandantes del

JOSE GUADALUPE ARELLANO MARTÍNEZ

logotipo, discó un número y se comunicó con el licenciado Herrera, quien se había encargado de "arreglarse" con los contadores y manejar la decisión del juez, después de comentarle de lo que se había enterado, el licenciado Herrera contestó,—no se preocupe jefe, me encargaré de vigilar que lo que usted me acaba de comentar se haga,—mira Herrera, volví a hablar con un alto funcionario, ahora, por lo de la demanda penal y me comentó que no había ningún problema, que ya había girado instrucciones de que si la demanda penal se presentaba, simplemente se archivara y que trataran de darle suavidad a esos necios, quienes todavía tienen la creencia de que van a poder con nosotros, tenemos la fuerza y el poder para aplastarlos en el momento que menos se lo esperen, deben de quedar bien enterados de que contra nosotros no van a poder,—está bien jefe, vigilaré, estaré atento y será como lo acordamos, cada paso que den, se lo haré saber inmediatamente. El abogado general colgó el auricular, se sentía confiado, salió de su oficina y se dirigió a reunirse con el director de la empresa, quien al notar la presencia del abogado mostró una cara de mucho enojo, se sabía engañado, su equipo jurídico lo había inducido a cometer el delito, encabezando éste, un chamaco de 28 años, inexperto, quien lo había expuesto y tenía que salvar su imagen, no podría quedar como mentiroso ante el País, sabía que el Presidente le pediría cuentas sobre esa conducta, se sabía ignorante del fondo del caso, el abogado general extendió su mano para saludarlo y el director lo dejó con la mano en el aire y colérico exclamó,—¡quiero que me digas! ¿Qué es lo que traes entre manos?, primero me pasas unos papeles para que los firme argumentando que se trata de un simple trámite que según tu, ya estaba arreglado, después me entero que no es verdad, quiero que lo resuelvas de inmediato y salves mi prestigio, soy un servidor público respetable y quiero que me sigan conociendo así, por lo pronto ya inhabilitamos al mentecato del director de Petroquímica Escolín porque nos echó de cabeza, quiero que se hagan una serie de investigaciones en ese complejo y tumbaremos la cabeza de quien sea, he estado analizando el estado en que éste se encuentra y existen anomalías que deben de tomarse en cuenta, manda por favor, a algunos elementos para que se encarguen de realizar lo pertinente y que busquen responsables, hay datos que no coinciden, estos animales, se están sirviendo con la cuchara grande, de momento, no quiero saber nada, hasta que arregles este carnaval que traes, no te quiero volver a ver entrando por esa puerta, hasta que no me tengas una buena noticia, el abogado no tenía ni idea de que es lo que iba a contestar, solo asintió con una reverencia a su superior, viajaría y arreglaría lo que fuera para detener la tormenta que se les venía encima, salió de ese lugar, en su cara apareció una sonrisa de ironía y pensó, ¿que se creen estos estúpidos?, los voy a hacer polvo, hablaré con mi colega y haremos algunos arreglos.

Timbró el teléfono de la secretaria de un funcionario, ella, pasó la llamada a su jefe, era el licenciado de Pemex,—señor, ¿Cómo está usted?, habla el abogado general de Petróleos Mexicanos, quiero que me conceda una entrevista ya que tengo un gran problema, el cual, en manos de usted, es un pequeño problema, solo necesita de su autorización, el funcionario le comentó que lo esperaría por la tarde, se despidió. Era un señor de avanzada edad, un hombre de mucho valor, su trayectoria había sido de mucha rectitud, un hombre honesto, íntegro, de ese tipo de personas que al llegar a una cierta edad, hace un análisis de su vida, y notaba que ésta y su trabajo le habrían brindado muchas cosas buenas, llevaba una existencia dentro de la política muy tranquila y muy desahogada, en pocas palabras, no tenía problemas, la edad y lo vivido le habían dado mucha experiencia, era un hombre honorable y su voz era mandato. Llamó a su secretaria para preguntarle sobre sus ocupaciones para ese día, ella mencionó algunos asuntos que realmente no tenían mayor relevancia, decidió cancelarlos y se dirigió a su casa, por la tarde se entrevistaría con el "junior" de Petróleos Mexicanos.

Mario regresó a su casa el día lunes, se encerró en su estudio para continuar con su pintura, el día transcurrió sin novedad alguna; el siguiente día, su Abogado no se encontraba en la ciudad; ya que andaba de paseo con su esposa, a las 8 de la mañana sonó el timbre de la puerta de su casa, era un mensajero de la compañía de telégrafos, diciendo que traía un aviso urgente de la agencia 2ª investigadora de la federación, un poco sorprendido tomó la libreta para firmar de recibido, el mensajero le hizo entrega del telegrama y le dio las gracias. Nervioso, abrió apresurado el aviso y devoró con su mirada el contenido, los términos lingüísticos manejados por los licenciados para él, eran un poco enredados, solo alcanzó a entender que algo malo estaba sucediendo ya que en el texto aparecía que; con respecto a la averiguación previa APTUX/2002-II de su demanda, se le notificaba que por acuerdo se acudiría a la "consulta de reserva", que tenía 15 días para manifestar su inconformidad y más pruebas. Era inconcebible y burlesco que en 3 días y en fin de semana, hubieran revisado 3 cajas grandes conteniendo la copia certificada del expediente con todo lo actuado, agarró el teléfono para comunicarse con su Abogado, tardó un poco para lograrlo, ya que le estaba marcando a su teléfono celular, el sistema continuaba con irregularidades, pensó, ¿cual nueva tecnología? ¡solo es chatarra!, el apoderado se encontraba disfrutando del sol, recostado en una gran silla, con sus lentes

JOSE GUADALUPE ARELLANO MARTÍNEZ

obscuros al lado de su esposa, tomó el teléfono y contestó,—¿bueno?,—¡Abogado!, habla Mario, acabo de recibir un telegrama del agente investigador, te lo voy a leer, discúlpame porque estoy algo nervioso, ya que no entiendo lo que me quieren decir, se lo leyó; el Abogado le contestó que no se preocupara,—te dije que estos arrebatados se iban a querer lavar las manos, quizás ya hay línea y solo siguen instrucciones, no te preocupes,—repitió, haremos lo que sea conveniente, recuerda que esto podría llegar a suceder, y ya lo estamos viendo, nos veremos por allá el fin de semana, guarda bien ese papel y quiero que estés tranquilo, ¿de acuerdo?,—está bien,—contestó, terminó su llamada y empezó a sentirse nervioso, se acercó a la cocina a tomar un poco de agua, la boca se le había resecado al no haber podido entender el lenguaje del telegrama, ya su apoderado le había hecho comentarios al respecto, empezó a tranquilizarse al recordar sus palabras,—¡no te preocupes!. Se acercó al caballete y continuó pintando, ahora estaba elaborando una obra relacionada con la impartición de justicia, utilizaba tonos de la gama cálida muy concentrados, se percibía con esos tonos el golpe fuerte a su mirada y cualquier persona que observara esa obra, lo iba a entender así, en otro espacio del lienzo, representaba a la ley como algo sagrado en tonos muy tenues, quería dar a entender con mucha composición de color, el contraste estrepitoso que existía entre ellos, los empezó a equilibrar con tonos grisáceos y muy obscuros, dando a entender lo que se esconde detrás de esos dos esquemas, ¡la corrupción!, toda la pudrición que empequeñece la conducta de un individuo, quien bajo juramento acepta el trabajo de aplicar la ley, de hacer justicia, ahí residía. Las pinceladas surgían por si solas, la mano del artista se deslizaba de un extremo a otro, seguida por sus pensamientos, era una especie de ensayo de un concierto con tonos desafinados, así lo captaba, y los latidos de su corazón, fueron haciéndose más escandalosos, más fuertes, por su mente pasaban los gritos de tanta gente que exigía, ¡Justicia!, ¡Justicia!; fueron tan profundos sus pensamientos, que casi pudo escuchar esos lamentos, ¿Qué está pasando con nuestros impartidores de justicia?, ¿dónde está esa mano firme, impregnada de moral y buenas costumbres?, quiso gritarlo, pero su garganta no emitió un solo sonido, se quedó inerte, con la mente, casi en blanco. Pasaron algunos minutos, el teléfono repiqueteó, alguien lo estaba llamando y eso lo rescató del laberinto en el que se estaba metiendo, levantó el auricular, se trataba de un periodista quien le estaba solicitando una entrevista, el pintor le refirió que de momento, no lo podía atender, que esperara la llegada de su Abogado. La tarde pasó con un cambio atmosférico muy brusco, después de un día lleno de sol, empezaban las ráfagas de aire frío, y la lluvia, eran tiempos muy inestables, ya por ahí, el servicio meteorológico había anunciado ese frente frío, habían pronosticado, que cerca de 35 frentes fríos azotarían esa zona, ahora estaba haciendo, invierno en otoño, se acercó a su sofá y se reclinó, el ambiente afuera, invitaba a tomarse un descanso, se quedó dormido hasta el día siguiente, eran ya, muchos días de desvelo y abandonándose de ese modo pudo recuperar algunas horas, las cuales, por las noches desperdiciaba, por estar pensando preocupado en encontrar que autoridad le haría justicia, las opciones eran diversas, pero surgía una pregunta en especial, ¿Qué instancia sería la que le reconociera su derecho? o simplemente, ¿no existía?, o ¿quizás todo el organismo estaba fracturado por la corrupción y solo era un teatro?. Solo el tiempo y Dios, le darían la contestación, así lo empezó a deducir, ya no se preocuparía, su apoderado se estaba ocupando del asunto y estaba defendiendo sus derechos de manera muy honesta, sabía ahora, que utilizaría todos los recursos legales para que se le hiciera justicia. La mañana siguiente, se presentó muy fría, las nubes continuaban bañando con sus precipitaciones a esos sembradíos que clamaban por el agua para no sucumbir, Mario desayunaba en su casa cuando timbró el teléfono, era su Abogado quien le avisaba que había interrumpido su descanso para empezar a manejar la estrategia que seguirían, al autor, le dio mucho gusto que su apoderado ya hubiera regresado y enaltecía ese detalle, sintió más tranquilidad y lo invitó a desayunar, quedaron de acuerdo en verse en su casa, el Abogado no tardó más de 10 minutos en llegar, Mario le agradeció el haber interrumpido su descanso para continuar, el abogado le dijo que no tenía nada que agradecer y expresó,—estamos juntos amigo, y así será hasta terminar con este asunto, quiero que me des el telegrama para enterarme y explicarte de que se trata y lo que vamos a hacer, no les voy a dar tiempo a que sigan conduciéndose de esa manera, entiendo cuáles son sus intenciones, creen ellos que me van a engañar pero están equivocados, tengo siempre presente la imagen de mi Padre y de mi Abuelo, quienes fueron muy buenos abogados y por la memoria de ellos, vamos a salir adelante, ya lo verás, Mario se quedó mudo, esas palabras lo emocionaron y quería disfrutarlas de una a una, le mostró el telegrama, el Abogado lo leyó y comentó,—estos hijos de su abuela quieren archivar nuestra demanda, sin haber realizado averiguación ni diligencia alguna. Vamos a presentarnos ante el agente investigador, para que nos dé las razones por las cuales quieren proceder de ese modo, presentaremos unos escritos, además de una demanda de amparo, acudiremos a la Comisión Nacional de Derechos Humanos en el Distrito Federal y también vamos a demandar el juicio político del procurador de justicia, de

JOSE GUADALUPE ARELLANO MARTÍNEZ

los directores de Petróleos Mexicanos, del abogado general de la misma y al juez. Mario se quedó callado, las palabras fuertes de su apoderado eran concluyentes, ahora ya no les quedaba de otra, era obvio que alguien le ordenó al agente investigador darle "carpetazo" a esa demanda, de acuerdo a la ley el procurador de justicia, debió haberse enterado de esa demanda; o por algunos lazos, quizás, también a nivel medio se haya negociado, de momento no se sabía quién o quiénes de un rango muy alto, estaban atrás de todo esto, el abogado le comentó que se pondría a trabajar de inmediato y que esperara su llamada para el día siguiente,—sabes Mario, después de que nos recibieron la demanda penal, con hoy tiene apenas 4 días y la quieren archivar,—¿Cómo ves?, Mario seguía sorprendido, las manos del pulpo seguían moviéndose, la lucha sería muy fuerte, ahora eso le quedaba claro, entonces, así sería, y no iban a desistir en su empeño, se conducirían hasta el final de las instancias para hacer que se le reconociera su derecho y se hiciera justicia, no había duda alguna, sería quizás hasta desfallecer. El abogado después de terminar su desayuno, se dispuso a retirarse para empezar su estrategia. Mario se quedó un poco tranquilo, tenía depositada toda la confianza en su Abogado, sabía que era honesto, ya le habían hecho algunos comentarios sobre la manera en que su defensor se conducía, ya la gente empezaba a reconocer su capacidad y su inteligencia, sobre todo que era muy estricto al desarrollarse en las audiencias y mostraba lo fuerte de su carácter, ya que al inicio de la demanda, la gente y los que se desempeñaban dentro de las leyes, opinaban diferente, que estaba loco, que nadie le haría caso, que obtenía pocos resultados, ahora era otra cosa, la insistencia, la constancia, serían los elementos que los impulsarían hacia adelante, habría que trabajar muy duro, y de ello se estaba ocupando, ahora ya, algunos licenciados que en un principio no quisieron tomar su caso, al enterarse de los resultados que los demandantes estaban obteniendo, se acercaron al autor para pedirle que les diera la oportunidad de adherirse al caso, algunos periodistas estaban al acecho, esperando por saber algo para difundirlo, darlo a conocer, en este País, se estaban dando cambios importantes en el combate a la corrupción, sería una faena de mucho trabajo y mucho esfuerzo, alguien tenía que empezar y parecía que así estaba sucediendo, por lo menos, el Presidente de la república así lo exteriorizaba, solo quedaba esperar para comprobar, si esos argumentos eran ciertos o solo era una imagen que él mismo quería imbuir en la mente de sus representados para ganar puntos de simpatía ante un País muy golpeado por la corrupción o simplemente, sería un engaño más.

EN CUMPLIMIENTO A UN ACUERDO DICTADO CON FECHA 21 DE OCTUBRE DE 2002 DENTRO DE LA AVERIGUACION PRE
.../2002 EN LA CUAL USTED PRESENTO LA DENUNCIA ME PERMITO HACER DE SU CONOCIMIENTO QUE
... LA RESERVA Y PARA LOS EFECTOS LEGALES A QUE HAYA LUGAR CUENTA USTED CON QUINCE DI
...TURALES PARA QUE MANIFIESTE SU CONFORMIDAD O EN CASO CONTRARIO APORTE MAYORES DATOS PARA
PERFECCIONAMIENTO DE DICHA INDAGATORIA ATENTAMENTE C AGENTE SEGUNDO INVESTIGADOR DEL MINISTER
PUBLICO DE LA FEDERACION.

DE AVISO PGR

JOSE GUADALUPE ARELLANO MARTÍNEZ

La obscuridad de la noche, fue desapareciendo, la luz del sol empezó a darle vida a los colores, y así llegó el nuevo día. Mario se despertó muy temprano para observar el amanecer, era algo muy hermoso distinguir la tonalidad de composición de color que ofrece la naturaleza cuando la luz empieza a desplazar la negrura de la noche, casi no pudo dormir, ahora le inquietaba la idea que flotaba; el pensar que los abogados de la empresa encabezados por el abogado general sabían que ostentaban el poder económico y las influencias para manejar a las autoridades de cualquier nivel, no sabía cómo estaba estructurado el engranaje, y quien estaba relacionado con su demanda, no entendía hasta que tanto pudieran llegar a hacer los demandados, con tal de ganar a como diera lugar esa demanda; aún a sabiendas de que estaban violando diferentes leyes e inclusive, tratados internacionales, que al autor le asistía la razón de acuerdo a la ley, tal era, que los enemigos de ésta, aparte de la delincuencia organizada, eran algunos impartidores de justicia y todo por tener compromisos entre ellos mismos, utilizando sus puestos para ganar algo extra, de la manera más fácil, sin importarles las lesiones, tanto morales como económicas que provocaban en los ciudadanos, además de deteriorar la imagen de una de las instituciones más nobles y sagradas con que puede contar un País, como lo es la impartición de justicia, sobajándose, subestimándose como personas, haciendo a un lado, la buena imagen de un correcto impartidor de justicia, ¿donde quedaba el sacrificio y la entrega de nuestros mártires?, ¿de nuestros héroes?, de los hombres que lucharon y dieron su vida para heredarnos un País digno y honorable, el cual serviría para poder vivir dentro de un estado de respeto a los derechos, de manera más tranquila. Nuestros hijos y las generaciones venideras, ¿Que iba a ser de ellos?.

Días después, el Abogado pasó por Mario para dirigirse a la agencia investigadora de la federación, le comentó que no había más tiempo que perder, en el trayecto casi no hubo comentarios, ya que el desconcierto los abatía, éste, se esfumaría al llegar y platicar con el licenciado Mendoza de la agencia investigadora quien manejaba el caso, la música los alejaba un poco de la realidad, los bloqueaba de los sucesos. Llegaron a la caseta de peaje, después de cubrir el respectivo pago, se detuvieron a comprar unos refrescos, el hielo se rompió, y el abogado empezó a comentarle que estuviera muy tranquilo,—ya parecía canción esa frase. Que después de todo, estaban viviendo una gran aventura en contra de los funcionarios los cuales estaban cubiertos por el tráfico de influencias y la corrupción, solo era cuestión de no perder la cabeza, conducirse de manera fría y esperar el tiempo necesario, que la ley era justa y muy clara,—se están dando cambios significativos en nuestro País,—dijo el Abogado, míralo de ese modo, no todo es malo. Mario solo movía la cabeza pues no tenía ganas de hablar, estaba muy confuso queriendo ubicarse en el río revuelto en el que estaban metidos, eso si lo entendía, abordaron el auto y recorrieron unos 3 kilómetros hasta llegar al puente de entrada a la ciudad de Tuxpan, después de pasar unas 2 cuadras, llegaron a la agencia 2ª investigadora, el guardia de la entrada les pidió la identificación y que firmaran la libreta de ingreso a esa institución, subieron por las escaleras hasta llegar a la oficina del agente Mendoza quien se encontraba dando instrucciones a su ayudante, al notar su presencia, se sobresaltó un poco, realmente daba la impresión de ser una persona honesta, los saludó de mano,—buenos días, el Abogado del autor empezó a preguntar lo referente al envío del telegrama,—mire licenciado,—dijo el agente,—ya salió un acuerdo, de momento está en el expediente y no se lo puedo mostrar, tengo instrucciones precisas de cómo conducir su querella y no le puedo dar más detalles, el Abogado se puso en alerta y preguntó del porqué, de esa determinación,—señor licenciado, usted sabe que de acuerdo a la ley, nos asiste el derecho a realizar una consulta al expediente,—claro que si licenciado, pero eso será en su momento,—mire señor agente, déjeme por lo menos, darle una leída, el agente un poco indeciso tomó un sobre grande conteniendo el expediente el cual se acababa de integrar y se lo mostró,—¿me permite copiar algunas cosas?,—mire licenciado, ya le dije que de momento no lo puede hacer, el Abogado empezó a leer tratando de memorizar lo mas importante,—¿ qué es lo que sucede?,—preguntó el Abogado, el agente contestó con voz fuerte,—licenciado, ¡su asunto ya trascendió!, fui objeto de una llamada de atención muy enérgica por parte de mis superiores, quienes me comentaron que la semana pasada salió un desplegado en un periódico de la ciudad de México, en dicha nota se da a conocer este caso y aseguran que la información la proporcioné yo, hasta aparece mi nombre, y por este incidente me llamaron para regañarme, entiéndame licenciado, por favor, el abogado un poco obligado dijo,—realmente nosotros no sabemos nada al respecto, pero le aseguro que por nuestra parte, no ha habido información alguna hacia ese periódico y mucho menos, hemos mencionado nombres; no niego que ya hemos tenido algunas entrevistas, pero de esto, no hemos hablado absolutamente con nadie,—pues yo no sé de donde salió, la verdad es que ya me sermonearon mis superiores,—mire señor agente, traemos a presentar este escrito, exigiéndole a este honorable organismo mediante algunos dispositivos legales, se nos explique el hecho del porqué, quieren archivar nuestra demanda; sin siquiera haber realizado, diligencia, ni investigación alguna para determinarlo así,—la ley establece que nuestra

JOSE GUADALUPE ARELLANO MARTÍNEZ

demanda es procedente y le aviso que vamos a acudir a las instancias que sean para que se aplique y se siga hasta sus últimas consecuencias, es mejor que esté usted enterado, respetamos su personalidad y queremos que usted respete nuestros derechos y que los haga valer, usted mejor que nadie, sabe de que se trata y si ya recibió instrucciones de archivarla, pues veremos qué hacer para que se reactive, de momento recíbame este escrito, ya después nos volveremos a entrevistar, el agente se le quedó mirando, y se despidieron. Mario se quedó callado, salieron del recinto y el abogado comentó,—guarda silencio,—comentó el Abogado, cualquier cosa que quieras decir, será hasta después, abordaron el coche y empezaron a platicar,—¿te diste cuenta?, ya lo regañaron, cuando nos vio nos ha de haber querido desaparecer, pero dime, ¿con que periodista hablaste?,—mira amigo, no sé de donde salió todo esto,—contestó el autor, es cierto que he tenido entrevistas, pero en ningún momento he mencionado algo de esto,—entonces, ¿de dónde salió?,—pues no tengo la menor idea, lo cierto es que esto ya trascendió a otros niveles,—¿ya ves?, ¿Qué te comenté de los periodistas?, en lo particular, no les tengo mucha confianza, luego mira con lo que te salen, inclusive a veces hasta llegan a negociar la información, de eso no existe duda, pero en fin, por lo pronto ya regañaron al agente investigador porque se sienten exhibidos,—no inventes,—dijo Mario,—estás manchando la honestidad y buena imagen de las autoridades de mi demanda; las risas del abogado contagiaron a su cliente, y continuaron durante parte del viaje de regreso, con esto, parte del País estaba confirmando a medias, las irregularidades que cometían los impartidores de justicia, esto, no era nada nuevo, la realidad de las cosas en este caso, era que por estar inmiscuidos servidores públicos de alto rango, era que habían tomado la determinación de archivar la demanda, por la talla de esta demanda, el procurador de justicia tuvo que haber estado enterado, y por alguna razón particular, o llámesele como se le quiera llamar, tuvo que haber ordenado e instruido a sus subalternos de archivar la demanda, no se descartaba el hecho de que quizás se pudiera arreglar a otro nivel inferior, argumentando "mentiras", el hecho es que fue subestimado en algún segmento, esa posibilidad también entraba en este enfoque, tendrían que tomar las medidas para hacer que prosperara su demanda, de manera diferente pero dentro de la ley, el Abogado dijo que presentaría ahora, la demanda de amparo en contra del "no ejercicio de la acción penal" para apoyar su demanda en contra de la agencia de la federación, para que algún otro juez les ordenara que se le diera seguimiento. La demanda de amparo estaba en duda, pues se tendría que presentar forzosamente en el mismo circuito; en esa ciudad de Tuxpan existían dos juzgados, los cuales eran el

7° y el 8°, los cuales pertenecían al 7° circuito, la duda surgió, pues de los inmiscuidos en la demanda penal, entre otros servidores públicos, estaba el juez del juzgado 8° y su compañero del 7°, quizás por tratarse de un colega no les concedería ese amparo, tendrían que jugarse esa carta, de otro modo, buscarían otra opción, para conseguir ese amparo, el comentario surgió por parte de Mario, y fue cuestionado por su apoderado,—mira, debes tener confianza en que no todos son corruptos, vas ver que así se están dando las cosas,—bueno, se me ocurrió pensarlo, ¿qué quieres que piense después de darme cuenta de toda esta basura?, no sabemos ahora que sucederá,—está bien Mario,—dijo el Abogado, te entiendo; busca de momento en que entretenerte, tengo que apresurarme para preparar las demandas, de amparo, de juicio político y también la denuncia que presentaremos ante la Comisión Nacional de Derecho Humanos, debe de ser lo antes posible, de momento tenemos que acudir al juzgado 7° a presentar la demanda de amparo, no vamos a esperar a que la agencia de la federación nos notifique lo que hayan acordado hasta después de que se extinga el término legal que nos asiste para presentar la demanda de amparo, debemos de adelantarnos, si ya después, se nos notifica que van a proceder o no con la averiguación, ya tendremos interpuesta la demanda de amparo, es una buena medida precautoria, no podemos a estas alturas, confiarnos de nada ni de nadie, ¿estás de acuerdo?,—claro que si Abogado, tienes mi apoyo y confío que harás todo lo que te corresponda hacer, sé muy bien, que la táctica que quieras emplear circunstancialmente será la mejor, solo te digo que no permitas que humillen, ni tu trabajo, ni tu persona, ni mis derechos.

El apoderado del autor, se presentó ante el juzgado 7° a interponer la demanda de amparo en contra del "no ejercicio de la acción penal" y se enteró de que el juez de ese juzgado era una licenciada, eso de algún modo, cambiaba las cosas, la imagen que tenía de las mujeres en esos cargos, era de rectitud, la mujer siempre se respeta más a sí misma, y eso le dio mucha confianza, además de que estaba adelantándose a las malas acciones que pudiera tomar la agencia de la federación, esperaba y confiaba que las cosas tomaran otro rumbo. Después de que le fue recibida la demanda de amparo, se retiró, para regresar a Poza Rica y continuar con su trabajo, le esperaban días, en los cuales tendría que aplicarse a fondo, prepararía la denuncia ante la Comisión Nacional de Derechos Humanos y también la demanda de juicio político ante la Cámara de Diputados en la ciudad de México, ésta última, había sido contemplada por ellos desde un principio, ya que era procedente y estaba dentro de la ley. Llegó a su casa decidido a encerrarse para ponerse a trabajar, tomó el teléfono, se comunicó a la Organización de Editores Mexicanos,

JOSE GUADALUPE ARELLANO MARTÍNEZ

para concertar una cita para una entrevista periodística con la licenciada encargada, quien días antes se había comunicado con él, al enterarse de los sucesos, se había estado pasando información hacia la ciudad de México y era del interés de ella reunirse con el señor Arellano. La licenciada, al enterarse quien era el que hablaba, mostró mucho interés, mencionó que esperaba esa llamada y era urgente que se reunieran, el Abogado le comentó que le diera unos 2 días para reunirse, ya que estaba por terminar las demandas que presentaría en la ciudad de México, la licenciada continuó pidiéndole que no dejara de hacerlo, que era muy importante esa noticia y necesitaba la información de manera pronta, después de ultimar detalles, se despidieron, volvió a marcar en el teléfono y se comunicó ahora con su representado, para comentarle que ya estaba en puerta una entrevista importante, a Mario le pareció que era pertinente en ese momento, dar a conocer a nivel nacional la conducta de los supuestos hombres rectos, los cuales tenían en sus manos, puestos tan importantes como el de administrar bajo una dirección a Petróleos Mexicanos junto con su abogado general; el señor procurador de justicia, quien quizás ignoraba los hechos de ese problema que estaba creciendo muy rápido, y que en un momento dado tendría que intervenir e investigar quien había dado la orden de archivar esa demanda, o quizás también, ya lo sabía, preguntó la licenciada que cuando sería la entrevista, el Abogado contestó que solo debería de pulir un poco las demandas que presentaría y eso le llevaría solo un par de días,—prepara lo necesario, que máximo en 3 días estaremos de visita en el distrito federal.

El tiempo estimado quedó atrás, la desmoralización empezaba a aparecer en la tranquilidad de Mario, intuía hasta donde podrían llegar las cosas, se estaban enfrentando a una empresa con mucho poder económico y relaciones, la demanda de juicio político ante la Cámara de Diputados, si prosperaba, pondría al descubierto la conducta de los directores de Petróleos Mexicanos, de Pemex petroquímica, del abogado general de la misma empresa, del juez del juzgado 8°. El mismo Procurador de Justicia de la Nación se enteraría, tendría que saber, si no sabía, que algunos de sus subordinados estaban empañando la imagen del organismo que el representaba y castigarlos; de alguna manera, no se trataba de politizar el asunto, mucho menos de venganza, más bien, se trataba de hacerle ver al País, que sus gobernantes se estaban llenando la boca al vociferar a los 4 vientos, que habían emprendido la lucha abierta en contra de la corrupción y la impunidad, que estaban haciendo una limpieza al organismo de la impartición de justicia y con este caso, dejaban en claro que todo era mentira, que solo estaban estructurando un teatro para darle atole con el dedo a los ciudadanos, todo; solo para justificar su conducta y sus puestos, se trataba de que las cosas mejoraran, pero solo a favor de sus intereses, la política era una guerra abierta, se manchaban las imágenes de las personas contrarias al partido que había abatido a otro, el cual había durado 70 años en el poder, se manejaba que se daría un cambio radical, por un lado, la idea era bastante aceptable, por otro, sería una lucha muy fuerte, sobre todo, porque dentro de algunos puestos importantes dentro del engranaje del gobierno había mucho rencor hacia los vencedores, quienes, lejos de pensar en resolver los problemas que pudieran traer consecuencias graves al País, se preocupaban más por continuar en sus puestos, por la ideología hacia su partido, quizás se preguntaban, ¿cómo había sido posible, que a esas alturas, después de tener el poder durante 70 años, se les hubiera escapado de las manos?. La gente, ahora con más conciencia, pudiera ser una respuesta, los ciudadanos ya estaban cansados de tantos abusos, de tanta corrupción, de tanta injusticia, a algunos de los gobernantes anteriores, se les había juzgado moralmente y lógicamente sus enriquecimientos habían dado mucho de qué hablar, pero según ahora el Presidente actual, tenía en sus manos, todas las consecuencias de los problemas heredados y sería una lucha titánica, era lógico pensar que sus enemigos políticos, tratarían de avasallar sus ideales y todos los buenos propósitos que en sus discursos de campaña había mencionado, en fin, eso solo el tiempo lo podría definir, de momento las cosas, parecía que habían empezado a funcionar con gente nueva, se observaba mucha juventud en los organismos más importantes; el abogado general de Petróleos Mexicanos era uno de ellos, era diputado del partido presidencial bajo licencia, contaba con 28 años de edad, su carrera política lo había distinguido, e inclusive clamaba que formó parte de los asesores de la campaña presidencial, ahora estaba desarrollándose en ese importante puesto, su conducta había cambiado, demostraba ahora, la prepotencia que da la soberbia y la ignorancia, ¿Qué tanta capacidad dentro de las leyes, podría tener?, el puesto le quedaba grande, solo se podría entender, que contaba con relaciones y con la asesoría de los licenciados de más edad y experiencia de la empresa, quienes le rendían pleitesía por ser su jefe como sucede siempre en Petróleos Mexicanos, imbuían en su mente, todas las ideas de su triste pasado, ahora, había comprometido ya a varias personas al desplegar una conducta irresponsable, manejando a las autoridades que se prestaban, para quienes la ley de los Derechos de Autor no existía, también para el director de Petróleos Mexicanos, quien en su confesional por parte de éste, las hojas del escrito, estaban identificadas con la leyenda de la oficina del abogado general de Petróleos Mexicanos y dicha confesional se había

JOSE GUADALUPE ARELLANO MARTÍNEZ

presentado con falsedades ante un juez federal. La pintura del lienzo en el cual habían empezado a querer realizar una obra de mentiras, se estaba disolviendo, presentaba ya, muchas fisuras, solo restaba esperar y confiar, en que la demanda quedara en manos de alguna autoridad responsable e insobornable, que se condujera con honestidad y de manera honorable, que respetara y aplicara las leyes, apegándose a derecho, solo eso necesitaban, de momento; Mario estaba decidido a enfrentar lo que fuera para defender sus derechos como creador de su "obra pictórica", se estaba queriendo cometer un crimen moral y patrimonial, los demandados estaban acorralados, y por esa razón, se habían dedicado a emplear las influencias para tratar de ganar a costa de lo que fuera, cohechando, pisoteando la honorabilidad de los impartidores de justicia, la mecánica de éstos, forzosamente debía tener fisuras, las cuales resultaban positivas, como en todo mecanismo existe un equilibrio, la corrupción no era posible que se diera en todo ese mecanismo, había muchos intereses de por medio, pero también existiría alguna persona honesta, quien se encargaría de ponerlos en su lugar.

La ciudad de México apareció, Mario y su apoderado legal, habían emprendido el viaje muy de madrugada, el frío se dejaba sentir, el sol apenas empezaba a asomarse dejando notar una estela de contaminación, la cual envolvía a la ciudad, el tráfico en ese momento era un caos, ya que toda la gente quería llegar a su trabajo. El Abogado hizo algunos comentarios al respecto,—¿te gustaría vivir aquí?,—me gusta el Distrito Federal, pero solo para estar unos días de paseo, no me gusta para vivir, hay tantos lugares para visitar, su estructura habla de mucha cultura y eso me agrada, por lo demás, ya es inhabitable para mi, observa cómo se me irritan los ojos, siento que mi respiración cambia, hace años, cuando estuve estudiando por acá, no se daban todos estos detalles que ahora se observan; antes, era una ciudad con menos problemas, menos contaminada, ahora la sobrepoblación y las industrias, han traído toda esta contaminación y difícilmente le encontrarán solución. Entraron por la avenida de los insurgentes para llegar al sur de la ciudad, se desviaron para tomar por el periférico y llegar al edificio de la Comisión Nacional de los Derechos Humanos; en la puerta fueron recibidos por el guardia, quien les solicitó sus identificaciones y les preguntó a que área se dirigían, sus nombres fueron anotados por la secretaria encargada de ese menester, quien los hizo pasar a una sala de espera, después de unos minutos, una licenciada se acercó para decirles que pasarían a la oficina de un licenciado el cual había sido designado para recibirles su denuncia y darles la asesoría, la licenciada los acompañó hasta el tercer piso y los instaló en la oficina de licenciado que ya los esperaba,—buenos días, adelante, pasen y tomen asiento, el licenciado encargado de atenderlos, demostró muchas atenciones hacia ellos, quien después de escuchar con atención la queja, recibió la copia certificada del expediente, la cual llevaban consigo, les comentó que si así estaban las cosas en su demanda, le dieran un tiempo razonable para estudiar el caso, después se pondría en contacto con ellos para acordar otra cita y darle a su denuncia el carácter formal. Salieron del edificio para dirigirse a la Honorable Cámara de Diputados a presentar su demanda de juicio político en contra de los funcionarios antes mencionados. Fueron recibidos en la oficina del jurídico; estuvieron platicando con el licenciado quien se encargaría de recibirles esa demanda, les comentó, que ese trámite tardaría algunas semanas, ya que se tendría que integrar una comisión revisora para ese efecto, y sería, hasta después de un mes,—les pido por favor un poco de paciencia, cada mes se revisan muchas demandas, ellos determinan, cuales son procedentes y cuáles no lo son, de momento les recibiré sus documentos y ratificará usted señor Arellano, su demanda; pero le quiero preguntar, ¿no teme usted represalias?, Mario de manera firme contestó con otra pregunta,—¿Qué me quiere usted decir?, no sé en qué concepto tenga mi mentalidad y mi persona; o es que acaso, ¿me quiere usted espantar?, licenciado, ¡no soy un delincuente!, solo estoy queriendo hacer valer los derechos que la ley me otorga como autor, los delincuentes son ellos, el licenciado terminó,—espero verlos por acá dentro de unas semanas. Se despidieron y salieron del edificio el cual era una construcción muy grande, dejando entrever que era mucha gente la que laboraba en ese recinto tan honorable para el País.—¿te diste cuenta que se nos quedaban viendo muy serios?—comentó el Abogado,—saben que no es normal que un ciudadano denuncie a altos funcionarios, se imaginan que firmaste tu sentencia de muerte, pero ahora las cosas han cambiado, ya veremos el impacto que se dará por este hecho, ahora nos dirigiremos a la Organización de Editores Mexicanos; déjame llamar a la licenciada encargada de hacernos la entrevista, el tráfico a esa hora ya era intolerable, la gente se mostraba muy irritada, cualquier detalle la hacía gritar, todos miraban con desconfianza, se escuchaban palabras insultantes, lo mejor era hacer caso omiso de esos detalles; lo importante era llegar a la entrevista, recorrieron la ciudad por espacio de 30 minutos y arribaron al edificio de la Editorial, la estructura que éste presentaba, lo hacía impresionante, había en la entrada algunas antenas de comunicación muy grandes y de varios tamaños, la recepción era muy espaciosa, al referirle a la persona encargada a quien buscaban, les colocó unos identificadores en el cuello, les dio instrucciones hacia qué área del edificio debían dirigirse; y que la licenciada en periodismo,

JOSE GUADALUPE ARELLANO MARTÍNEZ

los estaba esperando, subieron por el elevador y llegaron al tercer piso, la oficina de la licenciada era muy extensa, quien al notar su presencia se puso de pié saludándolos con cortesía,—por favor tomen asiento, ¿Qué tal el viaje?,—muy bien todo licenciada, después de los saludos, entraron de lleno al tema de su entrevista, le mostraron alguna documentación consistente en pruebas y partes de la demanda, también una sección de la resolución del juez de primera instancia, hicieron un análisis de todos los acontecimientos, apareció un fotógrafo y empezó a hacer impresiones fotográficas en diferentes ángulos a ambos entrevistados, la licenciada siempre con mucho interés, muy atenta les comentó que realizaría una nota bien instrumentada, de mucho fondo y basada en los hechos, les preguntó si existía algún inconveniente con respecto a lo que en un momento dado revelaría en su nota periodística, los entrevistados contestaron que no, después de pasadas unas 2 horas, se despidieron quedando de estar en contacto para lo que fuera necesario y estar enterados el día en que sería publicada esa entrevista, salieron del edificio para emprender el viaje de regreso hacia Poza Rica, en el trayecto se detuvieron en la autopista para comer algo; el abogado comentó que por esos lugares se comía muy sabroso, y que si ya había probado los escamoles, un poco sorprendido Mario pensó que su Abogado comía otras cosas, ya en alguna ocasión habían hablado sobre ese platillo, el cual ahora les fue preparado con cebolla y chile que por cierto, era de un sabor muy especial, muy diferente a todos los sabores de platillos que Mario había probado en su vida, además, la señora que los atendió, les mencionó el alto contenido proteínico de los escamoles, tomaron unos tequilas y continuaron su viaje, después de fumar unos cigarros, empezaron a hacer comentarios de lo que podría suceder después de todas las medidas que estaban tomando, sin duda alguna, esto tendría que surtir efectos, la repercusión de esa estrategia no se haría esperar, ya en su momento se asomaría, ahora tendrían que seguir esperando.

La mañana del día siguiente, se vio ensombrecida por unas nubes cargadas de humedad, los matices de color se asomaban muy fríos en el horizonte, Mario se encontraba trabajando en su obra sobre la corrupción, cuando timbró el teléfono, era su Abogado, le llamó para darle la noticia de que la juez del juzgado 7°, le había concedido el amparo y que haría una visita a la agencia investigadora de la federación, ahora las cosas estaban presentándose de manera diferente, el engranaje de los que estaban manejando a las autoridades, dejaba entrever las fisuras que había, por lo menos dejaron un cabo suelto, la juez. Las mujeres son más respetuosas de su trabajo y de su persona, quizás ella, había sido visitada por los sobornadores de Pemex y se toparon con un muro de honradez, o tal vez, no esperaban esa reacción por parte de los demandantes y les cayó de sorpresa la demanda de amparo, no les dio tiempo a continuar realizando sus sucias maniobras; lo cierto era que de la manera que hubiera sido, este detalle resultaba muy positivo, Mario lo pensó así y sonrió, ahora se empezarían a hacer las investigaciones correspondientes a su demanda penal y no había duda, que a los inculpados les resultarían responsabilidades; había que reconocerle a la juez, su honradez, pero lo asaltó otra idea, la de que quizás, las autoridades de común acuerdo con los demandados, quisieran tratar de seguir esa demanda de manera manejada, simulada, hacer todos los trámites, tratando de estructurar un teatro para que se quedaran quietos, esto se lo comentó a su Abogado, quien le contestó que no se preocupara, que estaría pendiente de que el procedimiento que se le iba a dar a sus investigaciones, fuera de lo más recto y conforme a derecho, ahora las cosas estaban empezando a encaminarse legítimamente, no se imaginaba la cara que pondría al enterarse el agente investigador contra ellos, cuando los viera; Mario pensaba que este señor hacía su trabajo, no había duda que recibió órdenes y su fuerza para realizar las investigaciones conducentes estaba siendo acotada, en verdad, se notaba en él, la honradez, pero ésta, se quedaba detenida por la muralla que sus superiores le habían puesto, todo esto fue comentado por su Abogado, nuevamente le pidió que tuviera confianza, que se hiciera fuerte, que no tuviera miedo,—estás peleando un derecho que de acuerdo a la ley te corresponde, los que están cometiendo el delito, son "ellos", además no creo que sean tan tontos para tratar de simular algo, imagínate, primero la prensa con el escándalo exhibiendo al director de Petróleos Mexicanos como un mentiroso, al cual, ya lo está requiriendo la procuraduría, después, nosotros amparándonos, pero te puedo asegurar que hay elementos de delito suficientes, para que se vayan a la prisión, no te preocupes, lo que si te pido es que tengas precaución,—te agradezco todo lo que estás haciendo, ya un día veremos los resultados de tu trabajo, el cual para mí, es excelente, el Abogado terminó su plática, diciéndole que lo pondría al tanto de todo lo que estaba aconteciendo en la agencia 2° investigadora, y de su parte, lo que restaba por hacer.

Los días pasaron provocadores, era cierto que los acontecimientos vividos empezaban a mostrar consecuencias en la razón de Mario, resultaba inadmisible, ¿Qué era lo que estaba sucediendo?, ¿Dónde estaba la observancia a la ley de los Derechos de Autor?, ¿donde quedaban las garantías que ofrecía esa ley para los creadores?, ¿sería, que parte de la mecánica jurídica de la empresa hubiera ya negociado su demanda con el poder judicial?, pero sobre todo, ¿se quedarían las cosas así como lo estaban malogrando las autoridades?,

JOSE GUADALUPE ARELLANO MARTÍNEZ

los grandes arquitectos de impartir justicia ¿construirían un gran monolito a la impunidad, prestándose a los intereses de los demandados?, eran tantas incógnitas las que dejaban una estela de incertidumbre, timbró el teléfono y contestó,—¿bueno?,—¿Mario?,—si diga, era un amigo conocido, que desarrollaba su trabajo dentro de la empresa demandada,—mira, me acaban de proporcionar un número telefónico al cual se comunican del jurídico de Pemex todos los días, se que es de Veracruz, investiga de quien es, Mario, después de anotar el número, le agradeció al compañero esa información, tomó nuevamente el teléfono y solicitó información sobre ese número telefónico, pasaron unos minutos y la operadora le comentó que ese número estaba asignado al Tribunal Unitario de Boca del Río; empezó a sentir como la sangre circulaba a mayor velocidad dentro de su cuerpo, otra duda se aclaraba, los demandados estaban en contacto con el magistrado, había contubernio con él, y los efectos llegarían sin misericordia, volvió a timbrar el teléfono, ahora era su Abogado, quien le pedía que pasara a su oficina para hacerle saber, de cómo se estaban dando las cosas, el Abogado se había enterado de la intervención por lo menos de 4 licenciados con altos cargos; como subprocuradores de justicia de asuntos penales, uno de ellos en materia de asuntos internacionales, sobre todo, que ya un subprocurador de asuntos penales, había girado la orden de que en el presente caso, se reintegrara la averiguación previa APTUX/2002-II y se procediera conforme a derecho, hasta sus últimas consecuencias, el plan estaba dando sus resultados, la agencia 2° investigadora estaba siendo presionada por 2 flancos, por uno, la juez que les había concedido el amparo para que se reintegrara la averiguación previa, citando a declarar a los presuntos implicados, por otro, ya el señor procurador, debía de estar enterado de la manera plena de la realidad de las cosas, era de sentido común, que alguien le hubiera filtrado información sobre la demanda de juicio político ante la Cámara de Diputados y entró al estudio de la demanda, determinando que con la razón, se procediera con apego a la ley, esto para tratar de demostrar que no existían compromisos con los funcionarios públicos demandados, ahora sí, la justicia estaba apareciendo, la situación para los demandados era muy grave, y al darse las investigaciones correspondientes, resultarían responsabilidades penales para todos los demandados, Mario pensó que sería justo también, ver en la prisión a todos los responsables del crimen moral y económico que estaban queriendo cometer, los puestos importantes,—pensó,—deben de ocuparlos personas honestas y transparentes, eso es lo que espera el ciudadano de ellos, de cierto modo, estaba contento de poder desenmascarar a toda esa bola de corruptos y mentirosos, quizás estaba su vida de por medio, pero la valentía que ostentaba por pelear sus derechos, sería un ejemplo para muchos, además, solo estaba exigiendo el respeto a un derecho, el delito lo estaban cometiendo ellos; Mario, después de sacar conclusiones le comentó a su abogado, de la llamada que acababa de recibir con la información del número telefónico,—están trabajando al magistrado, de eso no hay duda,—pero, ¿Qué podemos hacer al respecto?, pasa lo mismo que con el juez, contestó el Abogado,—simplemente nada, hay que dejarlos, a ver hasta dónde llegan, son tan obvios y tan venenosos, tan ignorantes para enfrentar una demanda, que tiene que pedir ayuda, pero hay dejarlos que se embadurnen bien, ya en alguna ocasión te comenté que existía la posibilidad de acudir a una instancia fuera del País, entonces será otra cosa, y cuando llegue ese momento, vas a darte cuenta de la que se les va a armar, no nos queda de otra, si los señores se prestan, pues allá ellos, después tendrán que enfrentar, lo que el País y las autoridades les cuestione y sean castigados.

INSTRUCTIVO DE NOTIFICACIÓN PERSONAL

Tuxpam, Veracruz; a 18 de Febrero del 2003

AL C. JOSÉ GUADALUPE ARELLANO MÁRTÍNEZ.

Por este medio le notifico a Usted que con fecha catorce de Febrero del año dos mil tres se dictó un Acuerdo dentro de la averiguación previa número TUX/048/2002, del índice de esta Agencia Segunda Investigadora que dice: - - -

A.P. No TUX/048/2002-II
ACUERDO.- - - - - - - - - - - - - - - -
En la Ciudad y Puerto de Tuxpan De Rodríguez Cano, Veracruz, siendo las doce horas del día catorce del mes de Febrero del año dos mil tres.- - - - - - - -
- - - V I S T O el estado que guarda la Averiguación Previa citada al rubro, y en atención al escrito presentado por el ciudadano JOSÉ GUADALUPE ARELLANO MARTÍNEZ, de fecha primero de Octubre del año dos mil dos, presentado ante esta autoridad el día cuatro de Noviembre del año anteriormente citado, y en cumplimiento al oficio 2988 de fecha doce de Febrero del año en curso, dictado dentro del Juicio de Amparo 924/2002, del Índice del Juzgado Séptimo de Distrito en el Estado, cítese por los conductos legales para que declaren en relación a los hechos que se les imputan a las personas siguientes, INGENIERO RAÚL MUÑOZ LEOS, Director General de Petróleos Mexicanos; INGENIERO RAFAEL BEVERIDO LOMELIN, Director General de Pemex-Petroquímica; LICENCIADO ENRIQUE TORRES SEGURA, Juez Octavo de Distrito en el Estado; LICENCIADO JOSE CESAR NAVA VAZQUEZ, Abogado General de Petróleos Mexicanos; LICENCIADO PEDRO HERRERA FRANCO, Superintendente Jurídico de Petróleos mexicanos. LICENCIADO CARLOS LEONARDO MIMARI GEORGE, Abogado y Apoderado General para pleitos y cobranzas de Petróleos Mexicanos; LICENCIADO SALVADOR SALAZAR LOZADA, Abogado y Apoderado General para Pleitos y Cobranzas de Pemex-Petroquímica; LICENCIADA HORTENCIA ELIZABETH CASTILLO GONZALEZ, Abogado y Apoderada General para Pleitos y Cobranzas de petroquímica Escolín, Sociedad Anónima de Capital Variable; declaraciones ministeriales que se desahogaran tomando en cuenta la carga de Trabajo con que cuenta esta Agencia Segunda Investigadora.- - - - - - - - - - - - - - - - - -
- - - Ahora bien por cuánto hace a las demás pruebas que ofrece el denunciante en su escrito de fecha primero de Octubre del año dos mil dos, presentado ante esta autoridad en fecha cuatro de Noviembre del año dos mil dos, hágase de su conocimiento que mediante acuerdo de fecha doce de Febrero del año dos mil tres, se ordenó la citación para que comparezcan ante esta autoridad el día diecinueve del mes y año en cita, de los Contadores Públicos JORGE ARMANDO CARMONA RODRÍGUEZ y CIRENIO GARCIA GARUA, para que rindan declaración en relación a los hechos que se les imputa. Así mismo en dicho acuerdo se ordenó la citación para el día veinte de Febrero, de las personas de nombre JUAN FRANCISCO GUZMÁN LUNA y de la Ciudadana LICENCIADA DORA

NOTIFICACIÓN
IMPLICADOS 1

ALICIA BARRAGÁN SILVA, para que rindan su declaración en relación a los hechos que se le imputan.- -
- - - Por cuanto hace a la **PRUEBA PERICIAL** solicitada, hágase de su conocimiento que mediante acuerdo de fecha siete de Febrero del año en curso, se ordenó girar atento oficio al C. Delegado de Servicios Periciales de la Procuraduría General de Justicia en el Estado, a efecto de que designara a una persona que fungiera como perito en materia de Documentoscopía, y emitiera dictamen pericial por cuanto hace a los puntos vertidos en dicho acuerdo. Por cuanto hace a la **PRUEBA DE INSPECCIÓN OCULAR**, solicitada, no se acordó favorable su recepción, en virtud de que de las copias certificadas que anexo a su escrito de denuncia, consta que esta Prueba ya fue practica y desahogada por personal actuante del Juzgado Cuarto de Primera Instancia del Distrito Judicial de Poza Rica, Veracruz, dentro del Juicio Ordinario Civil número 8/2001 del Índice del Juzgado Octavo de Distrito.- -
- - - Por cuanto hace a las declaraciones ministeriales de los C. C. **INGENIEROS VÍCTOR VARGAS ESCORZA; OBED BENITO ROJAS; PATRICIA VASCONCELOS LOPEZ; TARIACURI HERRERA ARRIAGA; ISMAEL RIOS HERNANDEZ; VENTURA SANCHEZ FOTI y CESAR EDUARDO RABAGO BETANCOURT,** no se hace manifestación alguna, toda vez que como consta en actuaciones, dichas personas ya han declarado en relación a los hechos que se le imputan; declaraciones de las cuales se ha impuesto el denunciante José Guadalupe Arellano Martínez, las veces en que ha comparecido ante esta autoridad para imponerse de las actuaciones que integran la indagatoria de mérito; con lo anterior esta Representación Social de la Federación, da contestación al escrito signado por el C. José Guadalupe Arellano Martínez, de fecha Primero de Octubre del año dos mil dos, presentado ante esta autoridad el día cuatro de Noviembre del año en comento. Notifíquese personalmente el presente acuerdo al depú...... una vez que comparezca ante esta autoridad.- - - - - - - - - - -
- - - - - - - - - - - - - - - - - - - -CUMPLASE.- - - - - - - - - - - - - - - - - -
..... y firma el C. Licenciado DOMINGO MENDOZA ALDANA, ...te Segundo del Ministerio Público de la Federación. DAMOS FE.....

T. de A.   T. de A.

C. EFRÉN MARTÍNEZ CARBAJAL   **C. RAQUEL CRUZ CRUZ**

...... en fecha dieciocho de Febrero del año en curso, se da cumplimiento al ...... que antecede notificándosele en forma personal al C. JOSÉ GUADALUPE ARELLANO MARTÍNEZ, quién firma en presencia del personal que actúa y da fe.- - - - -

EL DENUNCIANTE.

C. JOSÉ GUADALUPE ARELLANO MARTÍNEZ.

TESTIGOS DE ASISTENCIA.

C. EFRÉN MARTÍNEZ CARBAJAL.   C. RAQUEL CRUZ CRUZ

NOTIFICACIÓN
IMPLICADOS 2

JOSE GUADALUPE ARELLANO MARTÍNEZ

Los periódicos de la ciudad en esos días, mostraban notas de sucesos de mucha trascendencia, uno de ellos, siendo el más importante, después de investigar por unos meses, anunció un desvío de recursos por la cantidad de 120 millones de pesos, que se había detectado por la contraloría de Petroquímica Escolín, en el que estaban involucrados aproximadamente 26 trabajadores de ese complejo, algunos jefes, a los cuales, de entrada, les habían cancelado el contrato a 8 de ellos de puestos importantes, la justicia del hombre había sido violentada por un tiempo, y ahora aparecía la justicia divina, ese jefe, que de la noche a la mañana se presentó a su trabajo, con un automóvil importado, de los más caros, también había sido investigado, era por demás elocuente e inexplicable que a un trabajador de esa empresa, su salario le hubiera dado para adquirir un vehículo de esa estampa y de un valor económico tan alto. Lo relevante de ese fraude, era que uno de los testigos que se habían presentado a declarar en contra de la razón de Mario, había sido separado de la empresa y estaba implicado en ese fraude, el ingeniero Herrera quien se desempeñaba como jefe de seguridad industrial en Petroquímica Escolín el cual declaró que "no sabía a cuanto ascendían sus ingresos" dentro de la empresa, ahora deberían de estar arrepentidos de su conducta, ahora les esperaba la prisión por lo que les resultara de responsabilidad, El Abogado de Mario, realizó una visita al Tribunal Unitario de Boca del río para ponerse al corriente del curso de la demanda de apelación, era entendible que ya no tardaba el magistrado, en efectuar su veredicto, se enteró de que probablemente el día ultimo del mes de diciembre se publicarían algunas resoluciones, esto se lo comentó a su cliente, quien estuvo de acuerdo en seguir esperando, no importaba el tiempo que se tomaran para determinar, lo importante era que lo hicieran de la manera más honesta y dentro de la ley, eso era lo que Mario esperaba. Los días decembrinos empezaron a deslizarse, todo el escenario de la ciudad, se presentaba de acuerdo a esos festejos, con todo el espíritu navideño, las fiestas, los brindis, el ponche y demás cosas, así pasó todo ese mes. Mario se encontraba en su casa pintando, cuando su Abogado se comunicó por teléfono, la noticia que recibió, lo dejó más frío, tal parecía que la vida de la corrupción apenas empezaba, ya que el fallo del magistrado, había confirmado la sentencia de primera instancia, ¿cómo era posible que así haya sucedido?, desfilaron varias hipótesis por la mente de Mario, no había más que decir de momento, recordó lo del número telefónico, eso quedó confirmado, habían trabajado al magistrado, el Abogado se enteró a través de la red de internet sobre la resolución, en base a un acuerdo dictado por parte del juez del juzgado 8°, por esa razón acudió al Tribunal Unitario, le pidió a su representado que tuviera confianza, que no claudicara y que estaría de regreso por la noche para explicarle los términos de esa nueva resolución, Mario colgó el auricular y empezó a sentir como el calor inundaba su cabeza, podía escuchar muy dentro de ella el golpe de la sangre de manera fuerte, se quedó sentado en la telefonera, tratando de entender la conducta del magistrado y recordando las palabras dirigidas hacia él, por parte de la licenciada proyectista de sentencia de ese tribunal, "somos autónomos", "no aceptamos presiones de ningún organismo, ni de ninguna persona", "nada tiene que ver una cesión de Derechos de Autor que es irrenunciable, a cambio de una jubilación", dentro de la ley no puede cambiar un derecho por otro, "el trabajo no es artículo de comercio, y de ninguna manera puede también, renunciar a ese derecho", "no me explico porque el juez determinó la prescripción si sus derechos son imprescriptibles", esas palabras ahora, sonaban huecas, eran recordadas de manera burda, ahora era un insulto a la razón, la gran licenciada, la honesta, la mujer de entrada edad, con toda su experiencia, había claudicado, echando por tierra casi 30 años de trabajo, le deseó a la licenciada, que le fuera muy bien y que con su determinación, hubiera logrado algún beneficio personal, algo había sucedido, ahora ya se notaba descaradamente la decisión de la consigna, que se había instrumentado en contra de sus derechos, esperaría hasta llegada la noche, para entrevistarse con su Abogado, de momento se recostó, después de unos minutos, se quedó dormido, se había bloqueado, se escapaba de la realidad, al retornar su Abogado lo encontraría despejado, sabía que esto no era el final, todavía tenían otros recursos. Despertó a las 8 de la noche, el teléfono timbraba insistente, después de deshacerse de la somnolencia, contestó,—¿bueno?, la voz del otro lado, se escuchaba muy irritada, su Abogado le pedía que pasara inmediatamente a su despacho y sin más, cortó la llamada. La voz del Abogado hizo que Mario empezara a sentirse nervioso, ahora se enteraría y confirmaría lo que tanto había meditado y temido, "la consigna", el magistrado dictó su resolución contraria a sus derechos, y era de suponer que lo había hecho por una orden, llevándose entre las patas la buena imagen de su proyectista. Llegó a la oficina de su Abogado, tocó el timbre con insistencia y apareció su apoderado, su rostro se veía desencajado, se notaba en él, la indignación y a la vez, la impotencia, lo hizo pasar y le sirvió una copa de vino; con toda calma, colocó un vaso y empezó a servir el brandy, sabía que a su cliente le gustaba, y no tuvo que preguntar qué era lo que le apetecía tomar, después de preparar la bebida, se sentó frente a Mario, sus ojos estaban irritados, parecía que el coraje escaparía por ellos, su primera exclamación dejó a Mario muy sorprendido,—¡hijos de su centenaria!, nos

JOSE GUADALUPE ARELLANO MARTÍNEZ

quieren avasallar de cualquier manera, es una porquería lo que acaba de hacer el magistrado, no tiene perdón de Dios ni de las leyes, se le olvidó cual debería de ser su posición, para él no existe la ley del Derecho de Autor, ¡no existes!, ¡no existes!, ¿lo entiendes?, con esto, ya debes de estar bien consiente que nos estamos enfrentando a la mafia de la corrupción que tiene esta empresa, levantando su copa dijo ¡salud!, y empinaron sus copas hasta agotarlas, el golpe del gran trago, hizo que sintieran el calor, hasta los oídos.—Ya mañana,—comentó el Abogado,—después de entender y asimilar este detalle, te diré que pasos seguiremos, pero una cosa si te aseguro, están manejando las cosas a modo de enredarlas lo más que se pueda, todo con el fin de justificar su trabajo y quizás, una orden, así como se están conduciendo, tendremos que acudir a la Comisión Interamericana de Derechos Humanos, la cual se encuentra en la ciudad de Washington, piensa en esa posibilidad, mañana me pondré a trabajar sobre la demanda de amparo directo, para presentarla en el Tribunal Colegiado en Xalapa; mira, la sentencia fue emitida el 31 de diciembre, el día 2 de enero, el magistrado fue cambiado de puesto, lo premiaron por haber cumplido "órdenes", y ahora es visitador, imagina como está el engranaje de este organismo, el señor que violó dispositivos terminantes de la ley, y cometió delitos en contra de la administración de justicia, ahora va a vigilar que los jueces hagan bien su trabajo, que estupidez, que inmundicia; también te quiero decir que la licenciada proyectista de sentencia me comentó que había recibido "órdenes" y por esa razón la sentencia se determinó así, ¿te das cuenta?, hay consigna sobre tu demanda, no quieren que sea reconocido tu derecho patrimonial, tu integridad cultural, tu originalidad como el artista que eres, tu criatura está siendo pisoteada, no valoran eso porque son ignorantes en este sentido; los sobornadores no dejan de moverse, disculpa, me siento tan abatido y quiero que me permitas estar solo, es necesario, Mario lo entendió, se despidió y se dirigió a su casa, ya en ella, sacó una botella de vino, encendió su equipo de sonido y sirvió su brandy, quería confiar, deseaba que todo lo que estaba viviendo no fuera real, le parecía muy injusto que solo por el hecho de que se le hubiera ocurrido, después de hacer un estudio, idear un concepto, materializarlo y darlo a conocer en una "obra", como algo único e irrepetible; tuviera que estar viviendo y pasando, por todo esto, se trataba de algo contradictorio, las ideas, lo original para estos abusivos, no tenían valides alguna si se trataba de pagar, pero era muy benéfico utilizarlas, sobre todo conseguirlas de manera furtiva, robadas, muy por encima de la ley. Los vasos de vino, fueron pasando de uno a otro hasta casi la mitad de todo el contenido de la botella, el autor cada vez, se fue sintiendo más ligero, pensó que un magistrado, era una persona honorable y de mucho respeto, de más conocimiento y preparación, pero ahora entendía, que no solo estaban en su contra los demandados, sino también los impartidores de justicia en complot con ellos, en su demanda, los estragos del brandy empezaron a aparecer, ahora la sensación de su cuerpo era otra, su respiración se fue tornando más fuerte, sentía un calor agradable, dejó de pensar en su problema y por su mente, empezaron a desfilar otras cosas que lo fueron transportando, el sonido del jazz fue desapareciendo en sus oídos, el vacío en el cual estaba entrando lo empezó a atraer con fuerza, se fue metiendo en ese torbellino que concluye en la inconsciencia hasta quedar profundamente dormido. El fresco de la madrugada empezó a hacer reaccionar su cuerpo adormecido, abrió sus ojos, todavía sintiendo los estragos de la ingestión etílica, un poco mareado se puso de pie, apagó el equipo de sonido, se metió a su recamara y así vestido como estaba, se dejó caer en su cama. El timbre de la puerta se escuchó, eran las 9 de la mañana, se incorporó dirigiéndose a abrir la puerta,—¡buenos días!, era su Abogado quien presentaba otro semblante,—mira que cara tienes Mario, debes de estar tranquilo, es justo ahora cuando te necesito más tranquilo. Ahora ya más fresco que ayer, te quiero decir, que es lo que haremos, ya estuve repasando la resolución del magistrado y es una asquerosidad de argumentos sin sustento legal, he encontrado muchas alteraciones así como violaciones a tus derechos, no me cabe duda, que con la demanda de amparo directo que vamos a presentar ante el Tribunal Colegiado se nos hará justicia, el magistrado cometió también, delitos en contra de la administración de justicia, menciona cosas que nunca se manejaron en los hechos de la demanda, omitió las pruebas presentadas, manejó y altero acomodando a sus intereses de manera que pudiera introducir la "nulidad relativa" del convenio, lo que estamos solicitando es la "nulidad absoluta" la cual no prescribe es perpetua y así lo dicta la jurisprudencia que debió observar, además de sentenciar, que los Derechos de Autor son reconocidos por el estado, solo hasta que obtienes el registro de tu obra como autor, los tratados internacionales de los que nuestro País forma parte en esta materia, mencionan que la obra se encuentra protegida desde el momento mismo de su creación, sin necesidad de registro alguno, refiere que la ley determina que las cesiones de derechos, no necesariamente tienen que ser onerosas, sino también gratuitas, que debes de pelear tus derechos laborales en la junta federal de conciliación y arbitraje, concluye, "que la onerosidad que dicta la ley en las transmisiones de derechos de autor, resultó ser tu pensión jubilatoria, o sea que contrario a los comentarios de la proyectista y de la ley, te paga un derecho con otro. Estamos peleando Derechos de Autor en

JOSE GUADALUPE ARELLANO MARTÍNEZ

nuestra demanda, no estamos peleando derechos laborales, la ley del Derecho de autor dicta la onerosidad en las cesiones y en ningún artículo dice que las cesiones sean gratuitas, los acuerdos internacionales también, violó cerca de 30 dispositivos legales, en fin, confío en que ahora, intervendrán 3 criterios diferentes para estudiar el caso, y de ser posible, si estos necios quieren tocarlos, porque así pudiera ser, te comenté que tenemos la instancia de la Comisión Interamericana de Derechos Humanos en Washington, no dudaré en acudir; si eso es lo que quieren, eso haremos, a ver si van a poder sobornar a esa institución, además de exhibirlos. Vamos con todo, solo te pido que no te me vayas a doblar, Mario le contestó que no dudara de su seguridad, ya que la situación, lejos de intimidarlo, le estaba dando más valor, y todo estaba muy claro, el abogado general no se iba a detener, no iba a ceder en su proyecto de manejar a quien se dejara con su tráfico de influencias y su soberbia. ¿Porqué pedir ayuda para manipular a una autoridad?, primero por incompetencia y en segundo lugar, simplemente porque sabes que estás perdido, y aquí no había duda de que así era, recordó los comentarios del secretario del juez, los de la proyectista de segunda instancia, la gente que hablaba con él en la vía pública, no hay más y por lo tanto, no iba a desistir, el abogado le sonrió y dijo nuevamente,—¡estamos juntos en esta demanda, y así vamos a seguir hasta terminarla.

La tarde del día siguiente, se percibía muy diferente, algo estaba aconteciendo. Mario lo presentía, ahora, ¿Qué seguiría?, la incertidumbre crecía, llamaron a su puerta, se asomó por la mirilla, vio que una persona, traía consigo una libreta y unos sobres, abrió la puerta,—buenas tardes, saludó la persona, ¿el señor Arellano?,—si, ¿en qué le puedo servir?,—le vengo a hacer entrega, de un telegrama urgente, de la agencia del ministerio público federal, un poco nervioso, agarró el lapicero y estampó su firma de recibo, abrió rápidamente el sobre, le estaban enviando un citatorio para una nueva diligencia penal, se sobresaltó, después de terminar de leer el contenido se comunicó con su apoderado legal, quien después de escuchar lo referente al telegrama, le comentó que esto era parte de las actividades y que tal vez, lo estaban llamando para hacer alguna declaración, eso es válido, prepárate y no te preocupes, no vas a declarar cosas, que no sean verdad, todo lo que has dicho es sólo la verdad, además de que existen las pruebas, de eso no hay duda, únicamente que quizás, te quieran poner trampas, solo te pido que estés muy alerta en lo que en un momento dado, te pudieran preguntar. Mario le pidió que le hiciera llegar en ese momento la copia de la demanda para darle una repasada, en ella, había algunos términos lingüísticos un poco enredados en su entender,—está bien, te la envío pronto, cálmate, ellos son los que están desconcertados, ya ves que desde un principio nos quieren hacer claudicar. La tarde continuó esfumándose, el autor estuvo leyendo su demanda, algunos términos que no le habían quedado claros, fueron entendidos ya, gracias a su Abogado, eso le hizo sentir más seguridad. Al siguiente día, su Abogado le llamó muy temprano para decirle que ya estuviera preparado para ir a la cita, que después de terminar de imprimir unos escritos pasaría por él, después de 1 hora el Abogado ya estaba tocando el claxon, Mario enseguida acudió a su llamado y se dirigieron a la cita con el agente investigador a Tuxpan. El trayecto fue recorrido más lento, quizás para que Mario se tranquilizara y aclarara bien sus pensamientos, el protocolo de llegada fue cumplido y pasaron a la oficina del agente investigador,—buenos días licenciado,—saludaron,—buenos días, contestó el agente,—le he mandado llamar señor Arellano, para notificarle personalmente de la resolución del magistrado, y del acuerdo que el señor juez del juzgado 8°, acaba de emitir, me mandaron un fax de la última página de la resolución de segunda instancia; el Abogado al escuchar esto, le comentó que ya estaban enterados y que iban a interponer la demanda de amparo directo ante el Tribunal Colegiado, este comentario sorprendió al agente quien expresó—¿van a seguir adelante?,—claro que si licenciado, ¿no ha leído usted la resolución?,—mire, el juez me mandó únicamente la última hoja, también el acuerdo, en el cual se determina por su parte, que se archive y se dé por concluido el caso,—mire licenciado,—dijo el Abogado,—le voy a hacer llegar una copia certificada, íntegra de la resolución, de momento quiero que me haga saber cómo va la investigación, el agente se puso de pie y sacó de un compartimiento de su escritorio el expediente, lo abrió y empezó a mencionar que ya se habían presentado a declarar 5 de los implicados, entre ellos, las declaraciones del ingeniero Herrera fueron las que llamaron la atención del abogado, quien se interesó sobre las preguntas que a éste, se le habían hecho, el agente empezó a leer algunas preguntas con sus respuestas, una de ellas hizo que reaccionaran Mario y su abogado,—¿diga usted, su estado laboral?,—me encuentro activo; esto sorprendió a Mario, y enseguida le comentó al agente que por ahí del día 24 de diciembre, se habían enterado por medio de una nota periodística de primera plana, que ese inculpado, se había visto implicado en un desvío de recursos por la cantidad de 120 millones de pesos, en complicidad con otros jefes de Petroquímica Escolín, que ya les habían rescindido su contrato y que estaban en investigación,—a ver, ¿explíqueme?,—si licenciado, así fue, yo por otro lado, he confirmado esto con personas que laboran en ese centro de trabajo y es la verdad, el agente investigador preguntó,—entonces señor Arellano, ¿cómo explica usted, que el inculpado se presentó acompañado de un licenciado de Petróleos Mexicanos en días pasados?, si lo que usted me dice es cierto, ¿porqué se hacía acompañar de un licenciado de la misma empresa?, se supone que si no hay relación laboral, no hay compromiso; y si usted me comenta que está inmiscuido en un fraude y que le fue cancelado su contrato, no lo entiendo. Mario quiso darle una respuesta lógica, se quedó callado y pensativo, el Abogado intervino,—mire licenciado, mi cliente le puede aclarar esa duda con otras palabras, yo miro esta situación con sentido común, si usted, presiona moralmente y compromete a uno de sus trabajadores para que declare mentiras, asegurándole que no va a tener problemas legales, que todo está arreglado ya; después, otro departamento de la misma empresa le cancela el contrato por una situación diferente, de graves consecuencias económicas y el orquestador lo deja sin asesoría, ¿Qué cree usted que argumentaría su trabajador cuando lo llamaran a declarar?, a ellos no les conviene dejar a sus testigos de este caso, a la deriva, sin protección, de lo contrario, dirían la verdad y obviamente que los comprometerían, ¿no es así?, el agente expresó,—pudiera ser, suena lógico; y desde ahora les comento, que si esto es verdad, voy a volver a llamar a ese testigo, a mí nadie me va a picar los ojos,—el señor declaró en un asunto penal y se puede hacer acreedor a una sanción. Mario le comentó que en breve le haría llegar una copia de la edición periodística, en la cual se había dado a conocer esa noticia, era inconcebible; como testigo, el jefe de seguridad de la empresa, ya antes había declarado una serie de mentiras ante un juez federal, y ahora, había sido llamado por la agencia investigadora de la federación, por la demanda penal de falsedad en declaraciones y se presentaba a declarar nuevamente falsedades, era irreflexiva la conducta de este señor, se estaba ganando a pulso, pasar unos años en prisión, nuevamente; la justicia divina estaba apareciendo, Mario sintió un poco de tristeza por la conducta del jefe de seguridad, ya que trabajaron juntos, tuvieron muchas emergencias, situaciones de peligro, además de pertenecer ambos, a la brigada industrial de rescate dentro del mismo organismo, le había tomado algo de aprecio a su compañero por las enseñanzas con respecto a la seguridad, el cual ahora, se estaba dando a conocer realmente y a su vez, pensó, que ese señor merecía un escarmiento legal. Después de revisar y hacer que su Abogado también le diera una leída a un escrito formulado por el agente investigador, estampo su firma, en dicho escrito, aparecía la notificación en la cual el agente mencionaba que se estaba realizando el desahogo de dicha diligencia, estuvieron de acuerdo en regresar 2 días después, y se retiraron. El semblante del agente, se miraba contrariado, Mario intuía que en el fondo de todo, el agente sabía lo que se estaba maquinando en su contra, recordó esos gritos que percibía y se estaban mezclando en su obra representando a la corrupción, así eran, así lo sintió del agente, esos eran los gritos que en silencio plasmaba en su obra, se sorprendió en haber captado eso, quiso entender, que el agente, quería decirle con esas miradas,—¡ayúdame!, ¡entiéndeme!, estoy entre la espada y la pared, lo siento mucho, he recibido órdenes, perdóname, ¿Qué tanta trascendencia, tendrían esa miradas?, nadie lo podía saber, solo Dios, y con él, solo la verdad y nada más, llegaron al juzgado 8° civil, presentaron los escritos en los cuales, solicitaban una nueva copia del expediente y notificándole al juez, que acudirían a la demanda de amparo directo en el Tribunal Colegiado, y que posterior a todo eso, presentarían la denuncia ante la Comisión Interamericana de Derechos Humanos en Washington, todos los que laboraban en el juzgado 8°, ahora parecían robots, los saludos de mano, que meses antes le daban a Mario, se habían esfumado, era ya, otro escenario, el de la impotencia. El Abogado solicitó el expediente 08/2001, le pidió a Mario que le diera una leída a la resolución del magistrado, la conducta de éste, era por demás sorprendente, en primer lugar, determinaba en su "estudio", que el autor, había solicitado su jubilación ante su sindicato, cuando constaba en el expediente, mediante un oficio que le había sido entregado al jubilarse, en el cual se estipulaba que "gracias a las gestiones realizadas en su favor, por el comité ejecutivo de su sindicato, se le otorgaba la jubilación", que había estado de acuerdo en que el 72% de pensión jubilatoria, era el mayor beneficio económico cuando en el escrito de hechos de la demanda, aparecía que le habían prometido la jubilación en las mejores condiciones económicas, esto, lógicamente, era una vil mentira, ya que como trabajador sabía que por sus 23 años de servicio desarrollados en la empresa, el 72% era lo que de acuerdo a la ley le correspondía, y, ¿de sus Derechos de Autor?, ni aun el más ignorante, podría creer ese argumento; nuevamente, las pruebas presentadas por al autor, no habían sido tomadas en cuenta, las declaraciones en falsedad de los directores de Petróleos Mexicanos, nunca las mencionó, que el inicio del uso de su diseño, no había quedado sustentado a pesar de que, tanto como el ingeniero Guzmán, el testigo ingeniero Vargas, los testigos que ofreció el demandante quienes declararon que el inicio del uso de su "obra pictórica" empezó en 1986, las ediciones del mejor diario de la zona norte del estado de Veracruz, de anuncios de la empresa demandada con su diseño; por lo menos de 1988, las cuales fueron debidamente acreditadas mediante notario; e inspeccionadas por parte del juzgado federal, determinando de éstas, que "solo se observa que dicha editorial no cuenta con hemeroteca", todas esa acciones no fueron tomadas en cuenta, y aun en el entendido de que así hubiera sucedido, al autor, no le correspondía hacer ningún reclamo, ya que el registro de su diseño, el reconocimiento y la protección que el estado le da a los creadores se había dado hasta 1997, que fue el año en el que lo registró, 10 años después de divulgada la "obra", con esto, aceptaba que no existía falsedad de declaraciones; y manejó elementos para darle entrada a la nulidad relativa, todavía, no conforme con todas esas irregularidades, sentenció al autor, al pago de gastos y costas del juicio en esa instancia, cuando ninguno de los demandados lo solicitó; simplemente porque son asalariados. Esta acción por parte del magistrado, se entendía porque el autor ya lo había demandado penalmente, Mario se puso de pie y salió a fumarse un cigarrillo, antes, había pensado en encontrarse con argumentos legales, sustentables a través de la honorabilidad del magistrado, el mundo que al enterarse a medias de la resolución se le había derrumbado, hoy se levantaba de manera elocuente, estaba muy claro, el hambre de poseer más, de manera fácil, había alcanzado a manchar la imagen que tenía del magistrado, fueron cortados "con la misma tijera", el enredo, la telaraña que había tejido el juzgador de segunda instancia para determinar a capricho su resolución, carente de sustento legal, no dejaba duda alguna, para llegar a la conclusión de que se había prestado también, o que existían compromisos, componendas que hacen que la leyes, no sea respetadas, sin importar los derechos de los ciudadanos, los cuales aportan con sus impuestos, el salario de los impartidores de justicia, recordó el comentario que su Abogado le hizo de la proyectista de sentencia del Tribunal Unitario,—"fueron órdenes licenciado", con esto; estaba muy claro que había consigna, su demanda ya había sido negociada por el abogado general, porque de la manera que quisieran acomodar las cosas, no se iban a poder defender con argumentos legales, simplemente porque muchos de los dispositivos legales, estaban a favor de los derechos que la ley, le otorgaba a Mario, no había para donde, ni por donde evadir esa responsabilidad. Legalmente, esa demanda, la empresa la tenía perdida, y a esa conclusión se podía llegar, simplemente por el hecho de saber de la conducta de los impartidores de justicia del caso,—¿Por qué voy a manejar a un juez, si se de antemano, que tengo argumentos sustentados legalmente para hacer valer un derecho?", "¿porqué busco arreglarlo, cohechando autoridades?", vinieron a su mente las palabras del relator de Naciones Unidas, con las cuales aseveró que "del 50 al 70% de los jueces federales en México, eran unos corruptos". El País lo confirmaría, serían exhibidos nuevamente, Mario tenía las pruebas indiscutibles para demostrarlo. El licenciado encargado de facilitar los expedientes, se dirigió de manera enérgica hacia el Abogado, quien se encontraba aún copiando partes de la resolución,—licenciado, ya es hora de cerrar el juzgado,—permítame unos minutos, ya estoy terminando,—contestó, el encargado se le quedó mirando de manera prepotente y solo se dio la vuelta, faltaban escasos 20 minutos para que dieran las 3 de la tarde; después de terminar su copiado, se puso de pie y entregó el expediente dando las gracias, con mucha cortesía al encargado, tomó su portafolios y le dijo a su cliente,—¡vámonos!; salieron del juzgado, el Abogado empezó a comentar sobre la actitud del encargado de los expedientes,—no nos quieren ver, ni en pintura, son unos desgraciados vendidos, te quiero comentar, que de acuerdo a la ley de procedimientos civiles, el expediente debe permanecer por lo menos 15 días hábiles en el juzgado en el cual se dictó la última sentencia, o sea que ese es el término al que tiene derecho el demandante para acudir a la siguiente instancia; pues ya viste que el expediente fue regresado indebidamente del Tribunal Unitario, al juzgado 8°, y el señor juez, a quien también tenemos demandado penalmente, dictó un acuerdo, "escucha esto", a los 5 días de dictada la sentencia fue regresado, ahora, el acuerdo dice textualmente "archívese y dese por concluido el asunto", ¿Cómo ves?, estos mentecatos, me quieren embrollar, el señor juez, sabe ahora del problema en el que está involucrado, es una jugada de porquería, pero ahora más que nunca, debo de estar muy pendiente, ya no hay duda de sus sucias intenciones, por eso le presenté al juez los escritos, uno de los cuales le avisa que acudiremos a la Comisión Interamericana de Derechos Humanos en Washington, quien en un momento dado se encargará, si no hay respuesta positiva aquí, a través de la corte que está en Costa Rica de investigar y sancionar, me imagino que sabe, que como está demandado penalmente a quien acercarse, y buscará de la manera que sea, la forma de quitarse esa demanda penal, tal vez, ya sabe que nuestra demanda fue negociada, y se siente protegido, tenemos que acudir periódicamente a la agencia investigadora para vigilar que las investigaciones se hagan conforme a derecho, acceder al expediente cada vez que sea necesario, me va a odiar el agente, pero ni modo, así son estos trámites, eso sí, hay que conducirnos con cautela; ya que estas gentes son impredecibles, no sabemos el fondo, que pueda tener todo esto, debemos de considerar, que los demandados van a hacer todo lo posible por librarse a costa de lo que sea y con quien sea, y lo más conveniente es que actuemos así. Mario encendió otro cigarro, bajó el cristal de su ventanilla para no impregnar de humo el interior del vehículo, ya el Abogado, tenía varios días de haber dejado de fumar, y lo exhortaba para que también dejara el cigarro,—te va a afectar ese vicio,—sí, eso ya lo tengo contemplado,—contestó

JOSE GUADALUPE ARELLANO MARTÍNEZ

Mario,—una de mis metas; es dejar en definitiva, este vicio tan feo, a veces siento que se acelera mi respiración, he perdido mucha condición física, además de que no he vuelto a jugar beis-bol, considero necesario, empezar a hacer un poco de ejercicio, pero de momento, hay que estar pendientes con nuestra demanda, el panorama es tan incierto, lo más inconcebible, es llegar a saber que, ¿Cómo es posible, que nuestras leyes, preceptos que rigen nuestro estado de derecho, estén siendo pisoteados por estos buitres?, ¿Qué tendrán dentro de su cabeza?, solo ambición, ¿Qué sucederá?, me siento como un campeón sin corona, ¿será posible, que esta injusticia, se vaya a quedar en la impunidad?, sería un gran monumento a la impunidad, mi intelecto está siendo azotado por la conducta de estos señores; el Abogado solo escuchaba, Mario continuaba diciendo,—acuérdate que estamos en México, y como dicen por ahí, "en México, todo se puede"; mucha gente, que ha tenido problemas legales, se han topado con este muro y han claudicado en el intento de buscar justicia, en mi caso, no se te ocurra pensar que renunciaré, ahora menos que nunca, lo haré, todas las dudas que en un tiempo inquietaban mis pensamientos, se han ido disipando, por un lado, nosotros estamos dentro de la ley, ellos, están fuera de ella, quizás, se tarde un poco mas nuestra demanda, pero confío, que al final, en el momento que sea, y en la instancia conducente; alguien se dará cuenta de la injusticia que están tratando de cometer con mis derechos, entonces será otra cosa, desafortunadamente, tenemos que pasar por toda esta pudrición para obtener el pase, y poder acudir a la instancia fuera de nuestro País, el Abogado de manera serena comentó,—en eso confío amigo, lo importante es seguir adelante, con el corazón, con la verdad y la ley en las manos, defender todo esto, si es posible, hasta con la vida misma.

La licenciada Dora Alicia, ex representante del jurídico de la empresa, recibió la visita de su abogado, éste, era un señor de avanzada edad y de reconocida capacidad para desarrollar su profesión, era obeso y de estatura regular, por su cara se asomaban los estragos causados por el acné, usaba unos lentes de mucha graduación, sus movimientos eran algo lentos debido a su corpulencia; se sentó en una silla, la cual, al recibir el peso, emitió un sonido a punto de partirse en dos. Sacó de su portafolio unos papeles, y se los entregó a la licenciada, quien empezó a leer de manera presurosa el contenido, por su cara apareció un gesto de enojo; era la resolución de la demanda que había entablado en contra de la misma empresa, en la cual prestó sus servicios, en ésta, se le notificaba que estaba perdida. En sus mejillas empezaron a escurrir unas lágrimas, se puso de pie y empezó a insultar a su abogado,—¡eres un incompetente, estúpido, ¿Cómo es posible que hayas perdido esta demanda, no que eras muy bueno?,—mire licenciada, le comenté desde un principio, que iba a hacer todo lo posible por salvar su asunto, el cual, prácticamente estaba perdido, no soy Dios para hacer milagros, y le pido que me respete, de lo contrario, me veré en la imperiosa necesidad, de abandonar este caso, tendrá que buscar a otra persona para que la siga defendiendo, esas palabras, la hicieron reaccionar, y pronto cambió su actitud; ofreciéndole sus disculpas al licenciado, quien de inmediato le hizo ver de sus arranques de inmadurez,—disculpo su enojo licenciada, lo sé entender, lo que no le permito, es su falta de respeto hacia mi persona; la licenciada, más tranquila, le comentó, que, Petróleos Mexicanos le estaba exigiendo que entregara la casa donde vivía, que ya estaban tomando medidas, para que así fuera; de momento, ya le habían quitado el suministro de electricidad, el agua, el gas, en fin, la empresa estaba presionándola con estas acciones, para que saliera de la casa que le había sido prestada,—no se preocupe, estas cosas llevan tiempo, y usted lo sabe, veremos qué hacer, se despidió. La licenciada se quedó pensando hasta donde estaban llegando las cosas que ella misma había provocado, ahora estaba peleando en contra de la empresa que ella un día defendió, ahora estaba del lado contrario, sintiendo en carne propia, parte de las injusticias, que cometió en contra de varios trabajadores. Todo empezó, por el estúpido del señor Arellano, si no hubiera interpuesto esa demanda, ahora, otra cosa sería, nadie hubiera resultado afectado. Buscó una libreta conteniendo números telefónicos, y empezó a hacer llamadas, el señor Arellano, que fue parte, de su vertiginosa caída, debería de pagar a precio muy alto, todo lo que a ella, le estaba sucediendo, ahora, podría perder parte de sus bienes y su libertad, nos hundimos todos,—pensó,—nadie se va a reír de mi. Sonó el timbre de la puerta, se acercó a abrir, era un señor del correo, quien le llevaba un citatorio urgente para presentarse ante la agencia investigadora para una diligencia penal, esto, le preocupó, aún más, tomó nuevamente el teléfono, y se comunicó, con la secretaria de su licenciado, para pedirle que se comunicara con ella, a la mayor brevedad posible.

El Abogado de Mario se dirigió al juzgado 7°, a la ciudad de Tuxpan, solicitó el expediente recién integrado, en el cual estaba interpuesta la demanda de amparo y su autorización por parte de la juez, empezó a buscar si se había dado algo nuevo, algún otro acuerdo, y se llevó la sorpresa, de que el agente investigador del ministerio público; había presentado un escrito, en el cual, le notificaba a la juez, que ya se había concluido con la averiguación previa, que el demandante, había estado de acuerdo, presentando la notificación donde aparecía la firma de él, esto por supuesto, que indignó

JOSE GUADALUPE ARELLANO MARTÍNEZ

al Abogado, copió algunos datos y entregó el expediente, al acercarse a tomar su portafolios, se percató de la presencia de la licenciada Castillo, ahora también, ex representante jurídico de la empresa demandada, quien en una de las audiencias, le había propuesto al autor una negociación, y por esta acción, le costó ser despedida de su trabajo, ella, además de comentar desde el principio, que esa demanda la empresa la tenía perdida. Se acercó de manera diplomática a saludarlo, extendiéndole la mano, el Abogado contestó el saludo, la licenciada hizo un comentario de manera irónica,—oye licenciado, ¿es cierto, que nos estás citando ante la agencia del ministerio público?,—mire licenciada, quien los está citando, es la misma agencia, lo único que hice, fue presentarle a la agencia investigadora, las pruebas de los hechos, y si le resulta responsabilidad a los que están implicados, pues, que se atengan a las consecuencias; la licenciada, simulando una sonrisa que nunca llegó a aflorar, con aire de seguridad, solo se le quedó mirando. Se despidieron, el Abogado notó ese gesto y sonrió. Salió del juzgado y abordó su automóvil de manera presurosa, el camino de regreso a su casa, sería suficiente para pensar en la estrategia que manejaría en el próximo escrito, que al día siguiente presentaría ante la juez, haciéndole notar de esta anomalía, el agente investigador estaba queriendo simular una orden judicial, algo estaba mal, y de la manera que fuera, tendría que adelantarse una vez más a los hechos, llegó a su casa, y se comunicó con su cliente para ponerlo al tanto de lo que estaba sucediendo, además de solicitarle, que pasara por la tarde a firmar unos escritos los cuales al día siguiente presentaría.

El ingeniero Herrera, sentía que la desesperación lo empezaba a atormentar, se había dirigido a la dirección en compañía de los otros 7 trabajadores que habían sido despedidos, estuvieron encerrados en el despacho del jurídico con el director, el espacio en el cual se desarrollaban las conferencias, era muy espacioso. El director de Pemex Petroquímica utilizando un tono de voz, muy fuerte, les hizo notar de todas las irregularidades y delitos, que habían cometido, ellos, con la cabeza baja, aguantando todos los insultos, esperaron a que el coraje del director, se fuera desvaneciendo; el ingeniero Herrera fue quien interrumpió esas palabras, poniéndose de pie,—señor, créame usted, que no sabemos qué es lo que está sucediendo, nos están acusando de algo administrativo que desconocemos; le quiero recordar que nuestro trabajo es desarrollado siempre en el área, solo seguimos el patrón de trabajo con sus respectivas órdenes, el director contestó,—mire ingeniero, más vale que se busquen un buen licenciado para que los defienda, es mi última palabra, no hay marcha atrás, el ingeniero, volvió a ponerse de pie, y ahora con más valentía, sentenció las palabras del director,—mire señor, usted ya sabe, que aparte, me metieron en otro problema cuando me obligaron a declarar en el caso de la demanda del logotipo de Petroquímica Escolín, si usted nos deja en la calle o en la prisión, pues simplemente, apareceremos todos en esa pintura, incluyéndolo a usted, el enojo del director, subió de tono,—haga usted lo que quiera, de momento se me van a la calle y esperen respuesta de nuestra parte mediante el jurídico, ante las autoridades competentes por el desvío de recursos en el que están implicados, si la contraloría confirma lo que está investigando, los demandaremos,—mire, señor director, no me espanta, a título personal; si usted no considera esto, si me llegan a volver a citar ante la agencia investigadora, declararé la verdad. El director salió, dando tras de sí un fuerte golpe en la puerta, los compañeros del ingeniero Herrera, con cierto temor, por lo que acababan de escuchar le preguntaron,—compañero, díganos por favor, que es lo que está tramando,—miren amigos, no les conviene dejarnos en la calle, de lo contrario, hablaré y se verán en un aprieto del cual no podrán salir tan fácilmente, el licenciado de la empresa, les acercó unos documentos, y les pidió que firmaran; por su parte, se negaron a hacerlo y salieron de la oficina, se dirigieron a un café cercano para platicar sobre lo que tendrían que hacer, el ingeniero Herrera, sabía que podría negociar con el director su situación, y expresó,—necesito de su apoyo, pronto descubrirán que no nos harán nada, solo les pido su apoyo, todos quedaron de acuerdo, algunos llegaron a pensar que quizás podrían ir a parar hasta la prisión; pero las palabras del Ingeniero les daba cierta tranquilidad, además, ya días antes habían consultado con un licenciado para pedir asesoría, quien les sugirió que presentaran una demanda, por lo pronto, tendrían que agotar todos los medios a su alcance, para negociar directamente, El director, al día siguiente, no se presentó a la reunión, el licenciado de Pemex les mostró un escrito, en el cual se les informaba, que tendrían que esperar unos días, pues se iba a hacer un estudio de la propuesta del ingeniero Herrera, ya el director, había considerado la postura de éste ingeniero, y no era conveniente para Pemex castigarlo, pensó entonces, en consultarlo con el abogado general, y eso sería después. Una sonrisa apareció en el rostro del ingeniero Herrera,—se los dije; no les conviene que yo sea su enemigo, saben de sobra el riesgo que corren, en fin, se también, a lo que me pudiera hacer acreedor si confieso la verdad ante el agente, yo iría a parar a la prisión, pero les aseguro que no sería solo, los compañeros sonrieron, prepararon su regreso, y estuvieron de acuerdo en esperar la respuesta, por parte de sus superiores.

El ingeniero Guzmán, ex director de Petroquímica Escolín aguardaba la llamada del director general, la demanda que había interpuesto en contra de la empresa, se había resuelto a su favor, con algunos inconvenientes en

JOSE GUADALUPE ARELLANO MARTÍNEZ

sus alcances económicos y concesiones; además que ahora, también estaba implicado en el desvío de recursos detectado en la empresa, ya antes se había manejado que sería jubilado, y esa opción la aceptaba, consideró que era tiempo de retirarse, y si así era, quería hacerlo con la frente en alto; la secretaria le notificó que el director lo esperaba,—pase por favor, el ingeniero lo recibirá en unos minutos. La oficina era muy grande, toda alfombrada y con un mobiliario muy costoso, más bien parecía un pent-house; en otras ocasiones ya había conocido esa oficina como invitado distinguido, ahora, se sentía como extraño, no sabía qué cara poner; antes conoció al director como amigo, ahora, era de manera contraria, la voz del director de Petróleos Mexicanos, lo sacó de sus pensamientos,—buenas tardes Guzmán, no entiendo a que vienes, después de que hiciste tu gracia, y nos exhibiste como farsantes, ¿te atreves a poner los pies en mi oficina?,, ya me enteré de que ganaste tu demanda y que aun así, seguirás peleando, es muy probable que te vayas jubilado, para nosotros tu presencia no es grata, y tus servicios con nosotros, dejan mucho que desear, espera unos días y considérate jubilado; personalmente, me encargaré de que así sea, el ingeniero se puso de pie y exclamó,—mira, no he venido porque me guste hacerlo, solo te vengo a prevenir, para que considere el hecho, de quererme hacer responsable, de algo que no me corresponde; por lo primero, te quiero hacer saber, que soy ajeno a los hechos, tanto a mí, como a ti nos embarraron, fuimos víctimas, desafortunadamente firmamos sin saber, lo grave es que siendo titulares de estos puestos, simplemente somos responsables ante la ley, por lo otro, si me quieres perjudicar con ese desvío de recursos, te vas a arrepentir, no se a que enjuagues te encamines con tu jurídico, si se me busca por la vía penal, diré la verdad, y de la manera contraria a la ley en que estructuraron las cosas con respecto a la demanda del logotipo y no creo que salgas bien librado, eres un servidor público y la prensa está al pendiente de lo que pudiera enterarse para exhibirte y que las autoridades te condenen, solo quiero que me jubiles, que me autorices las concesiones de que disfrutaba, y te olvides de que yo existo; de lo contrario, si me voy a la prisión, te irás conmigo. El director empezó a sudar, todo el coraje que sintió en ese momento, hubiera sido suficiente para desaparecer a cualquier ser humano, solo que en este espacio, se estaba topando con un muro de acero, estaba a merced del ingeniero ex director de la empresa demandada, quien ni siquiera se molestó en preguntar, llegó, ordenando, ya que sabía que su posición, le podía permitir esa prerrogativa, la voz del director cambió radicalmente, ahora se escuchó una voz diferente,—mira ingeniero, personalmente sugerí tu jubilación, no hay de qué preocuparse, ya el abogado general se está encargando porque tiene influencias, veré que se agilicen las gestiones para que te vayas a disfrutar el descanso de la jubilación a que tienes derecho, el ingeniero, ni siquiera se despidió, salió de esa oficina, con la seguridad de que había logrado su propósito, solo le restaba esperar.

La tarde era fría, el aire soplaba del norte, el cielo grisáceo predecía la cercanía de la precipitación del contenido de las nubes, unos ojos que observaban a medias, la poca luz que se filtraba a través de una cortina, las imágenes algo borrosas, se fueron aclarando, y llegó la conciencia plena, que da el despertar de una siesta, Mario se puso de pie y estirando su cuerpo entumido por el descanso, empezó a sentir algo agradable, agarró el teléfono y trató de comunicarse con su Abogado; después de unos minutos, en los cuales no escuchó respuesta del otro lado de la línea colgó el auricular, sonó el timbre de la puerta y se dirigió a ver de quien se trataba, un señor de la compañía de telégrafos le traía otro telegrama de la agencia investigadora, después de firmar de recibido, rompió el sobre, y extendió la hoja devorando con su mirada las letras en él contenidas, se trataba de otra cita girada por el agente investigador para el día siguiente, sin excusa ni pretexto, este tipo de avisos, desestabiliza a cualquier persona, la mística de ese lenguaje, siempre puede hacer que la gente sienta temor, era una sensación negativa, imposible de definir, lo único real y poco entendible, era la desconfianza que despertaba, buscó nuevamente comunicación con su Abogado, esta vez tuvo mejor suerte, el Abogado, después de enterarse del contenido del citatorio, le comentó que no se preocupara. Al día siguiente estaría con él en la agencia investigadora, el reloj continuó su mecánica, marcando las horas de luz, hasta que la obscuridad de la noche, empezó a abrazar a la ciudad, que aún joven, ya denotaba en su crecimiento todos sus avances, tanto positivos como negativos para ser una ciudad grande; la noche, amiga del delincuente, de ese cobarde que se apoya en ella, haciéndola cómplice para cometer sus crímenes, las luces, con todo su brillo, iluminaron la mayor parte de los espacios, el cielo despejado, mostraba su esplendor con sus estrellas, sería una noche algo fría, algo seductiva para descansar y aguantar los calores que se avecinarían con la primavera, Mario escribía algunos detalles de su demanda penal; solo lo referente a esa demanda, ya que en ella estaban plasmados los hechos, la historia verdadera de todo lo acontecido, su apoderado no omitió ningún detalle, quien aún sin conocerlo, describió los hechos, como si hubiera estado a su lado durante toda la vida, era todo un profesional, de eso no existía duda alguna. El cansancio empezó a vencerlo y optó por retirarse a dormir, no le fue difícil conseguirlo, afuera, la noche siguió su curso de manera tranquila. Eran las 6 de la mañana, todos esos días que pasaban, dejaban una estela

JOSE GUADALUPE ARELLANO MARTÍNEZ

de consternación; anteriormente, Mario había escuchado comentarios con respecto a las demandas, el desgaste físico y mental en sus etapas; las sorpresas no se hacían esperar, se necesitaba mucha consistencia, mucha frialdad para aceptarlas y superarlas, era inconcebible para cualquier inteligencia, descubrir toda la pudrición que imperaba en algunos impartidores de justicia, recordó que en otros países, la impartición de justicia se aplicaba de manera diferente, no se prestaba, a tener varias etapas en su proceso, solo se presentaban los demandados con el demandante ante una corte, y ahí mismo se determinaban responsabilidades, no como aquí, ¿cual segunda instancia, y demás etapas en el proceso?; y entre esos espacios aquí, se da margen a que sucedan infamias, alterando y embrollando los hechos de las demandas, adecuando los artículos de las leyes a los intereses del mejor postor, así como cuando el artista plástico no logra conceptuar con sus pinceladas una obra, y la deja inconclusa, se olvida de ella y empieza otra. Los Gobernantes, si querían acabar con ese cáncer, con esa pudrición, tendrían que proponer iniciativas para que se dieran cambios en la impartición de justicia, que los jueces fueran vigilados de cerca por personas realmente honestas que se apegaran a derecho, que fueran incentivados por su honestidad, o que fueran sancionados al cometer una violación a las leyes; esto último, serviría como ejemplo para el juez que quisiera cometer abusos, tan simple como las matemáticas, que para poder entenderlas tiene que haber ejemplos; era cierto que se estaban dando mejoras, pero específicamente la impartición de justicia estaba siendo descuidada, y eso provocaba que se prestaran a hacer pedazos los derechos de los que buscaban justicia, ¿cuánta gente, habría desfilado por esos espacios?, ¿cuánta gente, habría claudicado en el intento de exigir valer sus derechos como mexicanos?, ser presa de los buitres que los representaban, carne de cañón. Recordó nuevamente que, la ley no solo tenía de enemigos a la delincuencia organizada, sino también a los de oficina y título universitario para impartir justicia.

Un claxon se escuchó en la calle, Mario se asomó, eran casi las 8 de la mañana, su Abogado pasaba por el para asistir a la diligencia penal, bajó las escaleras y abordó el auto, el Abogado saludó como siempre, con mucha educación,—¡buenos días!, ¿estás listo?,—¡si, vámonos a Tuxpan!. Al desplazarse por la autopista, comentaron de ella, la cual a pesar de tener unos 8 años de vida, seguía con problemas de construcción, había deslaves, fracturas en su estructura, pasarían muchos años rehabilitándola, siempre había gente desarrollando algún trabajo en ella, era muy cuestionable notar; de cómo los proyectos de construcción, eran realizados de manera inconsciente, es cierto que siempre hay deterioros en estas vías con el pasar del tiempo y el tráfico vehicular, pero en este caso, era una exageración la rapidez del deterioro que presentaba, los presupuestos, no eran al final suficientes, usar materiales de muy baja calidad, simplemente porque había desvío de recursos, pero en fin, la autopista era muy peligrosa, solo bastaba un poco de lluvia para cobrar víctimas, pues se convertía en pista de patinaje y había que circular con mucha precaución. La caseta de peaje apareció, de ahí a la ciudad solo faltaban escasos 3 kilómetros, después de pasados 5 minutos, llegaron a la agencia investigadora, la secretaria les informó que el licenciado Mendoza, aun no había llegado, que tomaran asiento y lo aguardaran, pasaron 15 minutos, y el abogado se puso de pie comentándole a la secretaria que regresarían en 20 minutos; abordaron el coche y se dirigieron al juzgado 8°, a presentar unos escritos, recorrieron el boulevard hacia la playa, era un paseo muy agradable; el río con todo su esplendor, hacía sentirse transportado hacia la tranquilidad, gente que paseaba en las lanchas, los pescadores que buscaban el sustento diario para sus familias, todo eso le daba un tinte al escenario muy diferente, la vida del río, le daba vida a esa gente, y le daba vida a la vista de cualquiera que se mirara en él, Mario deseaba algún día poder sentarse en alguna orilla del río con su caballete y congelar esa naturaleza, esperaba que ese momento no fuera muy lejano. Así llegaron al edificio del juzgado, después de presentar sus identificaciones, e inscribir sus nombres en una libreta, pasaron al recinto; estaban algunos licenciados desempeñando su trabajo, defendiendo a otras personas y todos saludaron a los que llegaron, solo uno se abstuvo de hacerlo, el Abogado con una seña discreta le hizo notar algo, por su parte Mario, barrió disimuladamente con su mirada el espacio y descubrió que un hombre, el que no saludó, lo miraba de manera anormal, estaba enfurecido, su mirada lo acusaba, no podía disimular su estado colérico, tuvo la sensación de que ese hombre se pondría de pie y se abalanzaría sobre él a golpes, se puso alerta, realmente eso no le preocupaba, estaba acostumbrado a las agresiones físicas y había aprendido a defenderse; parte de su vida estuvo mezclada con agresiones, ya que creció en una colonia muy conflictiva, la cual se había distinguido en un tiempo, por esos detalles, fue necesario aprender a defenderse; el señor continuaba mirándolo retadoramente, al retirarse del juzgado, ese hombre siguió con esa mirada de repulsión a Mario, quien le sostuvo la propia, para hacerle ver, que no le temía, que estaba muy seguro en solventar cualquier agresión física. Al abordar al coche, el Abogado le explicó que se trataba del delegado de asuntos jurídicos de Petróleos Mexicanos,—¡algo está pasando!, ¿te diste cuenta, como te miró?,—es cierto, algo pasa, ¿Qué es?, no lo sé,—mira amigo, esto es sintomático, andan muy disgustados contigo,

JOSE GUADALUPE ARELLANO MARTÍNEZ

pero eso lo sabremos después. Aparcaron el coche frente a la agencia 2ª investigadora de la federación y entraron, ya se escuchaban más voces en las distintas oficinas, subieron por las escaleras hasta llegar a la oficina del agente, quien ya se encontraba presente y lo saludaron, el semblante del licenciado era otro, le acercó a Mario una ratificación de la extensión de la demanda penal hacia el magistrado de apelación, después de leer el escrito, estampó su firma, a la vez, el agente le presentó unos acuerdos, eran 3 hojas diferentes, en ellas, aparecían los implicados en la demanda penal, solo que ahora, ya estos escritos eran acuerdos oficiales, el Abogado los fue leyendo de uno a uno, y se los fue pasando a Mario para que los firmara de enterado, platicaron unos minutos con el agente investigador, y después se despidieron. Afuera, la gente pasaba, el tráfico vehicular estaba en la cúspide, abordaron el coche y empezaron a platicar,—Mario, esta es una buena noticia, ya estaba pensando en presentarle a la juez otro escrito, haciéndole ver la conducta del agente, pero algo pasó, y es bueno, por eso la conducta del licenciado de Pemex, ellos ya están enterados, jaque a su rey, ¿Cómo ves?,—pues es lo que ellos quieren, ahora hay que exhibirlos ante la prensa, que la gente se entere de sus conductas, y también en manos de quien está la dirección, de una de las más importantes industrias, como lo es Petróleos Mexicanos; la columna vertebral económica número 1 del País, está en manos de un mentiroso,—¿Qué le espera al País, y a Petróleos Mexicanos con un hombre así?,—está bien, cálmate; en este momento, la olla está hirviendo, no te confíes, tienes que andar con más precaución. Esas palabras, ya las esperaba Mario, ahora la trascendencia de su demanda, estaba dejando un precedente, un solo Abogado, estaba fracturando el cuerpo jurídico de Petróleos Mexicanos, pero lo importante era que lo hacía, con la ley en sus manos; toda esa bola de prepotentes, no podría detener esa esfera de nieve, que cada vez, crecía más, y que en un momento dado los aplastaría sin clemencia si la ley se aplicaba, la justicia divina, algo que para ellos no existía, el boomerang famoso. A Mario ya no le preocupaba, estaban llegando a un espacio venerable, a donde muy pocos pueden llegar a pisar, solo con valentía, y con constancia, es que lo habían logrado, ahora pudieran esperar cualquier cosa,—si algo me llegara a suceder en este momento,—comentó,—quiero que los estampes en la prisión, esa palabras preocuparon al Abogado,—no amigo, en este momento no les conviene hacerte algo porque sería muy obvio, pero no te confíes,—está bien, vamos a seguir adelante, y hasta donde sea posible llegar, lo haremos,—así será y solo Dios sabe hasta dónde. El camino de regreso se alargó, la autopista estaba bloqueada por un accidente que minutos antes se había suscitado, estuvieron detenidos por espacio de 1 hora, comentaban sobre el mal estado en el que se encontraba la carretera, y que pocas horas antes, lo habían razonado, preparaban la llegada a Poza Rica, se entrevistarían con los periodistas para hacerles saber de los citatorios del ministerio público; enviar la información por correo electrónico y a quienes sería, pensaron que era una noticia importante, pero también, que pudiera ser negociada por los periodistas con la empresa, eso ya estaba contemplado por el autor, ya que se había enterado, que algunos organismos firman convenios o tienen contrato verbal con algunos periódicos para que no exhiban sus porquerías y las tranzas que hacen, era un detalle muy conocido, era algo que se sabía y se platicaba entre ellos mismos, y en alguna ocasión, a Mario le hicieron entrevistas representantes de 2 cadenas televisivas y nunca salieron al aire; pero tendría que ser así, alguien se interesaría, aunque la libertad de expresión estuviera acotada, su restricción dependía de intereses económicos, el dinero mueve montañas en este nivel y ni hablar, había que partir el pastel, un pastel que estaba muy grande del cual, todos sacarían provecho.

Después de pasados unos días, el apoderado legal de Mario, se presentó nuevamente en la agencia investigadora a solicitar la intervención de un perito en grafoscopía, documentología, documentos copia, grafología e inclusive de sistemas cibernéticos o computacionales; quien determinaría, sobre la incontrovertible similitud de los textos de los dictámenes presentados por los contadores Cirenio de Hacienda Federal, y Carmona de la Universidad Veracruzana, en los cuales no existía duda de que fueron elaborados a través de un mismo disco de computadora, o que el segundo, solo le fue entregado por los sobornadores del jurídico de Petróleos Mexicanos al contador Carmona, para que únicamente estampara su firma, el mismo formato de letra, conclusiones, el mismo subrayado e inclusive, hasta las mismas faltas de ortografía del primero. Que se elaborara el estudio pericial con esta solicitud, del expediente original, el cual se encontraba en el Tribunal Colegiado civil en la ciudad de Xalapa; el acuerdo, días después, resultó positivo, determinando la agencia 2ª investigadora, que se realizara lo más pronto posible; días después, acudieron a dicha ciudad.

Nuevamente Mario, sintió esa especie de vacío, al volver a transitar por esas avenidas en la cuales sus familiares e inclusive, su propia Madre, había caminado por ellas: tomaron por un gran boulevard, y llegaron al Tribunal Colegiado, el edificio no era muy grande, en él, desarrollaba su trabajo, lo más selecto en impartición de justicia, recordó algunos comentarios que la gente hace, con respecto a lo más refinado, "lo mejor, por lo regular, siempre es pequeño", eso le daba algo de tranquilidad, intuía que se mezclaban varias cosas, una de ellas, era que ahí había nacido su señora Madre, era la cuna de su segundo apellido; esa clase de mística le daba un toque de ensueño.

JOSE GUADALUPE ARELLANO MARTÍNEZ

Pasaron unos minutos, cuando apareció el perito de la procuraduría, quien se encargaría de realizar el estudio de los dictámenes del expediente original, se saludaron, Mario se sentó cerca de la puerta de acceso; su apoderado y el perito solicitaron el expediente, una licenciada, quien se encargada de ese trabajo, los abordó,—¿en qué les puedo servir?, el perito le entregó un escrito, la licenciada al terminar de leer, cambió substancialmente la manera de conducirse, un poco molesta les pidió que aguardaran unos minutos para traerles el expediente, ellos, se miraron un poco contrariados, y el perito comentó,—no nos pueden ver porque pertenecemos a la procuraduría, se sienten vigilados, ellos, como máxima autoridad federal en impartición de justicia, no pueden permitir que nosotros estemos de por medio, pero ni hablar, así son estas cosas; apareció la licenciada con una parte del voluminoso expediente, tras ella, un señor con la otra parte del mismo; el cual colocaron en un escritorio. Mario se incorporó de su asiento y entró, ese detalle hizo que la licenciada se molestara y preguntó,—¿que se le ofrece?,—soy el actor de esa demanda,—mire señor, usted no tiene carácter para entrar en esta oficina, el oficio dice que es el perito quien realizará la inspección, no usted, así que por favor, tenga la amabilidad de salir. Un poco desconcertado, salió pidiendo una disculpa, el perito empezó a buscar en el expediente, sabía que tardaría en encontrar lo que buscaba, ya que el expediente era algo voluminoso, el ajetreo de ir de un lugar a otro empezaba a deteriorarlo, antes, estaba cosido con hilo, ahora estaba amarrado con unos cordones muy gruesos, y algunas de sus hojas muy maltratadas, pero su esencia; continuaría dentro de él, por muchos años, como la gran obra de arte de su Abogado, la licenciada empezó a observar la conducta del perito, después de unos minutos se puso de pie y encaró al perito,—¡óigame licenciado!, en el oficio dice que un perito en grafoscopía y grafología realizará el estudio, y usted en la credencial que lo identifica, dice que es perito en criminología, no entiendo, para mí, usted no está autorizado, el perito la observó, respirando de manera profunda, tratando de no reventar en cólera, le comentó,—mire licenciada, si la institución a la cual represento, me extendiera una credencial por cada especialidad que tengo, parecería yo, un vendedor de credenciales, esta identificación encierra todas esas especialidades, si no está usted de acuerdo, le solicitaré a la agencia investigadora que les haga llegar un nuevo oficio en el cual se aclararán sus dudas, ¿está usted de acuerdo?,—disculpe licenciado, no se moleste, usted sabe que nuestro trabajo es algo celoso y de momento se nos ha colmado, ese detalle a veces nos pone con el humor por los cielos,—así lo entiendo licenciada, me ha sucedido y no hay ningún problema, si ya se aclararon sus dudas, quiero que me permita continuar con mi trabajo,—está bien señor.

A.P.NoTUX/048/2002-II

ACUERDO.- -

En la Ciudad y Puerto de Tuxpan De Rodriguez Cano, Veracruz, siendo las diez horas del día siete del mes de Febrero del año dos mil tres.- - - - - - - - V I S T O el estado que guarda la Averiguación Previa citada al rubro, y en atención a que mediante escrito presentado por el ciudadano JOSÉ GUADALUPE ARELLANO MARTÍNEZ, de fecha primero de Octubre del año dos mil dos, presentado ante esta autoridad el día cuatro de Noviembre del año anteriormente citado, solicita el desahogo de las siguientes pruebas: 1).- La de Inspección Ministerial y Ocular misma que deberá realizarse en la hemeroteca del diario de circulación Regional "La Opinión" y respecto de la existencia de diversas publicaciones realizadas por la paraestatal Petróleos Mexicanos, en la que aparece el signo marcario del caso, en asociación de marcas con diversos logos marcarios de dicha entidad, Así mismo la inspección del caso deberá abarcar los archivos, bodegas, papelería, empaques, equipo de transporte e instalaciones de la entidad Petroquímica Escolín, Sociedad Anónima de Capital Variable, con la finalidad de constatar el uso y explotación del signo marcario en cuestión y el momento en que se inició dicho uso y explotación; 2).- La pericial en materia de Documentología, Documentos copia, Grafoscopía, grafología e inclusive de Sistemas Cibernéticos o computacionales, la que determinará las circunstancias de la forma tiempo y lugar en que fueron realizados los textos de los dictámenes periciales en cuestión y del hecho incontrovertible de la similitud del texto, en que se incluyen diversas faltas de ortografía en los dictámenes periciales de los contadores Públicos CIRENIO GARCIA GARAU, perito designado judicialmente de Petróleos Mexicanos, Pemex Petroquímica, Sociedad Anónima de Capital Variable, Instituto Mexicano de la Propiedad Industrial y del Titular de la Notaria Pública Número Cinco de la Ciudad de Poza Rica, Veracruz, y del Contador Público JORGE ARMANDO CARMONA RODRIGUEZ, Perito tercero en Discordia, designado por el Juzgador de la Causa; por cuanto hace a que dicha similitud de textos, los cuales fueron evidentemente elaborados a través de ordenadores o computadoras y que arroja datos que constituyen prueba circunstancial que rebela que dichos textos seguramente fueron elaborados a través de un mismo archivo de datos contenido en un disquete o en el denominado "Disco Duro" de una computadora. -

Ahora bien por cuanto hace a la solicitud de la prueba de Inspección Ministerial y Ocular citada en primer término, hágase saber al denunciante que NO HA LUGAR A ACORDAR FAVORABLE A SU PETICIÓN, toda vez que dicha prueba ofrecida y desahogada dentro del Juicio Ordinario Civil número 8/2001, del índice del Juzgado Octavo de Distrito en el Estado, con residencia en esta Ciudad de Tuxpam, Veracruz, tal y como se desprende de las copias certificadas que del mismo hizo llegar a esta Autoridad, precisamente en el Tomo Cuatro del Cuaderno de Pruebas de la parte actora, visible a fojas cuatrocientas once de dicho tomo, prueba que fue desahogada en fecha dieciséis de Noviembre del año dos mil uno, por el Ciudadano Licenciado Miguel Alberto Ortiz Gónzález, Secretario de Estudio y

NOTIFICACIÓN DE PERICIAL EN GRAFOSCOPÍA

JOSE GUADALUPE ARELLANO MARTÍNEZ

El perito continuó con el trabajo encomendado, empezó a encontrar lo que buscaba, sacando impresiones fotográficas y escribiendo, después de pasadas 3 horas, concluyó; salió de esa oficina, el abogado lo abordó y comentaron algunos detalles,—mire Abogado, dijo el perito,—he encontrado elementos muy graves, le puedo afirmar así de primera impresión, que un dictamen es copia fiel del otro, de eso no hay duda, el mismo formato de letra, los mismos textos, las mismas faltas de ortografía, en fin, existen pruebas suficientes para determinar en este momento, la falsedad de los dictámenes de estos señores, con ello, se están haciendo acreedores a una sanción penal y se irán a la prisión, quiero realizar el informe de mi pericial de manera muy técnica y profesional, solo les pido el tiempo necesario,—está bien licenciado. Las palabras del perito fueron recibidas de manera satisfactoria por parte de Mario, quien sabía que los contadores habían cometido el delito de falsear esos dictámenes, los comentarios del mecánico, ahora estaban confirmados, cualquier persona, sin tener los estudios necesarios en esa materia, al observar esos escritos, no dudaría en asegurar, que uno era copia fiel del otro. Quedaron de estar pendientes con el perito, para saber cuándo concluiría su trabajo y presentar su pericial ante la agencia del ministerio público, se despidieron.

El ex director Guzmán, de la empresa demandada, recibió la notificación de la agencia investigadora para presentarse a una diligencia penal, de inmediato se comunicó con su licenciado,—licenciado, acabo de recibir un citatorio del ministerio público de la federación, necesito que nos reunamos en este momento, ya que no se de que manera conducirme en ese lugar, no imagino, que es lo que me van a preguntar,—mire ingeniero, no se preocupe, en unos minutos debo de estar en una audiencia y terminando esta, me reuniré con usted,—está bien, nos vemos más tarde. El sudor empezó a mojar su frente, se sentía entre 2 flancos, alguien le había sugerido que no se desalineara en sus declaraciones porque ya el caso, estaba siendo arreglado, lo maquillarían de tal manera para no afectar a los involucrados, pero por el solo hecho de saberse citado a declarar penalmente, lo asaltaba el temor. La tarde pasó muy lenta, después de esperar a su abogado por espacio de 3 horas, al fin apareció con una sonrisa,—vamos a ver que dice su citatorio, el contenido, muy resumido, fue entendido por el erudito, después de aleccionarlo para que negara todo, quedaron de acuerdo para reunirse una hora, antes de su presentación, le dejó unos escritos en los cuales le hacía unas sugerencias con respecto a sus declaraciones, decidió conducirse, negando todo lo que se le preguntara. La noche no fue suficiente para calmar su nerviosismo; amaneció el nuevo día y el ingeniero con él, sentado en una silla, en un rincón de su habitación, su abogado apareció a la hora fijada, y se dirigieron a la agencia investigadora, en el camino fueron ensayando lo que declararía, los nervios empezaron a aparecer al darse cuenta que se acercaban a su Destino; cruzaron el puente grande hacia Tuxpan y llegaron a la agencia, el policía los recibió, firmaron la libreta de ingreso y esperaron al agente investigador. La oficina que se había convertido en el espacio para realizar los trámites y actividades de la demanda de Mario, había sufrido algunos cambios significativos, apareció otro licenciado agente investigador, quien acababa de llegar a suplir al anterior, una persona de mucha más edad, pero más fresco para llevar esas actividades, después de hacer los trámites correspondientes con sus escritos, empezaron las preguntas, el ingeniero de manera intranquila fue negándolas, de una a una, casi para concluir con sus declaraciones, apareció la pregunta esperada,—diga usted, ¿Cuándo se realizó la convocatoria del logotipo de la empresa que usted representó?,—no lo recuerdo,—contestó; un calor empezó a sofocar sus sienes, esta pregunta la había contemplado junto con su licenciado pero no le dieron mucha importancia, ahora, argumentaba "no recordar" cuando existían las dos declaraciones anteriores en el expediente civil por parte de él mismo con diferentes fechas, en la primera declaró que en 1997, y en la segunda que en 1986, esto lo sabía y consintió, que al declarar de esa manera, no le traería ningún problema, lo que ignoraba era que las declaraciones anteriores, lo ponían en evidencia, y se podría hacer acreedor a una sanción penal, alguien quizás, lo seguía engañando porque no le habían comentado que en esa agencia estaba una copia certificada de sus declaraciones anteriores, eso en su momento lo sabría, pero de entrada, ya estaba cayendo nuevamente en contradicciones, solo que ahora el castigo sería la prisión. Terminó su declaración, firmaron el escrito y se dirigieron a la salida, en el camino se rozaron con la licenciada Castillo, ex representante del jurídico de la empresa demandada, quien de manera tranquila los saludó y les comentó que también se presentaba a declarar, salieron de la agencia, su abogado le comentó que había estado muy bien en sus declaraciones, ya después sabrían lo que tendrían que hacer. La licenciada Castillo, entró a la agencia saludando de mano a todo aquel que se cruzaba en su camino, eso siempre la había distinguido, era muy conocida por esos detalles con mucha educación; se sorprendió al notar que el agente con quien había hablado días antes, había sido cambiado, un licenciado de mayor edad la saludó, le comentó de su nueva intervención, pidiéndole su identificación y haciéndole ver las imputaciones de las cuales ella era parte, de momento se quedó callada, por su mente empezaron a desfilar muchas dudas, al empezar el interrogatorio, se puso de pie y con voz nerviosa comentó,—licenciado,

JOSE GUADALUPE ARELLANO MARTÍNEZ

me reservo el derecho a declarar, eso es todo. El agente le hizo ver de la responsabilidad que le pudiera resultar por negarse a declarar y estuvo de acuerdo, firmó el escrito y salió de manera presurosa, tomó el teléfono celular y se comunicó con la licenciada Dora Alicia.

El contador Cirenio de hacienda federal, se presentó ante la agencia investigadora acompañado de un abogado, antes estuvieron platicando de su conducta, lo puso al tanto de todo lo acontecido, el licenciado de la empresa lo comprometió, lo había engañado al decirle que no tendría ningún problema, dibujó una mancha en su conducta y en su trabajo muy difícil de borrar, se sabía comprometido y el temor de ir a prisión, crecía en su mente; después de enterarse que había sido descubierto por los demandantes, era presa del arrepentimiento, aún después, de cómo se estaban presentando las cosas y que los demandados continuaban asegurando, que no habría problema, sabía de la gravedad del delito que se había prestado a cometer, y que ellos, al saber que la avalancha se les venía encima, lógicamente que se harían a un lado, se abrirían sin compasión y dejarían a la deriva a todos los implicados, alcanzó a escuchar muy en el fondo de su conciencia, ese grito que se escucha en los barcos cuando se están hundiendo,—¡sálvese el que pueda!, algo empezó a avisarle que quizás, así sería, después de que se empezaran a presentar las fisuras, la tristeza lo invadió, y en sus declaración, sus argumentos nada sustentados lo exhibían, el agente Bustos, notó su nerviosismo y le cuestionó sobre la similitud de los textos en sus dictámenes, se quedó callado, el agente no necesitó preguntar más, el camino de los implicados se estaba llenando de fracturas así como la autopista, solo que éste, sería muy difícil rehabilitarlo, terminó su declaración muy arrepentido, sabía que quizás lo esperaba la prisión, salieron de la agencia de investigaciones, sin hacer comentarios.

El contador Carmona de la Universidad Veracruzana, se presentó, acompañado también de otro licenciado, el abogado general, les había concesionado licenciados particulares debidamente aleccionados, de momento, no los había abandonado pues sabía a lo que se exponía si no los ayudaba en el asunto tan delicado en el cual los habían comprometido, las preguntas del agente investigador, empezaron a fluir, el contador, cuando las preguntas lo acorralaban, solos se limitaba a negar, el agente al notar la conducta del absolvente, puso mayor énfasis a sus preguntas,—¿está usted consciente, de que existe una similitud incontrovertible, en el dictamen de usted y el del contador de hacienda?,—no, sólo me dediqué a realizar el trabajo que el señor juez me solicitó, y quiero agregar que consta en autos, que le solicité al juzgado copias de los dictámenes que existían en el expediente y de los cuales llegué a copiar algunas cosas que aparecen en mi dictamen, el agente lo puso al tanto de la solicitud que habían hecho los demandantes, de la intervención de un perito en grafoscopía, grafología y documentoscopía, y que dicha solicitud se había autorizado y que estaba ya, en proceso de dictamen,—debe usted, de estar consciente a lo que se pudiera hacer acreedor si declara con falsedad, el contador volvió a expresar, que solo había hecho el trabajo solicitado. Terminaron la confesional y se despidieron, los demandados le habían comentado, que el agente ya había sido trabajado y que no habría ningún problema, que todo esto era un simple trámite. Esas aseveraciones, ahora se esfumaban en el aire, porque ese agente arreglado, ya había sido cambiado de puesto y eso le daba mucho temor, ahora no sabía como se pudieran dar las cosas, tendría que esperar hasta el final de las investigaciones y se lo comentó al licenciado quien le contestó,—no se preocupe, estamos respaldados por la palabra del abogado general de la empresa, el me aseguró que no habría ningún problema, porque se estaban encargando de arreglarlo de la manera que fuera porque tenía muchas influencias, que tenía el poder en sus manos y que esto, era algo que estaba disfrazado.

El aire soplaba fuerte, aun así, el calor era insoportable, el día apenas empezaba, los termómetros marcaban 36 grados centígrados, los contralores después de investigar a fondo algunas de las muchas anomalías que detectaron dentro de los estados financieros de Petroquímica Escolín, citaron a los encargados de administrar la producción y mantenimiento para someterlos a un interrogatorio y determinaron que habían encontrado una partida presupuestal que estaba contemplada para sufragar algunas compras de emergencia, existían infinidad de egresos en compras fingidas, todo eso, para justificar y utilizar esa partida para repartirse el dinero, la empresa trató este descubrimiento con mucha hermeticidad, solo se dedicaron a desenmascarar ese jugoso negocio, alguien había estado haciendo uso de ese dinero, y para no darle más armas a la prensa y hacer más grande el escándalo, de manera interna se manejaron otras versiones, los escándalos los ponían a temblar, ahora la situación para los involucrados era muy grave y la empresa los empezó a despedir con otro tipo de justificaciones, algunos de los implicados, resultaron beneficiados con la jubilación, solo 2 de ellos, los más jóvenes, no lograron recuperar sus puestos y se dictó la consigna de cancelarles su contrato, que hicieran lo que consideraran pertinente, pero nunca volverían a trabajar en la empresa; algunos jefes de Pemex se sabían protegidos, alguien del bloque de la administración los cobijaba, alguien instrumentaba lo que si debiera hacerse o no hacerse, para ellos no existía la ley, para ellos era muy fácil, o quizás logrando que alguien de jerarquía superior, les ordenara a los impartidores de justicia que se prestaran a hacerles favores, era muy indignante, era despreciable, la pudrición estaba en evolución, ¿hasta donde llegaría el País?. El estado de derecho no existía, ¿de que servían entonces las leyes?, los medios de difusión se encargaban de emitir anuncios basados en el derecho, la misma institución encargada de procurar la justicia, hacía alarde de hacer valer los derechos de los Ciudadanos; el Presidente vociferaba a los 4 vientos, la guerra abierta en contra de la corrupción y la impunidad, ¿de que servían todos esos argumentos, si la pudrición estaba desde adentro?, era una mecánica para favorecer solo una imagen ante los ciudadanos, porque la realidad era otra, en la mayoría de los juzgados se daban casos de corrupción, algunas personas poderosas lo sabían, pero no existía quien pudiera detener esa conducta por los intereses existentes.

La ciudad de Poza Rica continuaba siendo azotada por las ondas de calor, los encargados del pronóstico del tiempo, habían señalado que la temporada sería muy severa, el Licenciado Herrera terminó una llamada telefónica y muy sonriente, salió de su oficina, continuaba con su encomienda de manejar a las autoridades, ahora, había sido cambiado de puesto, los jurídicos se concentraron en el corporativo de la empresa, esas fueron las determinaciones del abogado general de Petróleos Mexicanos, el licenciado abordó un taxi y le pidió al conductor que lo llevara al centro de la ciudad, había quedado de entrevistarse con el jefe de la junta de conciliación y arbitraje porque existían algunos "asuntos que arreglar", el jefe apareció en una camioneta minivan de color azul oscuro con los vidrios polarizados, se detuvo y abrió la portezuela, el licenciado Herrera subió en ella, y con mucha familiaridad comentó,—¿Cómo estas licenciado?,—muy bien, gracias a Dios, los ojos del jefe de la junta se iluminaron, todo era camaradería, habían realizado varios arreglos, las demandas eran conducidas de ese modo, apretó el acelerador y enfilaron hacia la barra de Cazones, en ese lugar como en otros, existían espacios discretos en los cuales se arreglaban varias demandas a favor de la empresa, la conducta del licenciado Herrera, era muy conocida, su pobre capacidad, para aplicarse a hacer su trabajo como profesionista lo empujaba a prestarse a cohechar a quien se dejara, los utilizaba como títeres, el impartidor más recto, podría ser presa de la labia que ostentaba y él lo sabía. Mario también lo había demandado penalmente, tenía elementos suficientes para probarlo, en el expediente de su demanda aparecían las pruebas, pero el licenciado al saberse protegido, eso no le preocupaba. Llegaron a un restaurante cerca de la orilla del río, el encargado los recibió y les sugirió un espacio mas apartado; el calor se dejaba sentir, aun con la brisa del mar,

Cazones era un lugar muy hermoso con sus playas, el río se unía con el mar, un lugar poco explorado y explotado, enclavado en la parte central del Golfo de México, muy pocos inversionistas habían puesto sus ojos en él; sus playas vírgenes con todo el ímpetu de lo inexplorado, estaban marginadas, era un potencial y podría llegar a ser un centro turístico muy importante, solo bastaría que algún empresario o cualquier dirigente de esa población se preocuparan por sentar la infraestructura y promocionarlo. La comida resultó muy espléndida, mariscos preparados de diversas maneras y el buen whisky, hicieron de ese momento algo inolvidable, afuera, la tarde empezó a despedirse, los pescadores arribaban al embarcadero con el producto de su trabajo, la gente se acercaba a comprar. Los camaradas empezaron a caminar por el embarcadero y estuvieron de acuerdo en dar un paseo por la playa, solo tenían que abordar una lancha para atravesar el río, después de encontrar a un lanchero desocupado, treparon en ella y cruzaron; muy cerca de ese segmento, se asomaba la desembocadura del río hacia el mar, y por el otro aparecía la playa, bajaron del bote, el jefe de la junta de conciliación empezó a sentir los estragos del whisky y se quitó los pantalones, la invitación a refrescarse era tentadora, tratando de recordar los años de su juventud, dio un salto y entró de cabeza al agua, sumergiéndose totalmente; el licenciado Herrera, un poco mareado se quedó observando esa acción, de pronto el jefe bajo el agua, empezó a sentir como sus piernas se contraían de dolor, sus brazos de igual manera, intentó salir a la superficie sin obtener respuesta de sus miembros, a su vez, lo atacó un dolor muy fuerte en el pecho, la comida ingerida empezó a llenar y bloquear su tráquea, alcanzó a salir a flote pero no consiguió respirar y volvió a sumirse hasta casi 3 metros de profundidad. En esa parte del río, existía un declive y después de éste, más profundidad, sintió como la inconsciencia llegaba, sabía que estaba muriéndose y no había nada ni nadie que lo pudiera impedir, Herrera, ahora muy preocupado, buscaba a su camarada sin encontrar señal alguna de él. El río presentaba 2 corrientes, la entrante y la saliente, y éstas, se invertían por la tarde, en la superficie la corriente entraba hacia el río y aproximadamente como a 2 metros de profundidad, la corriente del río salía hacia el mar, Herrera levantó nuevamente la vista y como a unos 15 metros de distancia, alcanzó a notar un cuerpo, desesperado, corrió por la orilla gritando y pidiendo auxilio a los pescadores, dando un salto, entró al agua y buscó con las manos a su camarada sin conseguirlo, emergió para tomar más aire y gritó nuevamente pidiendo auxilio,—¡ayúdenme por favor!, ya bajo el agua, lo alcanzó de un brazo y lo fue atrayendo hacia la orilla, los pescadores aparecieron ayudando a Herrera a sacarlo del agua, lo recostaron en la arena, los ojos desorbitados

JOSE GUADALUPE ARELLANO MARTÍNEZ

y sus labios amoratados, avisaban que ya había fallecido, los pescadores empezaron a aplicar el auxilio de primer contacto y no obtuvieron respuesta, lo colocaron en diversas posiciones y la respuesta fue la misma. El jefe, estaba muerto. El licenciado herrera se daba golpes en la cabeza, se hizo un caos en su cerebro; los hechos lo meterían en serios problemas, y tenía que buscar una pronta salida, la gente que había notado el incidente, había llamado a la cruz roja, algunos periodistas escucharon por los canales de radio esa noticia, y arribaron al lugar de los hechos, las autoridades hicieron su aparición; después de interrogar al licenciado Herrera, éste, omitió mencionar los cargos y las profesiones que ostentaban, solo dio los nombres de manera ordinaria, argumentando también, que el finado provenía de la ciudad de Xalapa y que tenía muy poco tiempo de conocerlo. Era muy triste, que un subordinado como él, hubiera denigrado con esos comentarios, a un gran profesionista, para él, como para muchos dentro de la empresa, los impartidores de justicia, eran como peones de ajedrez, eran utilizados como objetos, quizás, los demás impartidores lo sabían, y deberían hacer conciencia de esa actitud, de esa conducta tan visceral, tan falta de principios y carente, de toda calidad humana, que desplegaban todos y cada uno de los podridos delincuentes que se acercaban a pedirles favores, a rogarles por saberse perdidos, y después de conseguir sus pretensiones a través del cohecho, terminaban riéndose de ellos, haciendo comentarios, de la pobre calidad del utilizado, pero como es sabido, entre los animales, unos dan la mordida por ser fuertes y tener el valor de hacerlo, y los débiles simplemente la aceptan, pero y luego, ¿no existía quien les pusiera un alto?, de eso, solo el tiempo daría la respuesta.

Mario se despertó muy de mañana, abrió la puerta de entrada a su casa y alcanzó el periódico; se sentó en la barra de la cocina, se sirvió un café, después de leer los encabezados, buscó la noticia de mayor interés, ésta, se encontraba en la sección regional y hablaba, de que una persona había fallecido por inmersión, en las aguas del río, en la barra de Cazones, observó por unos minutos la fotografía del difunto, quien no le pareció conocido, continuó leyendo y descubrió un nombre que se le hizo familiar, con más atención, confirmó esa observación, tomó el teléfono y se comunicó con su apoderado legal para comentarle sobre esa noticia, haciendo hincapié, en que aparecía el nombre del acompañante del fallecido, el cual era similar al de uno de los licenciados de Petróleos Mexicanos, que tenían demandado penalmente por cohecho. En la nota de dicha noticia, no se mencionaba profesión alguna, de ninguno de los 2; el Abogado sorprendido al escuchar, le comentó que pasaría a visitarlo en unos minutos. El teléfono sonó; quien llamó, no quiso dar su nombre, pero esa llamada anónima confirmó sus sospechas, entendía muy bien porque el licenciado Herrera, ese detalle, lo había manejado así, pero con este hecho, quedaba al descubierto, y se reafirmaban los actos del cohecho, en los cuales basaba su demanda penal en contra del licenciado Herrera y demás servidores públicos, ahora, no existía duda alguna del contubernio existente entre los funcionarios del jurídico de Pemex, con algunas de las autoridades encargadas de la impartición de justicia, ¿Cómo explicar esa conducta, en la que uno de los titulares del jurídico de Pemex, precisamente el licenciado Herrera, anduviera acompañado del jefe de la junta de conciliación y arbitraje, y que éste último, perdiera la vida por asfixia al sumergirse en las aguas del río de la Barra de Cazones?, el mal augurio, que Mario había percibido unos días antes, el cual comentó con su Abogado, se presentaba ahora, de esta manera tan trágica; la verdad, no quería que nadie saliera lastimado, sintió una profunda tristeza por la muerte de esa persona, a la vez, fue asaltado por el coraje al confirmar que los dirigentes del jurídico de la empresa, utilizaran a los impartidores de justicia sin interesarles la vida de éstos, faltándoles al respeto, arreglando con una comida, cualquier demanda para resolverla a su favor y de acuerdo a sus intereses, pensó en la familia del fallecido, ahora para ella, ya nada sería igual, ya no contarían con la presencia del hombre, del esposo y del Padre, le rogó a Dios, que acogiera en sus manos, el alma del finado y que ya no se dieran más estos hechos; se le ocurrió pensar también, que había resultado muy sospechosa la manera en que el licenciado Herrera había narrado lo acontecido, pero eso, lo tendrían que investigar las autoridades competentes. El teléfono timbró nuevamente, ahora era un informador de la radio, quien lo invitaba a presentarse en el noticiero por la tarde para comentar sobre esa noticia, llamaron a su puerta, era su Abogado quien después de saludar comentó,—me acaban de confirmar la noticia, ese licenciado Herrera esa metido en un grave problema, le haremos llegar a la agencia investigadora estos hechos, los cuales reafirman nuestra demanda en contra de ese sobornador, nada justifica esa conducta, y si confirma nuestros señalamientos en la demanda,—estoy de acuerdo contigo,—contestó Mario,—por otro lado, tenemos una entrevista en la radio por la tarde,—me parece bien, de momento tengo que regresar a mi oficina para elaborar los escritos que le presentaremos al agente investigador, y antes de la hora señalada pasaré por ti para asistir a la entrevista,—está bien amigo, nos vemos más tarde.

El licenciado Herrera se presentó muy temprano a su trabajo, el día anterior había sido muy abundante, después de todo lo ocurrido, fue sometido a varios interrogatorios por parte de las autoridades, realizó varias llamadas telefónicas con sus superiores, quienes al enterarse de lo ocurrido empezaron a sentir temor, en el jurídico de la empresa había confusión, la llamada de atención de su jefe, no se hizo esperar, lo acontecido ponía en riesgo muchas de las acciones ilícitas que habían realizado, ponía en evidencia toda la corrupción que imperaba dentro de ese departamento, le licenciado Herrera le comentó a su jefe que habría que esperar y que lo apoyara,—jefe, manejé los hechos de la manera más hermética, algunos periodistas no saben de quien se trata, y a los que se enteraron, ya se les dio su "rebanada", están de nuestro lado, tengo en mis manos el periódico principal de la región y solo aparecen nombres sin cargos ni profesiones, es mejor esperar, su jefe, muy molesto, con voz fuerte, le dijo,—¡eres un mentecato!, ¿Cómo se te ocurrió, que se metieran al río?,—jefe, el licenciado fue el de la idea, si he sabido lo que iba a suceder, créame que me hubiera negado, él estaba muy contento, ahora, todo esto me hace sentir muy mal, se que no tengo justificación, ¡ayúdeme!, póngame en otro lugar, cámbieme al sur del estado o a donde usted considere pero no me deje solo, le aseguro que mi única intención era convencerlo para que nos echara la mano con otras demandas, como siempre lo hemos hecho, solo estaba haciendo mi trabajo, pienso que no habrá problemas,—mira Herrera, tu situación es crítica, y considero que lo más conveniente, es que te vayas suspendido por un tiempo, o de vacaciones, solo te quiero advertir, que si esto nos trae consecuencias, olvídate que nosotros existimos. Solo basta esperar a que ese señor Arellano se entere de lo acontecido, y vas a ver el escándalo que se nos va a armar, claro que al final de cuentas eso para mi no es preocupante, porque de la manera que quiera hacer las cosas, no va a lograr que sus derechos con su demanda, sean reconocidos, eso ya está "arreglado", pero de momento, ya sabes que los escándalos trascienden y son muy molestos para nuestros superiores,—está bien jefe, esperaremos a ver que sucede, le aseguro que estaré muy pendiente, el jefe muy molesto terminó su llamada, Herrera muy preocupado, llamó a sus compañeros para sentenciarles,—les pido, de la manera más atenta, que se abstengan de mencionar lo acontecido, saben ustedes, la forma en que conducimos algunos casos, si me llego a enterar de que alguno de ustedes hace algún comentario al respecto, me encargaré personalmente de despedirlo de su trabajo, así como hice con los que estaban inmiscuidos en la demanda del logotipo, así es como borramos las evidencias, estamos juntos en este barco, y que eso les quede claro; de momento, es necesario hablar con los encargados de los periódicos para evitar que le den continuidad a lo ocurrido, la voz del más servicial se escuchó,—no se preocupe jefe, haremos lo conducente para que todo se quede en silencio.

El abogado general de Petróleos Mexicanos, llegó a una reunión, su semblante denotaba mucho coraje, por la noticia de que su jefe, el director de la empresa podría ser citado a comparecer ante las autoridades como presunto responsable del delito de declaración en falsedad, y esto, era ya, del conocimiento público, la situación se podría salir de su control, las relaciones que ostentaba con altos jefes del poder le daba cierta seguridad, pero estaban presentando una separación muy grande, ya que, a nivel medio existían personas que se conducían de manera honesta y no se prestaban a su juego, ahora; tan solo por el hecho de que saliera a la luz pública, que el ministerio público federal había acordado citar a su jefe, un servidor público de muy alto nivel por decir mentiras, eso si le preocupaba porque su carrera política se podría ver afectada, sabía que defender los intereses de la empresa era su trabajo, no le importaba a quienes afectara, aún a sabiendas de que estaba violando las leyes, todo con tal de ganar esa demanda, pensó también en alargarla, enredando todo para que después de algún tiempo, ya ocuparía otro puesto, dejando de herencia ese problema a quien llegara a sustituirlo. El caso estaba presentando más fisuras, las cuales a la larga le podrían traer graves consecuencias, el tiempo esperado del proceso de la demanda se adelantó, lo dejó tambaleante y ahora debería de acudir a pedir ayuda. Se sabía protegido y eso le daba certidumbre, total, si era destituido de ese puesto, no dudaba en que su padrino, lo ubicaría en otro, simplemente para tapar las apariencias de su incapacidad.

La elegante oficina, estaba abierta, dentro de ella se escuchaban voces muy fuertes, estaban presentes los funcionarios de la empresa, de mayor jerarquía, los dinosaurios, quienes, en ningún momento estuvieron de acuerdo en su nombramiento, se sentían con más experiencia que él, ¿Cómo era posible que un chamaco de 28 años ocupara ese puesto?. Delante de él se mostraban complacientes, pero cuando les daba la espalda, lo degradaban con insultos, criticaban su conducta, esperaban que cometiera el error, y ahora era el momento; ahora tenían las armas para obligarlo a que renunciara por si solo, alguien le había comentado del riesgo que corría y no hizo caso, y el responsable de todo esto era exclusivamente él. Tomó asiento y esperó, un licenciado de mucha más edad, se dirigió a los presentes y con voz firme expresó,—¡esto es sorprendente!, ¡jaque a nuestro rey!, todo por querer demostrar que nuestra barrera de poder era impenetrable, por subestimar un derecho legal,—licenciado, ¡perdón!, jefe, ¿Qué es lo que sigue ahora?, esperamos sus instrucciones, o esperamos a ser exhibidos todos. El abogado general se puso de pie,—lo siento, pero esto es parte de un proceso, el cual tiene que seguirse, no deben de preocuparse porque ya todo está arreglado, es importante tratar de guardar apariencias, no podemos ser tan descarados para avasallar los derechos de ese señor Arellano, esto es como un juego de

JOSE GUADALUPE ARELLANO MARTÍNEZ

ajedrez, siempre va a haber sacrificados, lo importante es ganar esa demanda y si a alguno de ustedes, no le parece, pues, se puede retirar en este momento. Otro abogado comentó,—¿Por qué todo el mundo demanda a Petróleos Mexicanos?, simplemente porque estamos mal, si estuviéramos bien, no habría problemas de este tamaño, además si no fuera así, no tendríamos trabajo, el director nos ha preguntado si es verdad, que ese tal Arellano ha rechazado alguna negociación, en verdad yo se, que no ha existido ningún acercamiento hacia ese señor, no se le ha hecho ninguna propuesta, quizás se manejó esa versión y me imagino que fue para justificar ante nuestros superiores, todos los errores que se han cometido en el proceso de esta demanda. El director de la empresa, quien entraba a la oficina en ese momento, comentó,—a ver mi abogado general, usted me dijo, que ese señor había rechazado las propuestas que usted le ofreció, ¿como es, que en este momento me estoy enterando que eso no es verdad?, ¿Qué es lo que se piensan ustedes, bola de ineptos?, el abogado general volvió a intervenir,—señor, solo quiero que esté usted enterado, que esa demanda ya está arreglada, ese Arellano, de la manera que quiera hacerle, no va a ganarnos, tengo los contactos necesarios, quienes ya están encargándose de este caso, no se preocupen, soy el yerno del señor que es la máxima autoridad del País, otro licenciado comentó,—jefe, tengo entendido que ese señor Arellano va a acudir a una instancia internacional, eso lo escuché en una entrevista que dio en la radio,—¡ya les dije!, ¿que no entienden?, de la manera que le haga y a quien acuda, ¡no nos va a ganar!, se sentía en la cima, y no desaprovecharía su influencia, lo del País, se agotaría en el País y ahí quedaría todo, aun a sabiendas de las violaciones graves hacia las leyes.

El director citó nuevamente a su cuerpo jurídico, e invitó a un alto funcionario, el coraje que se notaba en su semblante, hacia que sus subordinados sintieran temor, ahora estaba desprovisto, la verdad, había desarrollado su función y no sabía exactamente lo que había sucedido. Apareció el abogado general de la empresa, saludó a los presentes y tomó asiento, acomodándose el traje, el cual había sido cortado por uno de los mejores sastres del Distrito Federal; la mesa de trabajo se empezó a llenar de gente, la voz del director acalló el bullicio,—señores, quiero que me den una explicación veraz, de cual es mi posición legal en este momento, me siento víctima de una trama, me han engañado, y me han hecho quedar ante el País como un mentiroso, sobre todo tu chamaco, todos los planes que yo tenía, se pueden desplomar, hay que actuar con celeridad, han intervenido en este caso, varios licenciados y no hay uno solo, del cual pueda yo decir que funcione; son unos incompetentes, a ver chamaco, explícame que sucederá, estructuraste un escenario, tratando de alargar algo que tenías perdido, eso me parece coherente, lo que no me parece, es que hayas descuidado mi persona, ¿de que sirvieron tus influencias, y tu cuerpo jurídico?, mira como me has dejado, que es lo que voy a explicar, ya me dijeron que hay un acuerdo en el cual es probable que tenga que presentarme a comparecer ante el ministerio público federal; estoy enterado que ese organismo, tiene documentos que prueban las mentiras que declaraste en mi nombre y los cuales yo te firmé, me aseguraste que ya estaba arreglado,—¿Dónde tenía la cabeza, cuando te firmé esa confesional?, ¿te parece justo?,—señor director,—contestó el abogado general,—está usted en su derecho, puede decidir de la manera que considere con respecto a mi persona, acepto mi responsabilidad, créame que no consideré que las cosas se dieran de esta manera, se que no tengo disculpa, pero a mi me sucedió lo mismo que a usted, me confié a unas licenciadas y a un colaborador, quienes no siguieron la orden que les di, está con nosotros el funcionario que nos apoyó con la demanda civil, ésa, ya está arreglada, solo basta que él escuche aquí nuestros argumentos y gire la orden para librarnos de la demanda penal, le aseguro que no contaba con esa demanda, pensamos que ese señor Arellano se iba a desistir, pero no fue así,—espérate chamaco, y mi carrera política, ¿Qué pasará con ella?,—eso, no me corresponde definirlo, con esto, hemos manchado una estructura política, estamos los dos, dentro de esa mancha,—mira chamaco, esto ya se está saliendo de nuestro control, nos van a investigar,—mire señor, ya otros salieron muy afectados, tuve que despedir gente para borrar evidencias; el interés por lo que está en juego es mi preocupación, para eso me pagan, entiendo que nos confiamos, y de momento hay buscarle solución a su comparecencia,—el alto funcionario se puso de pie y expresó,—señores, es necesario tomar una decisión, la ley siempre será la ley, es muy cierto que existen casos que se pueden frenar, por nuestra parte, considero que se ha hecho lo conveniente, ahora, el golpe ya está dado, y vamos a buscar la manera de esquivarlo, creo que este es el momento de arreglar esto, de una vez por todas, pueden sugerir algo, aquí no se trata de justificar un trabajo, de lo que se trata, es de realizar un acuerdo conveniente para proteger los intereses de la empresa, ¿hasta cuando entenderemos que los problemas, se deben atacar desde la raíz?, existen problemas que no son tan graves, los cuales se prestan a una salida rápida, pero este caso de derechos de autor, es algo mucho muy diferente, la ley protege celosamente a los creadores, a los artistas, también existen organismos internacionales que vigilan que esos derechos sean respetados, esto, lo vamos a arreglar aquí mismo, ya después si el autor del logotipo acude a esas instancias, pues será otra cosa.

Tenían que librarse de la demanda penal, y el funcionario se encargaría de eso, lo que ignoraban, era que el Abogado de Mario, ya había acudido a un colegiado penal, para solicitar la revisión del amparo que el juzgado 7° les otorgó, el tribunal colegiado penal, les había ratificado ese amparo y ordenó citar a comparecer a los inculpados que la agencia investigadora de Tuxpan, había intentado omitir, entre ellos estaba el propio director de la empresa, el abogado general, el juez del juzgado 8° y el magistrado de apelación, unos, por haber declarado en falsedad, por fraude procesal, y los otros, por haber cometido delitos en contra de la administración de justicia, de esto último, no había duda, el juez, quien a parte de emitir un fallo contrario a la ley, no tomó en cuenta la jurisprudencia, el magistrado, de igual manera, alterando la demanda, manejando acciones que no fueron probadas por los demandados, omitiendo pruebas debidamente acreditadas por los demandantes, manejando las leyes a beneficio de los demandados. Ahora las cosas en torno a lo penal, ya habían trascendido, el ministerio público había girado instrucciones al Honorable Consejo de la Judicatura Federal, y al subdelegado de asuntos especiales y exhortos de la Procuraduría General de la República con sede en el Distrito Federal, solo bastaba esperar a que los encargados de esas dependencias, se condujeran con estricto apego a la ley, y entonces sería otra cosa, los inculpados tendrían su merecido castigo.

El licenciado Bustos, ahora como nuevo agente investigador, llegó a su oficina muy temprano, se encontró con la orden de la juez del juzgado 7°, en la cual, le hacía saber del fallo del colegiado penal, y que tenía solo 24 horas para notificarle al autor de esta decisión, el agente, desesperado, buscó una solución para librar la posibilidad de tener algún problema, le llamó a su ayudante para pedirle que elaborara unos oficios, los cuales serían enviados a la ciudad de México, después de unos minutos el ayudante le entregó dichos oficios, el agente le dijo que tenía que acudir a la ciudad de Poza Rica, tomó una carpeta con los documentos y salió de su oficina, la ciudad de Tuxpan mostraba todo el movimiento que engendra el comercio; el paradero de autobuses casi siempre estaba saturado pues era pequeño, el agente, después de batallar para conseguir un boleto, abordó el autobús.

La mañana se presentaba con el cielo despejado, el sol inundaba todos los rincones con su esplendorosa luz, Mario en su casa, preparaba un lienzo a la temple, era una tarea que requería de mucha paciencia para conseguir bloquear todos los poros de la tela y darle una textura muy pareja, adecuada para evitar fisuras posteriores, después de observar minuciosamente el lienzo a contra luz quedó satisfecho, el lienzo quedó bien sellado. El timbre de su puerta sonó, y se dirigió a abrir, se trataba del agente investigador quien ahora, adoptó una manera muy diferente al conducirse,—¡señor Arellano!, ¡muy buenos días!, ¿Cómo está usted?, Mario se quedó boquiabierto, pues ese agente y el anterior, al inicio de la demanda penal, siempre habían sido muy cortantes, muy herméticos,—muy bien licenciado,—contestó,—pero por favor, pase usted, ¿Qué se le ofrece?, eufórico el licenciado comentó,—¡oiga, señor Arellano, no nos hemos dado el abrazo de navidad y el del año nuevo!, estirando sus brazos se acercó y abrazó a Mario, quien aun muy sorprendido contestó el saludo y correspondió al abrazo,—mire señor Arellano, le quiero confesar que a mi no me mueve ningún interés particular, soy tan transparente como el cristal de su ventana y estoy a sus ordenes, la ayuda que usted necesite, ya sabe que de mi parte, puede contar con ella,—Mario, no salía de su asombro,—señor Arellano, soy portador de instrucciones precisas de parte de la juez del juzgado 7°, para notificarle sobre los últimos acuerdos del Tribunal Colegiado Penal, le traigo también, una copia de los oficios que ya fueron turnados al Consejo de la Judicatura Federal, y a la Subdelegación de Asuntos Especiales los cuales se encuentran en el Distrito Federal; quienes determinarán, a que agencia investigadora se deberán presentar a comparecer los implicados faltantes. Mario ya se había enterado del acuerdo emitido por el Tribunal Colegiado Penal a través de su Abogado, lo que ignoraba, era lo que el agente le acababa de notificar de los oficios enviados a la ciudad de México y comentó,—licenciado Bustos, me parece justo que la ley y los derechos sean respetados,—señor Arellano, estamos haciendo nuestro trabajo, la prueba de ello, es que vine personalmente a notificarle porque me gusta mi trabajo y le reitero que, en lo que le pueda ayudar, sabe que cuenta conmigo; esos comentarios alagaron un poco al demandante pero había un algo de duda en la conducta del agente, ya que antes, le hacían llegar las notificaciones a través del telégrafo, ahora éste, lo hacía de manera personal, había que esperar para saber, el porqué de esa conducta, el agente comentó,—y bien señor Arellano, ¿Cómo va su asunto civil?, cuénteme, la verdad es que nos hemos cargado de trabajo, el agente anterior dejó muchos casos inconclusos, y no le hemos podido dedicar el tiempo requerido a su demanda, compréndame,—Mario en breves palabras lo puso al tanto desde el inicio de los hechos,—mire señor Arellano, cuando yo litigaba en un despacho particular, aprendí algo sobre los derechos de autor y la verdad, es muy notorio, hacia donde están conduciéndose los demandados para no reconocerle esos derechos, pero no desista, si en este País no se le hace justicia, afortunadamente existen otras instancias fuera de nuestro País, las cuales le reconocerán ese derecho, por lo que me cuenta, le quiero decir que nadie puede hacerlo renunciar a sus derechos, estamos hablando de leyes del orden prohibitivo, imperativos legales que no pueden ser ignorados, a la vez, el manifiesto de la licenciada de la empresa carece de fundamento legal, porque note usted, desde donde está mal cuando argumenta que en la supuesta convocatoria del año de 1997, se estipuló que a cambio del diseño, se le iba a otorgar la jubilación al ganador, la ley estipula muy claramente que "el trabajo no es artículo de comercio", con este dicho, no existe duda legal, de que nada tiene que ver una cesión de derechos de autor los cuales son irrenunciables, con otro derecho, como es el laboral, el cual también es irrenunciable, sobre todo, porque usted ya estaba en edad jubilable con sus 23 años de servicio y de ninguna manera se pueden negociar esos dos derechos. Mario continuaba asombrado, ahora el agente, le estaba dando la razón a sus derechos,—licenciado, le agradezco sus observaciones, es precisamente lo que tiene que dejar bien claro en su trabajo con mi demanda, los señores están cometiendo varios delitos y por eso acudimos a ustedes, porque existen elementos de sobra para que se consigne a los inculpados, desde el inicio del proceso de mi demanda civil, se han dado muchísimas irregularidades y lo único que quiero es que se me reconozcan mis derechos y se me liquide lo que de acuerdo a la ley me corresponde,—no se preocupe señor Arellano, como le comenté, si en nuestro País, no le son reconocidos sus derechos, ya encontrará otra instancia fuera de él, ya que éstos, están tratando de avasallar sus derechos, no se deje,—gracias licenciado, contestó,—no se imagina la tranquilidad que siento al poder platicar con usted; el haber escuchado sus palabras es algo que no esperaba, la verdad es que no lo habíamos hecho, pero ahora me da más seguridad y aliento para seguir adelante,—bueno señor, me retiro porque tengo mucho trabajo, además no traigo vehículo y me tengo que regresar a Tuxpan, en autobús, estaremos pendientes de su asunto, no se preocupe y ya sabe que estamos para servirle,—hasta luego licenciado, que tenga usted un excelente día. Mario se comunicó con su Abogado para comentarle sobre lo acontecido, el apoderado le pidió que le hiciera llegar las notificaciones y que en su momento comentarían sobre la conducta del agente investigador.

INSTRUCTIVO DE NOTIFICACIÓN PERSONAL

Tuxpam, Veracruz; a 28 de Enero del 2004

AL C. JOSÉ GUADALUPE ARELLANO MARTÍNEZ
Y/O REPRESENTANTE Y APODERADO LEGAL.
CALLE OAXACA, EDIFICIO "I"
DEPARTAMENTO NÚM. 6
FRACC. OSCAR TORRES PANCARDO
POZA RICA, VERACRUZ
P R E S E N T E.

Por este medio, y dando cumplimiento a lo ordenado por la C. EMMA HERLINDA VILLAGOMEZ ORDÓÑEZ, Jueza Séptima de Distrito en el Estado, mediante Proveído Definitivo de fecha veintisiete de Enero del presente año, notificado a esta Autoridad en esta propia fecha mediante oficio 981 de la fecha, y en torno a sus diversas promociones de fecha veinticinco y veintiocho de abril del dos mil tres me permito hacer de su conocimiento que con fecha catorce de Julio del año dos mil tres se dictó un Acuerdo dentro de la Averiguación Previa número TUX/048/2002- de índice de esta Agencia Segunda Investigadora que a la letra dice

A.P. No. TUX/048/2002-II.

ACUERDO DE SOLICITUD DE DILIGENCIAS EN LA VÍA DE EXHORTO.- En la Ciudad y Puerto de Tuxpam de Rodríguez Cano Estado de Veracruz siendo los catorce días del mes de Julio de año dos mil tres ---

VISTO y estado que guarda la presente Averiguación Previa número TUX/048/2002, instruida en contra de C. EN QUIENES RESULTEN RESPONSABLES en la comisión de los delitos de EJERCICIO INDEBIDO DE SERVICIO PÚBLICO, DELITOS COMETIDOS POR SERVIDORES PÚBLICOS, DELITOS COMETIDOS CONTRA LA ADMINISTRACIÓN DE JUSTICIA, DELITOS DE ABOGADOS PATRONOS Y LITIGANTES, y FALSEDAD DE DECLARACIONES E INFORMES DADOS A UNA AUTORIDAD, de conformidad con lo previsto por los artículos 21 y 102 apartado "A" de la Constitución Política de los Estados Unidos Mexicanos, 45 46 párrafo primero 49 53 del Código Federal de Procedimientos Penales es de acordarse y se ---

----------------- A C U E R D A -----------------

--- Que del estudio de las constancias que integran la presente Averiguación Previa, se advierte que para su debida integración es necesario recabar las libres manifestaciones de los CC. Ingeniero RAUL MUÑOZ LEOS, Director General de Petróleos Mexicanos, Ingeniero RAFAEL BEVERIDO LOMELIN, Director General de PEMEX Petroquímica y Licenciado JOSÉ CÉSAR NAVA VÁZQUEZ, Abogado General de Petróleos Mexicanos, todos con domicilio en Avenida Marina Nacional número trescientos veintinueve Edificio "A" piso once

INSTRUCTIVO NOTIFICACIÓN
PERSONAL 1

JOSE GUADALUPE ARELLANO MARTÍNEZ

oficina del Abogado General de Petróleos Mexicanos Colonia "Huasteca", Delegación Miguel Hidalgo, Código Postal 11311 México Distrito Federal; así también deberá recabar los datos necesarios para facilitar la localización y ubicación del C. Licenciado **ENRIQUE TORRES SEGURA** Juez de Distrito, para el que requerirá un informe al C. Licenciado **NÉSTOR ROLANDO AGUILAR DOMÍNGUEZ**, Director **General de Recursos Humanos del H. Consejo de la Judicatura Federal**, con domicilio en Insurgentes Sur 2065 ala "B", Colonia San Ángel Delegación Álvaro Obregón C.P. 01000 México Distrito Federal, a fin de que aporte los datos necesarios, y en caso de que la persona de que se trata se encuentre en el Distrito Federal, se recabe la libre manifestación a fin de que exprese lo que a su interés convenga; ahora bien, toda vez que se advierte que es necesaria la práctica de dichas diligencias en domicilios ubicados fuera del territorio en que esta Agencia investigadora del Ministerio Público de la Federación ejerce su jurisdicción en términos de los artículos 45, 46, 49 y 53 del Código Federal de Procedimientos Penales; 4° Fracción I inciso A), subincisos b), c) y f) de la Ley Orgánica de la Procuraduría General de la República. *Girese* atento oficio exhortatorio al C. Subdelegado de Investigaciones Especiales y Exhortos de la Procuraduría General de la República con residencia en la Ciudad de México Distrito Federal remitiéndole TRIPLICADO constante de **503** fojas útiles y Anexo constante a **657** fojas útiles, ambos del expediente de Averiguación Previa número TUX/046/2002-II, a efecto de que por medio de su conducto sea turnado el presente EXHORTO al Agente del Ministerio Público de la Federación que corresponda, a fin de que sea diligenciada en la vía de exhorto la presente petición y hecho lo anterior acorde al procedimiento de estilo remita a esta Fiscalía de origen los resultados del trámite solicitado . . . . C U M P L A S E . . . . AS lo acordó y firma el C. Licenciado MANUEL FRANCISCO BUSTOS RIVERA Agente del Ministerio Público de la Federación Titular de la Segunda Mesa Investigadora quien actúa con testigos de asistencia que al final firman, dan fe . . . .

Rúbricas legibles de Testigos de Asistencia

En esta misma tesitura le informo que a la Indagatoria que no atañe, se le ha dado el trámite pertinente, encontrándose esta Representación Social Federal a la espera de los resultados obtenidos por el homólogo de la Ciudad de México Distrito Federal, y una vez que hayan sido extraterritorialmente practicadas las diligencias requeridas, se podrá estar en condiciones de resolver lo procedente con estricto apego a la Ley. Lo anterior a fin de dar cumplimiento a lo dispuesto por el párrafo segundo de artículo 21 de la Constitución Federal y tomando en consideración lo señalado por el numeral 109 del Código Federal de Procedimientos Penales, así como al Mandamiento Ministerial aludido en el proemio de la presente, emitido por la Titular del Juzgado Séptimo de Distrito en el Estado de Veracruz, dentro del Juicio de Amparo número 432/2003, haciéndolo de su conocimiento para efectos de que se imponga de su contenido y le sirva como medio de notificación personal . . . .

INSTRUCTIVO NOTIFICACIÓN
PERSONAL 2

A T E N T A M E N T E
'SUFRAGIO EFECTIVO, NO REELECCIÓN'
EL AGENTE SEGUNDO INVESTIGADOR DEL
MINISTERIO PÚBLICO DE LA FEDERACIÓN

LIC. MANUEL FRANCISCO BUSTOS RIVERA

RAZÓN.- En la misma fecha y lugar se dio cumplimiento al Acuerdo e Instructivo de Notificación Personal invocado, notificándole al denunciante y/o su apoderado y representante legal quien o quienes para debida constancia firman al margen y al calce, en presencia de personal que actúa y da fe - CONSTE y DAMOS FE -

NOTIFICADO EN FORMA PERSONAL

JOSÉ GUADALUPE ARELLANO MARTÍNEZ Y/O APODERADO
O REPRESENTANTE LEGAL

TESTIGOS DE ASISTENCIA

C. EFREN MARTÍNEZ CARBAJAL   C. RAQUEL CRUZ CRUZ

INSTRUCTIVO NOTIFICACIÓN
PERSONAL 3

JOSE GUADALUPE ARELLANO MARTÍNEZ

El nuevo día, empezó a fecundar esperanzas en la mentalidad de Mario, la carretera hacia la ciudad de Xalapa presentaba un panorama muy hermoso y muy variado, una ciudad enclavada en la parte montañosa del estado de Veracruz, presentaba un escenario muy diferente, el clima frío, los encinos en algunas áreas se asomaban con sus grandes tallos, las peras y las manzanas se distinguían en ese escenario. Una ciudad muy bonita y llena de cultura considerada, la ciudad Madre de la cultura de todo el estado de Veracruz, algunas de sus construcciones añejas, hablaban de la influencia, la cual había servido para levantarse y quedar como testigo mostrando su belleza, además de la nobleza y educación que distinguía a sus habitantes; nuevamente, vinieron a su mente los recuerdos, estaba llegando a la tierra que vio nacer a su Madre, sintió una opresión en el pecho al pensar, que parte de su familia vivía en esa ciudad a la cual no frecuentaba. Las malas condiciones económicas de vida, obligan a mucha gente a buscar nuevos horizontes para subsistir, y es por eso que muchas familias se llegan a distanciar, en este caso había sucedido algo similar, ahora llegaba como un desconocido, como un turista. Apareció frente a ellos el edificio de Tribunal Colegiado Civil, su visita era con la firme convicción de hablar con el jefe de ese tribunal, a su vez, enterarse de como se manejaría su demanda en busca del amparo directo en contra de la sentencia de apelación, o de plano, solicitar a ese Honorable tribunal, para que entrara al estudio de fondo y determinara una nueva resolución con apego a la ley. El licenciado magistrado encargado de ese puesto, era un hombre de edad avanzada, por su semblante aparecían los estragos del tiempo, ya estaba próximo a jubilarse. Los recibió, mostrando toda la rectitud que distingue a ese tipo de profesionales, el abogado con voz firme expresó,—señor magistrado, hemos sido presas de una serie de irregularidades y de la corrupción, ya demandamos penalmente a un juez, de igual manera al magistrado de apelación, después de que ustedes hagan el estudio del expediente, se darán cuanta y quizás justifiquen nuestras acciones, confiamos plenamente en que este Honorable Tribunal nos hará justicia, de acuerdo a la ley, no tengo duda alguna, de que mi cliente merece que se le reconozcan sus derechos y que se le paguen sus regalías, las cuales son irrenunciables e imprescriptibles, le quiero aclarar, que mi cliente no persigue todo el monto que arrojó el estudio técnico realizado por nuestro perito, solo quiere algo conveniente para ambos, confiamos en la ley, y en que ustedes se apegarán a ella, le hemos aportado todas las pruebas legales a las autoridades y nos han golpeado sin querernos reconocer ese derecho, mi cliente está en la mejor disposición para llegar a un buen arreglo desde el inicio de la demanda, pero ellos no se han tomado la más mínima molestia de hacernos una propuesta, eso, quiero que le quede claro, ya que hemos escuchado lo contrario y se han manejado informaciones adversas muy convenientes para los demandados, imagino que ha sido para justificar la conducta irregular que han venido desplegando para ganar esta demanda a costa de lo que sea, de manera prepotente, aun a sabiendas de que están violando las leyes de nuestro País,—señor Arellano, abogado, comentó el magistrado,—no se preocupen, ustedes han de saber, que ya tengo muchos años desempeñando este trabajo, que me siento un poco cansado, pero a mi, no me mueve ningún interés particular, quiero que estén enterados que en este Tribunal colegiado, somos imparciales, nos apegamos estrictamente a la ley, somos la máxima autoridad, y aquí, solo se aplica la ley y no duden que así será. Mario le refirió que antes ya había escuchado ese tipo de comentarios por parte del secretario del juez y la proyectista de sentencia del magistrado de apelación,—señor magistrado, quiero seguir confiando, en que no todo es corrupción, y que la justicia me llegará a través de la ley que usted imparte, de lo contrario, debe usted de saber que nuestra intención es llegar hasta el fondo de mi demanda, hasta sus ultimas consecuencias. El magistrado se quedó en silencio, los demandantes se pusieron de pie y se despidieron, una esperanza renacía en ellos, los demandados a través del abogado general, en sus alegatos en contra del amparo, daban a entender que toda la responsabilidad le correspondía a Petroquímica Escolín, a su vez, esperarían el fallo sabiendo que ahora estaba interviniendo la procuraduría y que no era conveniente cohechar a más gente. El gabinete de gobierno a través de su vocero, había sentenciado un acuerdo, en el que se estipulaba que sancionarían con cárcel y multas, a los impartidores de justicia que se prestaran al dolo y al cohecho, y no resolvieran los casos dentro de la ley. Dentro de los pensamiento de los demandantes, danzaba la idea se que ese asunto terminaría en la Comisión Interamericana de derechos Humanos con sede en la ciudad de Washington.

Los días y las semanas, seguían marchando, el autor, estaba despertando, eran la 6 de la mañana cuando sonó el teléfono,—¿Mario?,—si, ¿diga? Era su abogado para comunicarle que ya había salido la resolución del tribunal colegiado,—el Colegiado nos concedió el amparo directo, paso por ti en unos 20 minutos, tenemos acudir a la ciudad de Xalapa inmediatamente,—está bien, me preparé pronto y aquí te espero. La esperanza crecía, ese Tribunal se había conducido honestamente, el corazón del autor se aceleró, le dio las gracias a Dios y le pidió que no lo abandonara. Después de arreglarse; esperó a su Abogado quien llegó a la hora señalada, abordaron el coche y se dirigieron a la ciudad de Xalapa, la carretera se prestó para que el viaje se diera

JOSE GUADALUPE ARELLANO MARTÍNEZ

sin contratiempos, después de unas horas, el frío de la ciudad se empezó a sentir, la incertidumbre apareció, los demandantes, no sabían exactamente bajo que condiciones había sido emitido ese amparo y estaban deseosos por saberlo. Llegaron al Tribunal Colegiado, buscaron un lugar donde aparcar el coche, descendieron de éste, y algo nervioso el Abogado de Mario le expresó,—Mario, quiero que estés sereno, no sabemos exactamente como está ese amparo, pero si te pido que estés tranquilo, en unos momentos más, lo sabremos, te pido ecuanimidad,—está bien, contestó,—adelante. Entraron por esa puerta en la que había que firmar su asistencia, y pasaron a la sala en la que aparecían las publicaciones de los acuerdos, el Abogado, después de localizar en las listas un número, le pidió a Mario que lo aguardara unos minutos, pues iba a solicitar el expediente para revisar bajo que términos se había emitido su amparo, por su parte Mario, se acercó a revisar nuevamente las hojas de los acuerdos y alcanzó a leer su nombre y al final del escrito aparecía "se ampara para efectos", ¿Qué significaba ese término?, no tenía la más mínima idea, decidió salir del tribunal para fumarse un cigarro, la tensión era muy fuerte, esperaría a que su Abogado le diera una breve explicación. Después de unos minutos, el Abogado apareció con un semblante diferente, sonriente y emocionado, estiró su mano para ofrecerle un saludo,—¡amigo!, después la agonía, ¡seguimos vivos!, parece que este Tribunal si nos hará justicia, se han conducido en general, dentro de la legalidad, ya solicité una copia certificada de la resolución de la demanda de amparo directo y será hasta la próxima semana, cuando nos harán la entrega, ¡animo!, tenemos que seguir adelante, sabes que nos estamos enfrentando al tráfico de influencias del abogado general de Petróleos Mexicanos, a la corrupción que impera en esa empresa, tenemos que estar muy pendientes porque no sabemos lo que puedan intentar hacer, solo tenemos la ley de nuestro lado, "ellos" tienen el poder económico y las influencias para manejar a quien se deje y no dudarán en utilizarlos, te pido que sigamos adelante con la firme convicción de que, suceda lo que suceda, saldremos de esto, juntos, no importa a lo que tengamos que llegar, y como ya te lo comenté, si es necesario acudir a la instancia internacional, pues simplemente, lo haremos. Parecía que las cosas se estaban alineando, ahora, el Tribunal Colegiado en su resolución, le hacía observaciones al magistrado de apelación, determinando que su resolución, carecía de congruencia legal, ya que al hacer el estudio de las acciones de nulidad absoluta y de nulidad absoluta de pleno derecho ejercitadas por el autor, del convenio en contienda, lo había realizado de manera "errónea", ya que había partido de los elementos que dan entrada a la nulidad relativa, que dejara sin efecto esa sentencia y que dictara una nueva, en la que hiciera bien, el estudio de las acciones ejercitadas por el autor, las pruebas ofrecidas y que se apegara a derecho.

La resolución del Tribunal Colegiado, estaba exhibiendo la consigna del magistrado de apelación y dentro de la ley, el señor de apelación, deliberadamente mostrada toda su animadversión en contra del autor, quizás porque se enteró que éste, lo había demandado penalmente, de eso, no había duda alguna al respecto, el señor magistrado se sentía "ofendido", se sentía utilizado por los demandados y exhibido por el demandante, se sentía poderoso, se sentía apoyado, de manera sumisa se había alineado quizás, con el mandato de algún superior y confiaba que con las relaciones que ostentaba, trataría de hundir al autor de la manera que fuera, para enseñarle que tenía el poder y por ende, era intocable como impartidor de justicia, el demandante se enteraría de lo que era capaz de crearle, su soberbia y su conducta lo exhibía y quedaría como ejemplo para la historia.

El abogado general de la empresa, recibió una llamada telefónica de uno de sus colaboradores,—¡jefe!, tenemos un grave problema, el Tribunal Colegiado, le otorgó un amparo al autor del logotipo, ya solicité una copia de la sentencia, la cual le llevaré lo más pronto posible; tenemos que actuar de inmediato, parece ser, que el ponente de sentencia se irá jubilado en un corto tiempo, debemos de estar pendientes con el que llegue a ocupar su lugar para hablar con él, seguiremos al pendiente con el magistrado de apelación, no nos queda de otra, tan pronto tenga la copia, nos entrevistaremos, hasta luego. El abogado general sintió, como el sudor frío empezó a brotar por los poros de su cara, ahora, ya no podría seguir en ese puesto, el asunto se le había escapado de las manos, sus influencias y su poder, no llegaron a quebrantar la honestidad y honradez del Tribunal Colegiado, se preocupó única y exclusivamente, por la llamada de atención de la cual sería objeto, al final de cuentas, sabía que para su estructura política, no era muy grave, además de que sus relaciones estaban muy bien, una que otra mentira no le afectaban, quizás encubrirían su incapacidad para desarrollarse en ese puesto, y sería acomodado en otro, en el cual se desenvolviera asesorado políticamente. Los buenos negocios que había hecho, con gentes del poder, le daban mucha seguridad. El puesto, le había quedado grande, eso lo sabía, pero también sabía, que su bienhechor lo protegería en contra de lo que fuera y de quien fuera. Sonó nuevamente su teléfono, la secretaria le hizo saber que tenía una reunión muy importante con su jefe y con su cuerpo jurídico en 1 hora; la información del amparo concedido por el Tribunal Colegiado al autor, ya había trascendido en ese organismo,—está bien señorita, contestó,—me presentaré a la hora señalada. Se quedó pensativo, el coraje

JOSE GUADALUPE ARELLANO MARTÍNEZ

que sintió fue la muestra de su inmadurez; tomó nuevamente el teléfono y se comunicó directamente con sus colaboradores para darles instrucciones de que se acercaran a los medios de difusión, y evitar que se publicara lo de la flamante sentencia. Sabía que eso lo podrían hacer de inmediato, claro está, comprándole a los medios la noticia, para que no saliera a la luz pública, sabía que existían arreglos, los cuales le otorgaban concesiones con los medios de difusión para acallar la información que más afectara la imagen, no tanto de la empresa, sino de sus administradores, ya que lo que menos les importaba era la propia empresa, trataban de justificar sus puestos para cuidar la minita de oro, la cual les proporcionaba su solvencia y estabilidad económica, los hacía prepotentes; empezó a hacer algunas anotaciones, la secretaria entró a su oficina para informarle que algunos de sus subordinados querían dialogar con él, antes de reunirse con los demás funcionarios,—hágalos pasar, entraron 3 funcionarios saludando de mano; después de hacerle todas reverencias, empezaron a platicar,—señor, ¿ya se enteró, de lo que sucedió con la demanda de amparo civil del logotipo?,—claro que si, ese señor del tribunal no quiso ayudarnos; me enteré, de que casi está a punto de jubilarse, también hablé con el alto funcionario que nos ha estado ayudando y me parece que está tomando cartas en el asunto, el sabrá estructurar lo conducente,—jefe, con todo respeto ¿seguiremos tratando de arreglarlo, fuera de la ley?, encolerizado se puso de pie y contestó,—¿que no se da cuenta, de las consecuencias? ¿Que no sabe, que su único trabajo, es proteger los intereses de la empresa que representamos, y para eso nos pagan? ¿lo entienden?,—si, señor. Salieron de la oficina, para dirigirse al auditorio designado para esa reunión, el semblante de todos, era de mucho coraje; ocuparon sus lugares y esperaron la llegada de los demás funcionarios, uno de ellos, sacó de entre sus documentos un oficio, en el cual había una propuesta sobre la destitución del abogado general quien se puso de pie y salió sin explicar nada; los demás, empezaron a hacer comentarios sobre quien se encargaría, de ocupar ese puesto temporalmente, mencionaros algunos nombres, y el que resultara elegido, sería quien se encargaría de terminar de arreglar, lo de la demanda del logotipo, ya después el Presidente, se encargaría de nombrar a un nuevo titular.

El abogado general, entró a la oficina que quizás, ya no le correspondería después de un tiempo, tomó algunas de sus pertenencias y salió sin despedirse. Se enteró; que pronto sería cambiado de puesto, sabía que había intentado encausar esa demanda tan importante para la empresa, también, que su sucesor se encargaría de terminarla. Había dado las pinceladas necesarias, utilizando los colores primarios para conseguir una gama extensa de colorido, solo que se excedió al usar colores que se fueron degradando, ésta obra por lo menos, se echó a perder, ya empezaría otra, en otro puesto y si esto, no le dejaba alguna experiencia, en el puesto que fuera reacomodado, le volvería a suceder, aun sabiéndose protegido, apadrinado por algún apellido, o algún lazo familiar, todo tiene un límite, y las consecuencias tendría que vivirlas y ser congelado. Consideró que había borrado las evidencias necesarias, desaparecer todos aquellos indicios en conjunto con los implicados.

El país estaba siendo burlado por algunos funcionarios públicos, era tan denigrante, la manera en que se estaban conduciendo, con todas las faltas de respeto hacia los ciudadanos, y hacia las leyes; ya a estas alturas, no se creía en nada, ni en nadie, ¿Qué iría a suceder?, nadie lo sabía, la fisura se hacía cada vez más profunda y llegaría a fracturarse con tanta incertidumbre, con tanta apatía. Mario, no entendía; todo el proceso de su demanda, mostraba el desenfreno de la corrupción, algunos licenciados de la empresa, llegaron a hacer comentarios, con respecto a esa demanda. Uno de ellos, jefe del jurídico en la ciudad de Poza Rica, reunió a sus subordinados, después de leer una nota periodística, les comentó,—¡ese tal Arellano sigue molestándonos a través de los periódicos, pero, les quiero comentar que, de la manera que le haga, ¡no nos va a ganar esa demanda!, decía las cosas con tanta seguridad, porque sabía de antemano, la forma en que había sido arreglada esa demanda, de eso no tenía duda, se sabían poderosos económicamente y muy bien relacionados a través del abogado general. Mario entendía ahora, el porque nunca se quisieron acercar a negociar, simplemente porque lo iban a arreglar con los funcionarios de más alto nivel, a través de los impartidores de justicia participantes en esa demanda, eso se estaba definiendo, pero entonces, no se imaginaban, qué todavía existía una posibilidad para el autor, que pondría al descubierto, una nueva historia de corrupción dentro del País, que sería muy mencionada en mucho tiempo, y que quizás, la ley después, les ajustaría las cuentas a los que colaboraron en la estructuración de esta obra, llena de "Pinceladas de Injusticia". Entendía también, que ya había pasado y agotado todos los caminos impregnados de corrupción, y solo de esa manera tendría la opción de acudir a una instancia internacional, era indignante e inentendible, soportar en cada etapa del proceso de la demanda, el golpe moral que le propinaban los juzgadores, solo por exigir, el reconocimiento a un derecho irrenunciable, protegido por el País, e inclusive fuera de él; continuaría esperando, su Abogado, ya intuía el desenlace, el cual mencionaron, con algo de insistencia.

La vida seguía su curso, el número de obras, que el autor estaba preparando, iba en aumento, deseaba producir el material suficiente para presentarlo en una exposición; por las tardes, después de pintar, se sentaba

JOSE GUADALUPE ARELLANO MARTÍNEZ

a escribir algo de lo que estaba sucediendo con su demanda, a veces, aparecía la tristeza y lo atacaba, ahora sabía, a quien se estaba enfrentando, sabía de la capacidad de los alcances de los demandados, quienes no estaban dispuestos a perder, los distinguía el orgullo, la prepotencia, sobre todo, a reconocerle sus derechos; si ya en si, desde el inicio, la mecánica que estructuraron los funcionarios, cuando lo llamaron para ofrecerle una jubilación en las mejores condiciones económicas, a cambio de que les cediera los derechos del uso de su "Obra Pictórica", pacto que nunca cumplieron, las gentes que estuvieron manejando esa cesión, hicieron todo lo posible por convencerlo de manera disfrazada, muy dóciles, muy educados, y al concretar sus intenciones, utilizaron un derecho que ya tenía ganado y que era irrenunciable, a cambio de despojarlo de otro que también era irrenunciable, haciéndolo renunciar ilegalmente, de por vida a los beneficios económicos otorgados por la ley. Ahora seguirían igual, quedarían por encima de cualquier ley. Las notas en los periódicos hablaban de ese detalle, exhibiendo toda la prepotencia de su conducta, de las irregularidades, pero existía la duda, ¿llegarían a concretarlo en este nivel?, las probabilidades apuntaban a que si lo harían, le pareció muy injusto, que un mexicano más, acudiera a una instancia legal fuera de su País por no encontrar el reconocimiento a sus derechos dentro del mismo, era una verdad, también confiaba, en que ahora el nuevo gobierno a través de su gabinete, el cual definía con voz firme, "que los derechos de los mexicanos deberían de ser respetados, y que nadie podía estar fuera de la ley", así fuera el más rico el que cometiera un delito, tendría que enfrentar a la ley, en esas palabras confiaba, más las cosas, estaban enfilándose hacia otro camino. Entonces todo sería una vil mentira, como las que aparecieron en el proceso de su demanda, sería una más, de las comedias que el gobierno que hablaba de democracia presentaría; cual ley de la transparencia, cual estado de derecho, cual combate a la corrupción y a la impunidad, la duda estaba presente, como una herida, la cual, solo la justicia curaría, o la corrupción e impunidad infectarían sin misericordia, y sin cura, el daño moral es más severo que el físico y que el económico, tendría que seguir esperando. Sus pensamientos fueron entorpecidos por el timbre del teléfono,—¿bueno?,—Mario, habla tu Abogado, tenemos que dirigirnos al Tribunal Colegiado. El Magistrado de apelación, a 28 días del amparo que nos concedió el Tribunal Colegiado, ya emitió su nueva resolución, y es en contra de nosotros, "confirmó" su primera sentencia, la "iteró", la repitió, contraviniendo las observaciones giradas por sus superiores. Paso por ti para asistir a solicitar una copia; de antemano te comento que no tiene sustento legal, no la he leído, pero imagino como ha de haberla realizado. El autor, solo se limitó a contestar,—está bien, aquí te espero. Otro nuevo golpe a su moral, el panorama ahora, ya estaba definido, la fuerza de la corrupción mostraba todo su poder, la impunidad estaba azotándolo, flagelando su intelecto. Un temblor en su cuerpo, fue la reacción inmediata, se sentó un momento, la impotencia que sintió, lo fue sumergiendo, el mundo se hundía bajo sus pies, ¿Qué más faltaría, por pasar? ¿Que seguiría, ahora?, no lo sabía, lo que si vislumbraba, era que nadie le reconocería sus derechos, ¡entonces!, las instituciones, los organismos encargados de hacer valer esos derechos, las leyes, los impartidores de justicia, los tratados y demás, solo eran estructuras fingidas y débiles, porque cualquier mafia, teniendo el poder económico y las relaciones, podía cohechar a los encargados de aplicar las leyes, manejándolos como títeres, nuevamente recordó, "la ley para el jodido, no existe", todo seguía igual, a esas alturas, de manera descarada aparecían las evidencias de contar en el País con sistemas muy obsoletos en la aplicación de justicia, de contar con personas, que se guiaban por instinto, no era posible afirmar que todos eran iguales, solo algunos. Sabía que era como un sueño, obtener toda esa cantidad que el perito había determinado, solo esperaba una justa retribución económica a sus derechos, su "obra pictórica" había beneficiado a la empresa, tenían el disfrute de contar con una imagen comercial la que los identificaba a nivel nacional, e internacional, pero, el creador y autor no había recibido un solo peso, por ese derecho. Tendrían que acudir a solicitar la copia de esa nueva sentencia, y ver que esbozos trazar conforme a sus derechos legales. Su Abogado apareció muy desconcertado expresando,—Mario, sea lo que sea, no sabemos bajo que argumentos esté basada esa nueva resolución, pero te aseguro, que legalmente, no creo que existan, tienes un derecho concedido por la ley como ser original, pero no especulemos, vámonos al tribunal; muy abatido Mario, contestó,—está bien, desde que amaneció, he percibido algo raro, el ambiente se siente pesado; todo este silencio de parte de ellos hacia nosotros, es porque son unos delincuentes, quienes se sienten seguros de poder arreglarlo, por medio de la influencia de sus relaciones, todo esto, me da muy malos presagios,—no te preocupes, saldremos adelante, solo te pido, que me sigas teniendo confianza,—eso ni lo digas, sabes de antemano que la tienes, siento temor y mucho coraje al pensar y ver, que no se me haga justicia, estamos en contra de un pulpo gigante que tiene mucha fuerza en sus relaciones y es poderoso, esto, es muy cierto. El camino hacia el tribunal, fue recorrido sin más comentarios, un cielo cargado de nubes de distintos matices de la gama fría, anunciaba la tormenta que se avecinaba, por toda esa zona; llegaron a su destino, después de registrarse, subieron por las escaleras, el Abogado solicitó

JOSE GUADALUPE ARELLANO MARTÍNEZ

el expediente, y empezó a hacer anotaciones de la ultima resolución, Mario se acercó, y también empezó a leer, todo estaba en completo desorden, los argumentos del Magistrado de apelación, eran por demás inaceptables, "se confirma, se itera la sentencia, o sea que estaba repitiendo. Las ordenes del Tribunal Colegiado al conceder el amparo al autor, y hacerle sus observaciones en la primera sentencia al magistrado, fueron muy específicas, "el juzgador, al hacer el estudio de las acciones ejercitadas por el autor, lo hizo de manera incongruente", "de manera errónea", que "deje sin efecto esa sentencia", "que dicte una nueva", "en la que haga el estudio de manera congruente, de las acciones de nulidad absoluta, y de nulidad absoluta de pleno derecho, que ejercitó el actor"; retomaba argumentos de los demandados, los cuales no pudieron sustentar, utilizándolos convenientemente al interés de los mismos, mencionaba que los demandados, habían reconocido, que en la "supuesta convocatoria" de 1997, se estipularon las condiciones para el desarrollo de su diseño, dicho argumento, fue desmentido con pruebas de manera indiscutible, por el autor, pruebas debidamente acreditadas, las testimoniales, del mismo ingeniero Guzmán, director de Petroquímica Escolín, las del ingeniero Vargas, quienes reconocieron que la convocatoria se había realizado en 1985, lo que era contrario a lo aseverado por la representante del jurídico de la empresa. Las pruebas acreditadas por el autor de las ediciones periodísticas de 1988, el magistrado de apelación retomaba de ese argumento, las supuestas condiciones mas no mencionaba el año, obvio que era lo mas conveniente para los demandados, también sentenció que; "la ley no prevé necesariamente, que las cesiones de derechos sean onerosas, sino también gratuitas" y en el presente caso "la onerosidad que estipulaba la ley del derecho de autor en las cesiones de derechos, resultó ser la pensión jubilatoria", era indiscutible, que se contrariaba en sus argumentos, insistiendo de manera injusta y contraria a la ley, y en cuanto a una de las acciones ejercitadas más importantes por el autor, al solicitar la declaración de nulidad absoluta del convenio y el pago de daños, simplemente se salió por la tangente, para determinar la nulidad relativa, la cual nunca se mencionó por el autor, y este hecho, fue observado y cuestionado por el Tribunal Colegiado al otorgarle el amparo en contra de esa resolución; pues según el magistrado de apelación, "no existe violación de derechos del orden público o privado", con todo esto, daba margen a pensar, de manera simulada, que era personal, y de acuerdo a sus intereses con los demandados, debía de sostener su "arreglo" o simplemente por sumisión a una orden superior, para quedar bien, confiaba en sus relaciones, se sabía influyente y todo esto, le daba la fuerza necesaria para desarrollar una conducta por demás irracional.

El Abogado comentó,—Mario, presentaré una nueva demanda de amparo en contra de esta nueva resolución, has leído y saca tus conclusiones, o ¿crees que estamos mal?, mira, esperaremos a ver que sucede ahora con el Tribunal Colegiado, es nuestra última esperanza aquí en el País, ya nos otorgó un primer amparo, solo en ellos podemos confiar, hay detalles que ni siquiera se tomó la molestia de mencionar este señor, las omite y es premeditado en su conducta, en la cual se asoma de manera muy clara, el coraje que me tiene, me quiere ver abatido, hundirme; todo por cuestionarle su conducta penalmente, Mario expresó,—también argumenta, que los demandados se pasaron de buena gente conmigo, pues el pacto del convenio que es nulo de pleno derecho, estipula que la cesión es por 99 años a cambio de la jubilación, ¿entonces mi jubilación, es por 99 años?, es otra incongruencia, pues la ley laboral, determina un tiempo para las pensiones después de la muerte del jubilado para la esposa, por ejemplo: fallezco dentro de 20 años, y mi esposa sigue cobrando mi pensión hasta que ella fallece en 20 años más, hasta ese momento existe esa pensión, entonces mis hijos y mis nietos, ¿la van a poder seguir cobrando, hasta que se cumplan los 99 años?, de la manera que quieras acomodar todo esto, no lo permite la ley laboral, ni la constitución, así de simple, todo es incongruente y carente de legalidad,—¿nos vamos?,—si amigo, tenemos que continuar. La tarde pasó, y los sorprendió la noche en la carretera, seguían razonando, confiaban en el Tribunal Colegiado; el magistrado de apelación seguía conduciéndose de manera irregular, cometió desacato, las observaciones del Tribunal Superior, para nada le preocuparon, algo no estaba bien, era muy sospechosa su conducta. Ahora, solo restaba presentar una nueva demanda de amparo y aguardar. Mario preguntó,—oye Abogado, y ¿porqué no acudimos a la Suprema Corte de Justicia de la Nación?, el Abogado se puso rígido y contestó,—¿que crees que nos van a contestar?,—pues no sé, por eso te pregunto, entiendo que es la máxima autoridad en impartición de justicia en nuestro País,—nos van a decir, que es cosa juzgada, ¿que no ves que hay línea?, no has alcanzado a notar, ¿como han venido manejando todo este caso?, percibo que hay una orden muy fuerte de alguien "pesado" en nuestro asunto, todo para fastidiarnos, quien, con solo decir "parame este asunto", lo llegan a hacer. Mario, sintió que una pequeña duda con respecto a la conducta de su Abogado, empezaba a nacer, aun que éste, había mostrado una conducta intachable, de mucha honradez, pero las palabras que acababa de escuchar, daban un pequeño margen para sospechar, cualquier cliente al haber escuchado eso, hubiera hecho cualquier especulación, a esas alturas, con tantas irregularidades, podría ocurrir; mentalmente, pidió una disculpa a su

JOSE GUADALUPE ARELLANO MARTÍNEZ

Abogado por esa especulación, y se afirmó, que no tenía porque pensar así, debía desechar esos malos pensamientos. La faena que se estaba echando a cuestas su defensor, era intachable, estaba arriesgando hasta su misma profesión por el caso; y pensar así, era muy injusto de parte de Mario. Llegaron a la ciudad de Poza Rica, la noche estaba algo fría; era necesario descansar, quizás, sería imposible no recordar todo lo acontecido en ese día y resultaría difícil conciliar el sueño, la impotencia de notar, que el poder de la corrupción fracturaba la ley en su caso, era algo muy fuerte, muy traumático, ¿sería posible, que en este caso, sucediera así?, solo el tiempo daría la respuesta, tendrían que esperar. Así como el pintor, que después de empezar a manchar su lienzo, tiene que aguardar el tiempo necesario a que el empaste de fondo, empiece a fraguar. La idea de acudir a la instancia fuera del País, empezaba a madurar con mucha fuerza, ya habían hecho comentarios al respecto, y para que eso sucediera, tendrían que agotar los recursos legales dentro del mismo; ese era el punto más importante de las instancias internacionales, solo hasta ese momento ellos, podrían intervenir, claro está, que al hacerlo, se evidenciaría la gravedad de la manera de conducirse de algunos funcionarios del gobierno. Mario lo sabía, como sabía también, que le asistía un derecho y si no se lo estaban queriendo reconocer, pues, simplemente tendría que hacerlo; estaba muy consiente y orgulloso de ser mexicano, amaba a su País y no quería afectarlo, si en un momento dado, le hubieran hecho alguna propuesta de manera equitativa, la habría aceptado, pero los demandantes nunca se acercaron. Ahora las cosas, serían más delicadas e inclusive, cabía la posibilidad, de que su vida pudiera estar en peligro, quizás habría represalias, pero ¿como no exhibir esa conducta tan prepotente, dolosa y carente de legalidad solo por exigir un derecho?. Este detalle, no era un delito, el delito lo estaban cometiendo "ellos", todo por encubrir, por proteger los intereses de los demandados, y entonces el derecho, la propiedad del intelecto, ¿Dónde quedaban?. "Ellos", con la supuesta consigna de defender los intereses de la empresa, la cual era parte de los bienes de la nación, de todos los mexicanos, era saqueada de manera indiscriminada, como un cuerno de la abundancia, y todo esto, era del dominio público, funcionarios de alto rango, cometían delitos graves; "ellos" estaban bien, ahora el que estaba mal por defender sus derechos concedidos por la ley, era Mario, era por demás aberrante e injusto, la mirada del autor, se fue perdiendo en la oscuridad, los colores primarios, se mezclaron dando paso a la negrura y se quedó dormido. Empezaba el fin de semana, tendría que apremiarse a los hechos, asimilarlos para superarlos y poder continuar de manera fresca junto con su Abogado, quien ya empezaría a preparar el siguiente paso.

Los principales periódicos nacionales, mencionaron la noticia del caso sobre la demanda que pesaba en contra de la empresa, los mejores columnistas escribieron sus comentarios, exhibiendo la falta de interés de las autoridades inmiscuidas, reconociéndole al autor sus derechos, y que solo la ley estaba de su parte, pero a su vez, aceptando que se estaba enfrentando a un coloso económico que contaba entre sus filas con gentes influyentes y que sus derechos no serían respetados, simplemente por no tener el poder que los demandados ostentaban. Mario meditaba cada uno de esos comentarios y de algún modo aceptaba a medias, esa realidad, pero confiaba aun con todo eso, que el Tribunal Colegiado civil le reconocería sus derechos, pues ya le había otorgado un primer amparo, en el cual había exhibido la conducta irregular del magistrado de apelación. Ahora, su Abogado, acudiría solicitar su segundo amparo ante dicho tribunal, y tendrían que esperar unos meses, los que transcurrirían con mucha incertidumbre. Las noticias televisivas hablaban mucho de la corrupción y de la impunidad, era vergonzoso que se exhibiera a algunos funcionarios cometiendo delitos y no había autoridad suficiente para condenarlos, se burlaban unos de otros; El sistema social, se empezaba a desmoronar porque las cosas se manejaban con mucha ligereza, pregonaban los dirigentes, el supuesto camino abierto hacia la democracia, pero todo esto era una falacia, la realidad era otra porque ahora, ya limaban en el descaro, había burla, y conforme se daban a conocer las faltas graves cometidas por funcionarios, no dejaba duda, que existían demasiados intereses porque eran muy pocos los honestos; los que de verdad tenían conciencia plena de respetar los puestos que ostentaban, de respetar al País con sus ciudadanos, además. La bola de corruptos los aplastaba, los encasillaban, los dejaban al margen; los buenos proyectos de gobierno se iban a la basura, los puestos políticos, estaban muy peleados, no para servir al pueblo, sino porque dejaban buenas ganancias económicas. Ya la vergüenza había sido rebasada, no sabían que significaba eso; los buenos principios, la educación, la honorabilidad, brillaban por su ausencia.

La empresa demandada estructuró a través de las relaciones de su abogado general y sus representantes jurídicos, la mecánica del poder, mediante el tráfico de influencias y el cohecho, para quebrantar y avasallar los derechos del autor, se habían beneficiado, al adquirir de manera fraudulenta e ilegal, una "Obra Pictórica", despojando de su derecho a un autor y creador, esta acción era muy grave, pensaron que al arreglarlo con los impartidores e justicia, las cosas ya se terminarían y el autor se quedaría inmóvil, pero las intensiones de éste, eran las de llegar hasta donde fuera posible, por hacer que sus derechos fueran reconocidos.

Después de realizar un minucioso escrutinio de los hechos, de analizar cada punto del proceso de la demanda, todo era una asquerosidad, un robo descarado, un teatro barato, montado con personajes que encubrieron su papel, demostraron su inmundicia, el cual sería capaz de ganar un concurso a nivel internacional con menciones honoríficas; entonces los valores morales, la educación y su misma profesión, ¿todo era una bufonada?, hablar de todos estos puntos, querer hacer creer a los ciudadanos, que todo estaba muy bien en el País, cuando se seguían mostrando con toda su vileza, esas conductas con un engranaje sin nombre; el cual, puede ser movido únicamente por los intereses económicos, por las relaciones y el tráfico de influencias. Pero demostrado estaba, si no tienes dinero ni contactos, y te encuentras presumiblemente inmiscuido en algún delito, eres presa del poder de la incapacidad de algunas autoridades y te vas a la prisión. Mario para ellos, prácticamente no existía como creador, pues si no tenían la capacidad de entender lo intangible, lo sublime, los cuales son deslizamientos del intelecto con que cuenta un artista para producir obras ¿como podrían valorar los derechos que implica una Obra de Arte?; observando todo el lienzo del proceso, ahora, solo restaba esperar dos cosas; una, que su Abogado presentara el nuevo amparo, y la otra, encontrarse con un hombre honesto el cual le reconociera sus derechos, ¿y si no fuera así?. Ahí quedarían las cosas, terminarían de esculpir un gran obelisco representando a la impunidad, el que solo luciría para ellos engrandeciendo sus estructuras de corrupción. Quizás no iba a ser algo extraño, esas conductas ya eran conocidas y esta, no iba a ser la excepción. Con una nueva esperanza, esperaría la intervención de una autoridad internacional, con la fe, de que ésta, le reconocería sus derechos. Los días siguientes, el Abogado de Mario se dedicó a estructurar la nueva demanda de amparo, después de concluida, se dirigieron al Tribunal Unitario a presentarla, éste, después de darle curso, notificaría a los demandados, tendría que solicitar que se reintegrara el expediente para que le fuera enviado y después de analizar el caso, se encargaría de conceder o negar dicho amparo. Mario analizó muy despacio la demanda de amparo, el Abogado realizó un excelente trabajo, y si esos argumentos legales no eran tomados en cuenta, simplemente no habría justificación en la existencia de las leyes. Pero algo surgía de todo esto, había nacido una gran duda con respecto a la postura del magistrado de apelación, brotaba la pregunta, un impartidor de justicia que está demandado penalmente por cometer delitos en contra de la administración de justicia en un determinado caso por el autor ¿Puede emitir una segunda resolución?, eso estaba prohibido en otros países e inclusive en el nuestro también, pero en el presente caso, un delito más, cometido por un impartidor de justicia sería omitido. Mario estudiaba una y otra vez los dispositivos legales sobre los derechos de autor, "las transmisiones de derechos de autor, son onerosas y temporales", "son derechos irrenunciables", no podría de ninguna manera, renunciar al derecho patrimonial que la ley le concedía durante toda su vida y 75 años después de su muerte, por otro lado, la ley laboral determinaba que, "el trabajo no es artículo de comercio, son derechos irrenunciables", o sea que, contrario a lo aseverado por el magistrado, nunca podrían negociar un derecho irrenunciable, en otro de la misma personalidad, ya era por demás, seguir leyendo, la ley era muy clara; el pulpo del tráfico de influencias del abogado general de Petróleos Mexicanos en contubernio con los impartidores de justicia, estaban avasallando los derechos de un creador. Se beneficiaron de manera ilícita, al realizar un pacto convencional viciado de nulidad absoluta y de pleno derecho para obtener una obra pictórica debidamente registrada, sin pagar los derechos correspondientes por algo original, al margen de todos los argumentos, todo esto, dejó entrever una conducta tan despreciable e ignorante de la trascendencia cultural que implica una "Obra de Arte".

El apoderado del autor, se presentó ante la agencia segunda investigadora de la federación en la ciudad de Tuxpan, solicitó el expediente de la averiguación previa, 048/2002-II, se sorprendió al enterarse a través de un escrito, que el director de Petróleos Mexicanos en unión de todos los demás implicados, se había amparado en contra de la demanda penal, ya le había llegado la ley penal. Ahora, el abogado esperaría para ver que rumbo tomaban las cosas. Lo grave de esto, era que un servidor público de ese nivel, quien debe de conducirse con honestidad y transparencia, estuviera amparado en contra de una demanda penal por haber declarado con falsedad ante un juez federal, quizás la demanda civil pudo negociarse, pero la demanda penal seguía su curso, y se persigue de oficio. Con un poco de tristeza, el Abogado pensó,—está bien, me queda claro que no le quieren reconocer a mi cliente sus derechos; no le van a pagar lo que le corresponde, pero solo me quedará el gusto de meterlos a la prisión, esa satisfacción es lo único que sacaré de positivo, de toda esta pudrición; se acercó al licenciado Bustos agente investigador, y saludó con cortesía, después de hacer algunos comentarios, se despidieron. Ya por la tarde, el Abogado se comunicó con su cliente para comentarle del amparo del director y acordaron en reunirse al día siguiente.

¿Cuantos años, tendrían que pasar para seguir luchando?, la vida tenía que continuar, y otorgarle a cada quien, lo que se merece, Mario pensaba que quizás ese reconocimiento patrimonial, no lo podría disfrutar, lo importante era que se diera, para que sus hijos tuvieran una mejor vida económica y ser distinguidos por los logros de su Padre, optar por una buena preparación universitaria, y ser unos verdaderos ciudadanos honestos y buenos profesionistas para apoyar y aportar algo a su País, esa herencia les dejaría de la manera que fuera y sobre todo, el ejemplo de su lucha, para que nunca tengan que rendirse ante las adversidades, para que cuando se derrumben, tengan en su entendimiento que se pueden levantar con más fuerza y encararlas, enfrentarlas con dignidad y superarlas. El Presidente, seguía iluminado en su mundo, hablaba de los logros de sus expectativas, y estas eran desmentidas siempre, por alguna persona de los medios de difusión, lo cierto es que se estaba destapando la cloaca, funcionarios corruptos que estaban en contubernio con diferentes organismos. Timbró el teléfono,—¿bueno?, Mario, es muy triste lo que te voy a comentar, recuerda que todo tiene una solución, recuerda también que todo lo que hemos platicado, es para tener presente a quien nos estamos enfrentando, las palabras del Abogado, fueron interrumpidas por Mario, quien ya intuía lo que estaba sucediendo, su Abogado trataba de calmarlo para poder darle la nefasta noticia;—Mario, rotaron al Tribunal Colegiado y ahora éste, nos negó el segundo amparo el cual es totalmente incongruente con el primero, no tengo palabras para poder sanar las heridas morales que todo esto te produce, el teléfono quedó en silencio, Mario se puso de pie y caminó hacia su estudio, se quedó observando la obra y pensó que en este caso, de nada servía materializar las ideas, las creaciones para los demandados, carecían de valor alguno, las instituciones encargadas de hacer valer los derechos, se quedaban al margen de la ley al toparse con el poder de la corrupción, y no había nada ni nadie, que pudiera darles la autonomía, todo era para demostrar y justificar su presencia, así lo pensó, pero ahora, ¿Qué seguiría?, recordó las palabras de su Abogado,—posiblemente, tengamos que acudir a una corte internacional, eso empieza a mecanizarlo, porque la corrupción está muy fuerte. Llamaron a su puerta, era su Abogado,—señor Arellano, soy el primero en decirte que ahora, menos que nunca tenemos que desistir, esta parte, que quizás ya habíamos contemplado que podía presentarse, es cuando más fuerte tienes que ser, tenemos 7 meses para acudir a la Comisión Interamericana de Derechos Humanos en Washington, dame una última oportunidad para preparar la denuncia, la cual ahora, será en contra de los dirigentes del estado mexicano, verás que allá será otra cosa, esa instancia es muy honorable y a la gente que acude a ella, se le hace justicia, también la Propiedad Intelectual protege tus derechos de autor a nivel internacional, existen muchos tratados de los cuales nuestro País es parte, vas a ver que las cosas serán diferentes, no tengo duda de que así será, de momento, no te puedo comentar como salió la resolución del amparo, pero me imagino que fue amañada; si ya te habían otorgado un primer amparo por votación unánime, el de ahora debe de ser muy incongruente, ¡animo amigo!, la verdad es que para poder comprar el boleto para acudir a esa instancia internacional, teníamos que pasar por todo esto. Voy a solicitar una copia de la resolución del amparo y me pondré a trabajar para estructurar la denuncia que presentaremos en Washington, tienes que ser muy fuerte, hemos sido presa del poder de la corrupción y de eso, no existe duda alguna.

Los días siguientes, fueron de mucho análisis de todo el proceso de su demanda. Mario no alcanzaba a concebir, recordó la leyenda que aparece en todos los juzgados, en los cuales hizo acto de presencia en busca de justicia: "Que todo aquel que se queje con justicia, tenga un tribunal que lo escuche, lo ampare y lo defienda contra el arbitrario", las incongruencias eran muchas, y muy bien definidas, un juez que "prescribió" su derecho cuando la ley dictaba que era perpetuo, sin tomar en cuenta las pruebas, las irregularidades y todos los delitos cometidos por los demandados, la falsedad de dictámenes de los contadores. Un magistrado de apelación que alteró la demanda, enredando a su libre albedrío y a conveniencia de los demandados, sentenciando que: "la onerosidad que dicta la ley en las cesiones de derechos, resultó ser su pensión jubilatoria" contradiciéndose, al también determinar que: "las cesiones de derechos: no necesariamente tienen que ser onerosas, sino también gratuitas. El tribunal colegiado que otorga un primer amparo en contra de esa resolución, exhibiendo que: "el magistrado de apelación sentenció de manera errónea e incongruente", incitándolo a que: "deje sin efecto esa sentencia y que realice una nueva", bajo una serie de observaciones y acciones que ejercitó el autor con apego a la ley. Nuevamente el magistrado de apelación, realiza su sentencia "se confirma, se itera" la primera, sin acatar; omitiendo los lineamientos planteados por el Tribunal Colegiado. Finalmente, el mismo Tribunal colegiado, negando un segundo amparo incongruente con el primero. Los medios televisivos seguían anunciando que nadie se tenía que quedar callado ante un delito, aun siendo de parte de algún impartidor de justicia, "denuncie", "ley de la transparencia", "juntos contra el delito", "todos en contra de la impunidad", "has valer tu derecho", "llámalo corrupto". Más sin embargo, ¿de que servía, si los mismos señores, que se encargaban de impartir justicia, se prestaban a cometer delitos?. Sentía que su demanda, era como el número de una rifa en espera del sorteo para ver si salía premiado, entendía que así se manejaban las demandas, eran escogidas; "a esta si se le hace justicia, a esta no", era por demás frustrante, ahora la espera, continuaría siendo su enemigo. El Abogado tendría que estructurar la denuncia y presentarla ante la instancia acordada y sería entre los próximos 7 meses; después de presentada, tendrían que estar pendientes y asegurarse de que fuera recibida y estudiada por ese organismo. Ya antes el Abogado, le había hecho entrega de unos escritos de la estructura de ese organismo y como se desenvolvía, existían muchos ejemplos de casos que se habían presentado ante el mismo y siempre se hizo justicia a quienes lo solicitaron. El teléfono timbró, haciendo que Mario se sobresaltara,—¿bueno? contestó, era un licenciado del juzgado federal quien le preguntó, como iba su demanda, un poco alterado y a la defensiva, lo puso al tanto de todo lo acontecido, el licenciado, quien siempre demostró honestidad en su trabajo, muy indignado comentó,—¡que poca tienen esos!, señor Arellano, la ley es muy clara, de seguro que fueron a comprar a todos, o se apoyaron en el tráfico de influencias para cometer el fraude procesal,—pues para mi no hay duda de que así fue licenciado,—contestó, me encontré con la pudrición por querer hacer valer mis derechos de autor, a mi, no me quieren pagar lo que la ley estipula y ellos pueden seguir saqueando los bienes de la nación, están administrando y robándose lo que es propiedad de todos los mexicanos, ahora vamos a acudir a la instancia internacional en Washington; el licenciado, después de un rato de silencio expresó,—no se preocupe señor Arellano, se va usted a dar cuenta, de que en esa instancia todo es diferente, en esa instancia trabajan solo magistrados honorables, quienes se indignan por los abusos que cometen algunos gobiernos y los sentencian, a usted a ver, que ellos si le harán justicia,—gracias licenciado,—¡animo señor Arellano, ellos trataron e hicieron lo que quisieron con sus peones de ajedrez, todo para hacer que usted se canse o se desista, que ya no quiera continuar, así se conducen y son muy conocidos por este detalle, muestran toda su incapacidad de conocimiento, cuando en verdad, deberían de ponerse a estudiar y defender dentro de la ley, los intereses de la empresa que representan con conocimientos y honestidad, que les costaba reconocer que gracias a usted, tienen su imagen comercial, la cual los distingue, los identifica y se pasean orgullosos con su diseño estampado en sus ropas y en sus vehículos,—le agradezco de verdad, sus palabras licenciado; Se despidieron.

Pasaron escasos 3 meses, cuando apareció el apoderado legal del autor, quien le comentó que fuera preparando su equipaje para acudir a Washington a presentar su denuncia,—ya casi está terminada la denuncia, solo tengo que imprimir algunos documentos y te aviso para que estés preparado, por lo pronto, investiga todo lo concerniente a los vuelos que se realizan a donde acudiremos, prepara tus documentos, la visa y el pasaporte,—está bien Abogado, Mario empezó a sentir algo de alivio y esperanza, ya que en los días anteriores, algunas personas le hicieron comentarios sobre si aun tenía confianza en su Abogado, quisieron sembrar la duda, pero Mario contestó que estaba muy seguro de la honestidad de su Abogado, el desplazamiento en la conducta de su Abogado, basado en todo lo que había hecho para tratar de que encontrara justicia en el proceso de la demanda, no hacía otra cosa más que infundirle mucha confianza. Ahora con el paso siguiente y Dios por delante, una nueva esperanza aparecía con mucha fuerza, y había que abrazarse a ella, algo así, como cuando el pintor aplica unas pinceladas de luz a un color, con el blanco, para intensificar la claridad del mismo, para obtener un valor mas alto, buscar con ello, desplazar la composición de la oscuridad. Después de terminado, el escrito de denuncia y hacer los arreglos necesarios, emprendieron el viaje a Washington, se dirigieron al aeropuerto internacional de la ciudad de México, abordaron el avión que los llevaría a su destino; todo transcurrió de manera normal, ya estando en el aire, Mario le hizo algunas observaciones a su abogado,—asómate por la ventanilla, a estas alturas, podemos observar la inmensidad que existe entre el cielo y la tierra, este espacio te da a entender lo pequeños que somos y de la grandeza que podemos desarrollar cuando nos lo proponemos, confiamos nuestros ideales y creaciones a otras personas, pensando que son honestas, pero cuando realmente se dan a conocer, te hacen sentir, como esta altura me hace sentir, aquí determino que no somos nada, aquí, estamos confiados en las manos de esta inmensidad, en la destreza y conocimientos del piloto de esta nave y en manos de Dios, y solo él puede saber si llegaremos o no a nuestra meta,—tienes razón Mario, contestó su abogado,—ten confianza, presiento que a donde nos dirigimos, va a resultar algo bueno, así lo vislumbro, tu solo ten fe de que así será,—amigo, en eso confío y por eso estoy aquí. Después del aterrizaje y la revisión de rutina, se dirigieron a la Comisión Interamericana de derechos Humanos, era un día muy frío de otoño, por las aceras se podía notar el brillo de las escarchas de hielo, algunos árboles estaban cubiertos por la nieve, era un paisaje muy frío y diferente al que estaban acostumbrados, iban muy bien abrigados con ropas específicas para esos espacios, esa zona se distinguía por ser muy fría y tomaron sus precauciones. Al llegar al edificio de ese organismo, fueron recibidos por un representante y los canalizaron a la oficina de un secretario de apellido Cantón; Mario pudo notar que a esa instancia, llegaba mucha gente de toda Latinoamérica en busca de justicia, después de poner al tanto de sus pretensiones al secretario y presentar todos los documentos y pruebas en las cuales basaban su denuncia, el secretario

JOSE GUADALUPE ARELLANO MARTÍNEZ

le determinó un número de referencia a la misma, y les comentó que iban a empezar a hacer el estudio de su denuncia, de acuerdo con las normas y lineamientos que regían a ese organismo, posteriormente se pondría en contacto con ellos a través de la Secretaría Ejecutiva; la cual les haría saber de sus determinaciones, que le dieran un tiempo y que tuvieran calma, de manera muy cortés se despidió de ellos. Mario, empezó a sentir mucho frío, quizás por la emoción, se dirigieron a un restaurante a comer, su Abogado comentó que quizás pudieran llegar a solicitar protección de asilo político en algún País, denunciar ante el mundo la injusticia que se estaba cometiendo con sus derechos de autor, exhibir al estado mexicano no era cualquier cosa, y quizás después, tendrían que desterrarse hacia otro País, era muy triste, pero las cosas estaban revelando que pudiera darse esa posibilidad, todo eso lo sabría, si salía bien librado, de momento tendría que seguir luchando; terminaron de ingerir sus alimentos y salieron de ese lugar. El Abogado estaba muy enfurecido, y no fue necesario mencionárselo a su cliente, anduvieron comprando algunos artículos y regresaron al aeropuerto. Ya instalados en el avión, el Abogado sacó una libreta y empezó a esquematizar toda la lucha, con su gran mecánica en la demanda desde su inicio, pidiéndole a su cliente que le ayudara a recordar algunos detalles que se le pudieran escapar y así transcurrió el viaje de regreso.

La pintura, la obra estaba concluida, Mario se quedó observando, después de dar las últimas pinceladas, los últimos toques, no había ningún elemento de más, todo estaba perfectamente equilibrado, con mucha composición de color. Por un lado, la justicia ciega con todo su esplendor en una gama cálida, en otro espacio, las leyes, en el centro de esos dos elementos, el espacio tan triste y amorfo que los fracturaba, "la corrupción", con toda la frialdad de la descomposición de su gama fría encerrando en ella todos los valores humanos que se van perdiendo, lavó sus pinceles y llamó a su abogado para que observara y fuera testigo de la manera en que había plasmado, parte de su triste peregrinar, solo por el hecho de haber materializado una idea. Al llegar su abogado y notar la destreza, que con cada pincelada, que en cada espacio, había interpretado el artista, la emoción lo invadió, las lágrimas empezaron a rodar por sus mejillas y abrazándose al creador de esa obra, le comentó,—amigo, es sorprendente tu habilidad con la pintura, me siento muy orgulloso y honrado en poderte representar legalmente y ser tu amigo, admiro la manera en que emites lo que tu espíritu siente, y la forma en que lo expresas, verás que en un tiempo, obtendrás tu recompensa, tu derecho no se puede quedar en la impunidad, eres un gran artista y no tengo palabras para expresarte toda la admiración que siento, discúlpame, me siento muy emocionado, a la ves, me desconcierta la conducta de toda esa gente que ha intervenido en nuestra demanda y quienes han subestimado tus derechos, tu persona y tu intelecto pisoteándolos, demostrando que utilizan el poder prestado y su ignorancia para manejar los problemas que ellos mismos llegan a provocar, apadrinados y encubiertos, a su libre albedrío. El autor comentó,—tenemos que esperar lo de la instancia internacional, solo nos queda esa esperanza y agarrarnos fuertemente a ella, mientras ese organismo tan honorable determine las violaciones a los derechos humanos, de los que he sido presa, seguiré confiando en que surgirán nuestras leyes y me reconocerán ese derecho,—sigue confiando así amigo, no te derrumbes. Después de seguir elogiando su trabajo, el abogado se despidió; ahora por la mente de Mario aparecían otras dudas, ¿sería posible que el pulpo al cual se estaba enfrentando, pudiera llegar a cohechar hasta esa instancia internacional?, el secretario de relaciones exteriores, era muy criticado por su incompetencia, había obtenido muy pocos resultados, pero eso distaba mucho de que no tuviera la labia con sus asistentes para poder llegar hasta ese organismo para "arreglar" la denuncia presentada por el autor.

Los meses empezaron a pintar una línea silenciosa, los funcionarios empezaron a ser destituidos de sus puestos con argumentos pueriles, el engranaje del pulpo para proteger a los inculpados, se empezó a mover como esa línea con mucho silencio, simplemente para proteger y borrar evidencias, a la vez, la instancia internacional se sumaba a ese silencio, el autor se dedicó a enviar información a esa instancia para obtener algún indicio, algo que le diera a entender que su denuncia seguía por la línea recta hacia el reconocimiento de sus derechos de autor y las violaciones a los derechos humanos de los cuales era objeto, pero no obtenía respuesta, las evidencias recibidas por ese organismo, acusaban de manera muy clara a los demandados, y sus conductas tenían que arrojar pinceladas de color muy positivas hacia el reconocimiento de sus derechos y a las leyes que lo protegían pero, ¿sería posible, que el pulpo, ya hubiera llegado hasta ese organismo?, lo pensó porque ya se había enterado de nuevos comentarios de burla que a sus espaldas hacían los nuevos funcionarios de la empresa demandada, quienes con toda la ignorancia y prepotencia que los distinguía, lo celebraban a voz abierta en su mundo de mentiras en sus reuniones, pero ¿como era posible?, simple y llanamente porque se sentían protegidos, apadrinados por altos funcionarios, esto, era una conclusión que marcaba un espacio más, la realidad se asomaba, como el sol cuando esta en plenitud, dejando al descubierto que todo es un teatro estructurado, y solo son reconocidos los derechos de los allegados y hasta son premiados, esos que ostentan el

JOSE GUADALUPE ARELLANO MARTÍNEZ

poder y se sirven del mismo, para tener el disfrute económico de un acto ilícito, sin pensar que existen otros valores mas importantes que requieren de atención, podemos cometer mil errores y obtener mil perdones, solo que no tomamos en cuenta, que el único que no perdona es el tiempo, el pasa de manera implacable, nos hacemos viejos y cuando nos llega la hora de partir, no nos llevamos absolutamente nada, lo único que podemos dejar, es nuestra huella, algo que nos haga ser distinguidos y recordados por la herencia cultural heredada o por nuestras buenas acciones, o por lo malos que fuimos.

Pasó un buen tiempo en el cual, la noticia circuló en todos los medios informativos y no sucedió nada, la conducta de algunos servidores públicos encubiertos, fue premiada, los días ya no se observaban de la misma forma, para alguien, habían perdido parte de su esencia, la vida no da y nos quita, nos enseña que todo es prestado, inclusive que ni la misma vida que nos mueve, nos pertenece, el ejemplo de un creador, que por el solo hecho de materializar una idea, darla a conocer y ésta, distinguir a la empresa a la cual le dedicó 23 años de su vida, con toda la trascendencia cultural que esto implica, ha sido presa de la corrupción, quien no desiste en su lucha por sus derechos, el valor, la fuerza y la constancia que ha demostrado al enfrentar sin temor a toda la estructura jurídica corrupta que conforma a una de las empresas más importantes del País, la cual, inclusive lo pudiera llevar hasta perder la vida, quedará estampada en la historia del derecho y de la cultura. Mario confiaba aun en la instancia internacional y en que la Suprema Corte de Justicia de la Nación, retomara su caso y le hiciera justicia.

Un pincel cayó al suelo, Mario de manera lenta se inclinó a levantarlo, sus movimientos habían sufrido un cambio, por la ventana pudo distinguir la tranquilidad de la gente al caminar, tenía que seguir viviendo y luchando para alcanzar su meta, el cuarto de estudio para desarrollar sus inquietudes dentro de la plástica se sentía mutilado, el lugar en el cual ahora estaba viviendo, era un espacio inconcluso, su vida, de ahora en adelante se desarrollaría así, tendría que aprender a vivir así, ¿Por cuánto tiempo?. Ya había realizado algunas exposiciones en diferentes galerías y su virtud y su trabajo eran ponderados, muy elogiados, pero solo se sentiría completo, hasta que su derecho se reconociera; el lienzo de la obra, en la cual había representado a la ley, a la justicia y a la corrupción, necesitaba un complemento, algo le faltaba, debería mezclar también, la conclusión inconsciente, una posible venganza con sus consecuencias llamada "muerte", debería tomarla en cuenta, porque pudiera estar latente y era justo incluirla, en ese tiempo como en otros, los prepotentes, los cobardes, los imberbes, los que al saber, que sus malas acciones y delitos son exhibidos y que los espera la calle o la prisión, optan por conducirse por instinto buscando venganza, queriendo justificar con ello, un agravio, una mala conducta, sus caprichos, su bajeza y su ignorancia; se les olvida que la vida da muchas vueltas y que nadie es culpable de lo que le sucede a uno, sino uno mismo. El tiempo y un verdadero impartidor de justicia, se encargarían de desaparecer esas "pinceladas de injusticia", con las que trataron al autor para no reconocerle sus derechos los cuales están consagrados en la ley, a su vez, el tiempo es sabio y nos llega a brindar el gozo de unos valores esenciales muy importantes, la tranquilidad y la felicidad que nos brindan nuestras leyes, con nuestros derechos, al ser reconocidos como mexicanos y seres humanos.

JOSE GUADALUPE ARELLANO MARTÍNEZ